폭력 없는 평화로운 학교 만들기

교사와 학부모를 위한

# 학교폭력상담

폭력 없는 평화로운 학교 만들기

교사와 학부모를 위한

# 학교폭력 상담

조정실 · 차명호 공저

학지사

# 머리말

이 책은 저자인 학교폭력피해자가족협의회 조정실 회장이 지난 12년간 학교폭력 현장에서 피해가족과 뛰어다니며 체득한 노하우를 바탕으로 하여 만든 것이다.

학교폭력에 관심이 있는 사람이라면 누구든지 이 책 속에 담긴 내용을 숙지하여 내 자녀가 피해자가 되었거나 혹은 가해자가 되었을 때 당황하지 말고 원만한 해결책을 찾길 바란다. 아울러 학교현장의 교사가 교실의 주도권을 잡고 학교폭력에 단호하게 대처하는 데, 그리고 현장전문가가 유능한 해결중재자가 되는 데 유용한 지침서가 되길 바란다.

이 책은 『폭력 없는 평화로운 학교만들기』의 내용 일부를 보완하여 재구성하였다. 특히 2012년 학교폭력 근절을 위한 정부종합대책의 주요 내용과 2012년 2월 27일 개정된 「학교폭력예방 및 대책에 관한 법률」 내용을 포함하여 현장에서의 활용도를 높이고자 하였다.

이 책이 완성되기까지 많은 분의 도움이 있었다. 원고 정리에 도움을 준 정선미 선생님과 상담자료 정리에 도움을 준 조현미 선생님, 편집작업을 함께 해 준 신미현 선생님에게 고마움을 전한다. 아울러 이 책의 출판을 맡아 주신 학지사 김진환 사장님과 편집과정에서 수고해 주신 관계자 여러분, 편집작업이 원활히 이루어지도록 격려를 아끼지 않은 성삼제 국장님에게도 고마운 마음을 전한다.

2012년 5월

조정실, 차명호

# 차 례

## 3 학교폭력 발생 후 심리적 이해 57



## 4 사전 징후 발견 및 대응 71

# 1 학교폭력의 이해

01 학교폭력의 실제

02 학교폭력이 발생하는 풍토의 특성

03 학교폭력 발생 후 심리적 이해

04 사전 징후 발견 및 대응

# 1 학교폭력의 실제

## 학교폭력의 관점

### 학교폭력의 관점

학생들 사이에 일어나는 폭력을 청소년 폭력이라고 규정할 수 있음에도, 학교폭력이라는 용어를 사용하는 이유는 이 폭력이 학교에서 일어난 사회적 관계 속에서 야기되고 있는 문제이며, 학교장면 내에 있는 구성원 간에 나타난 행위이기 때문이다.

이런 맥락에서 보면, 또래 학생들이 개입되어 있는 상황에서 야기되는 폭력은 학교폭력으로 규정된다. 이는 학교 내에서 일어나는 폭력뿐만 아니라, 등하굣길에 일어나는 폭력과 학교와 관련된 행사로 이동하는 가운데 나타나는 폭력, 그리고 하교 후에 유 · 무선상에 일어나는 모든 폭력을 총괄하는 개념이다.

최근 교육과학기술부는 학교폭력에 대해 사소한 폭력도 폭력으로 간주하는 '무관용 원칙'을 세웠다. 그런데 이런 원칙이 왜 중요할까? 이는 우리가 학교폭력에 대한 관점을 이해하고, 변화를 추구하는 데 가장 결정적인 요소다.

그동안 학교폭력은 성장통이나, 학생들 사이에 있을 수 있는 일, 또는 사소한 일로 간주되는 경향이 많았다. 결과적으로 학교폭력이 발생했을 때, 원만한 합의를 보게 하거나, 폭력현상에 부주의하게 대처하는 현상을 만들었다. 이런 경향은 학교폭력을 대응함에 있어서 피해자의 인권을 중심에 두고 폭력문제를 해결하기보다는, 가해자의 인권을 보호하는 교육적 조치에 대한 관심을 높였다. 즉, 학교폭력이 발생하면, 가해학생에 대해 성장하는 과정에서 일어난 일이기 때문에, 가혹하게 처벌하기보다는 학생의 신분을 고려해 교육적 선처를 해야 한다는 입장이 우세하였다. 결과적으로 피해학생에 대한 보호와 폭력 재발 방지에 대한 노력보다는 어떻게 가해학생을 선도할 것인가에 대한 관심만 높았다고 할 수 있다.

무관용 원칙은 학교폭력을 바라보는 시선을 완전히 돌려놓았다고 할 수 있다. 사소한 폭력도 폭력이므로 폭력을 행사하는 학생에 대해 책임을 물을 것이며, 피해자 중심으로 사건을 해결해 나갈 것임을 시사하고 있다. 이 경우, 학교폭력 발생 시, 폭력 행위자에 대한 처벌을 실시하고, 그다음 교육적 조치를 고려하게 될 것이다.

이처럼 학교폭력은 그 관점에 따라서 폭력을 바라보는 시각을 완전히 다르게 만들 수 있다. 학교폭력에 대한 적절한 접근은 그 실체에 대한 명확한 인식을 가지는 데서 출발해야 한다. 학교폭력을 어떻게 바라볼 것인가에 따라 어떻게 해결할 것인가에 대한 방법도 달라진다. 이에 학교폭력을 둘러싼 일반적 통념과 오해 및 진실을 살펴보면 다음과 같다.

먼저, 학교폭력과 관련된 사회적 통념을 나누어 보면 성장통, 학생 간의 세력 다툼, 신고식, 피해자가 부적응아라고 인식하는 네 가지 유형으로 나눌 수 있다. 이를 구체적으로 살펴보면 다음과 같다.

첫째, 학교폭력을 성장통 혹은 사춘기의 반항으로 생각하는 관점이다. 학생들은 성장하는 과정에서 자연스럽게 자신의 힘을 과시하고 다투면서 정이 들기 때문에 아주 심각한 것만 아니라면 어쩔 수 없는 일이라고 보는 관점이다. 특히 학교폭력은 초등학교 고학년부터 중학교까지 가장 빈번하게 발생하기 때문에 사춘기의 반항으로 오인하기도 한다.

많은 부모는 자식이 학교에서 문제를 일으키면 '크는 과정에서 있을 수 있는 일' 쯤으로 여겨 안일하게 대처하거나, '맞아야 정신을 차린다.' 며 폭력으로 처벌하거나, '친구를 잘못 사귀어서' 등의 변명을 늘어놓느라 적절한 대처시기를 놓쳐 버리기 일쑤다. 가장 심각한 문제는 청소년이 성장하는 과정에서 폭력으로 문제를 해결할 수 있다는 관점을 형성하게 되는 것이다. 이는 성장통이 아니라 개인의 인격 성숙에 심각한 문제를 일으킬 수 있다.

둘째, 학교폭력을 학생 간의 세력다툼으로 보는 관점이다. 1970~1980년대에 학교를 다녔던 학부모 세대는 의리를 소중히 여겨, 다른 학교 학생이 자신의 학교 학생을 괴롭혔을 때 학교 간의 패싸움을 했다. 이것은 특정 집단에서만 발생하는 것이고, 일반 학생에게서는 일어나지 않는 일이라고 생각했다. 그러나 최근 학교폭력은 같은 학교, 한 교실에서 내 짝이나 내 친구를 괴롭히는 비율이 가장 높게 나타난다. 이렇게 자신을 괴롭히는 친구와 하루의 대부분을 한 공간에서 지내는 것은 엄청난 고통이다.

셋째, 학교폭력을 신고식으로 인식하는 관점이다. 과거 학부모 세대에서는 중 · 고등학교에 입학하면 신고식이라는 이유로 선배에게 단체 기합이나 매질을 당하였다. 이는 때로는 낭만적인 경험으로 인식되기도 한다. 그러나 최근의 학교폭력은 단순한 신고식이 아니라 지속적이고 조직화되고 있다. 즉, 초등학교 6학년 졸업 전에 소위 '잘나가는 아이' 는 중학교에 진학한 선배와 탄탄한 관계를 맺기 시작한다. 이들의 대부분은 6학년 때에 5학년 후배와 관련을 맺기 시작하고, 한동네에 살고 있기 때문에 중학교에 진학해서도 관계가 유지된다.

또 중학교에 진학하게 되면 여러 지역에 있는 학생들이 모이게 되고, 여기서 다시 서열관계가 생겨나 그 영향으로 다른 학교에서 잘나가는 '일진' 과 네트워크를 형성하게 된다. 이렇게 잘 짜인 조직망을 갖추다 보니 탈퇴하고 싶어도 '돌림빵' 이라는 집단폭행을 당할까 봐 두려워 마음대로 하지 못한다. 전학을 간다 하더라도 금방 자신의 신분이 드러나 학교생활을 제대로 할 수 없게 된다.

끝으로, 학교폭력을 피해학생이 원인을 제공했기 때문이라고 보는 관점이다. 즉, 피해자가 '당할 만한 짓을 했다.' 고 인식하거나 폭력을 당할 만한 특성을 따로 가지고 있다고 생각하는 것이다. '잘난 척을 하고, 나대고, 지질하고, 힘이 약하니까.' 당할 수밖에 없다고 보는 것이다.

그러나 이는 가해행동에 대한 합리화이자 변명이다. 폭력 가해학생은 자신과 다르거나 유약한 존재를 보호하고, 함께 나아갈 존재로 인식하기보다는 열등한 존재로 인식하기 때문에 문제가 생긴다. 이들은 약자는 때려도 문제가 없다는 잘못된 인식을 가지고 있으며, 자신은 결코 열등한 존재가 아니라는 사실을 다른 사람에게 보여 주기 위하여 누군가를 피해자로 만든다. 누구라도 피해학생을 만들지 않으면 오히려 내가 피해학생이 될 수 있다는 위기감 때문에 폭력을 행사하는 경우도 많다.

이상에서 살펴본 것처럼 학교폭력은 통념적으로 생각하는 것과는 다른 양상을 보이고 있다. 언제, 어디서, 누구든지 별다른 이유 없이 학교폭력의 피해자가 될 수 있다. 학교폭력은 마치 수업처럼 학교생활의 일부가 되고 있다. 이렇듯 학교생활의 일부가 된 학교폭력이 언제, 누구에게, 어떻게 일어날지는 예측할 수 없다. 학교폭력의 이유가 무엇인지 규명하기 어렵고 만연되어 있기에 이를 근절하고 예방하는 것은 요원하다. 부모나 교사는 '요즘 애들은 무서워, 우리 때는 안 그랬는데' '친구 잘못 만나서' '가정교육이 엉망이라서' '교사가 무관심하기 때문에' 등의 이유를 들며 서로에게 책임을 전가한다.

흔히 학교폭력이 일어나면, 가해학생이나 피해학생 모두에게 '개인이 저지른 문제' 이며 '개인이 해결할 문제' 로 규정하는 경우가 많다. 폭력사건을 개인의 문제로 국한시키는 이유는, 첫째 학교폭력을 적절하게 다루는 방법을 잘 모르기 때문에, 둘째 빨리 문제가 사라지기를 바라는 심정 때문에, 셋째 학교폭력에 대한 명확한 이해가 없기 때문에, 넷째 다른 아이들에게 문제가 없을 것이라는 기대를 유지하고 싶기 때문에, 다섯째 학교폭력에 대해 관대한 사회적 문화 때문이다. 학교폭력을 '너의 문제' 라고 규정하고, 눈앞에 보이지 않으면 더 이상 문제가 아닌, 그럴 수 있는 일이라고 생각하면 해결책은 아주 쉽다. 즉, '네' 가 해결하면 되고 한 사람만 희생하면, 나머지는 평화로운 삶을 누릴 수 있다고 간주하는 것이다.

이런 상황에서 피해학생과 가해학생을 둘러싼 환경, 교사와 학부모, 학교와 지역사회 풍토가 상호작용한다. 즉, 개개인이 가지고 있는 성향과 학급 풍토, 여기에 부모와 교사가 어떻게 대처하느냐에 따라 학교폭력은 조기에 해결될 수도 있고, 더 확대될 수도 있다.

학교폭력에 대처하는 교사의 능력에 따라 학교폭력의 양상은 달라질 수 있다. 교사가 어떻게 학급을 이끌어 가는가에 따라 가해학생과 피해학생이 만들어질 수 있다. 이미 발생한 폭력에 교사가 어떻게 대처하느냐에 따라 학급 분위기가 달라진다. 교사의 문제 해결 의지와 대처기술에 따라 이를 반성과 책임을 질 수 있는 성장의 기회로 만들 수도 있고, 아니면 '요즘 아이들은 힘들다.'는 무력감을 확인하고 폭력이 만연한 교실로 만들 수도 있다.

또한 부모가 자녀를 어떻게 양육하고 대처하느냐에 따라 아이의 성장이 달라질 수 있다. 폭력은 대부분 학습의 결과이고, 가정 내 폭력은 자녀가 가해행동을 하는 데 결정적 역할을 한다. 또 부모가 자녀와 어떤 관계에 있느냐 하는 것도 자녀의 학교생활 적응에 영향을 미친다. 더불어 자녀에게 문제가 발생했을 때, 어떻게 대처하느냐 하는 것도 자녀의 문제 해결 능력에 영향을 미친다. 사실 부모의 모든 행동은 자녀에게 본보기로 작용하고 자녀는 이를 학습한다. 부모가 폭력문제를 해결하는 과정에서 교사, 부모, 학급 친구, 학교, 사회와 더불어 적절하게 대처한다면, 비록 그 결과가 만족스럽지 못하더라도 그 과정에서 자녀가 성장할 수 있는 힘을 갖게 된다.

## 학교폭력의 정의와 유형

학교폭력으로 자살한 한 학생의 유서에는 '학교폭력예방교육보다 담임선생님이 쉬는 시간에 교실에서 우리가 무엇을 하는지 잘 살펴봐 달라.'는 절박하고도 현실적인 내용이 담겨 있었다. 이 사례를 보면 교사가 교실과 화장실, 복도에서 아이들의 행동에 관심을 기울인다면 충분히 학교폭력의 사전 징후를 발견하고, 적어도 극단적인 상황으로 몰리지는 않을 수 있음을 시사한다.

학교폭력은 누구나 피해학생이 될 수 있고, 또 누구나 가해학생이 될 수 있다. 특히 학교폭력은 점점 더 저연령화, 집단화되고 있으며, 여학생의 잔인한 폭력 증가, 동성 간 성추행의 증가, 금품 갈취 방법의 교묘화, 사이버 폭력의 증가 등으로 날로 그 심각성을 더해 가고 있다. 더욱이 동영상을 인터넷에 올려 자신들의 폭력을 자랑하듯이 공개하는 등 죄책감을 전혀 느끼지 못하는 태도는 청소년의 미래를 더욱 걱정하게 만든다.

그럼에도 불구하고, 학교폭력을 무엇으로 볼 것이냐에 대해서는 논란의 여지가 많다. 학생들 간에 감정적 폭발로 인해 서로 한 대씩 때린 것까지 학교폭력으로 간주한다면 너무 지나친 처사라는 입장과 사소한 폭력의 용인이 심각하게 확대된다는 입장도 있다.

## 학교폭력의 정의

과거의 학교폭력은 법률적으로 "학교 내 · 외에서 학생 간에 발생한 폭행, 협박, 따돌림 등에 의하여 신체적 · 정신적 또는 재산상의 피해를 수반하는 행위로서 대통령령이 정하는 행위를 말한다(「학교폭력예방 및 대책에 관한 법률」 제2조 제1호)." 즉, 상해, 폭행, 감금, 협박, 약취 · 유인, 추행, 명예 훼손, 모욕, 공갈, 재물 파손 및 집단 따돌림, 그 밖에 피해학생의 의사에 반하는 행위를 가하거나 하게 한 행위를 말하며(동법 시행령 제2조), '성폭력'도 학교폭력에 포함된다.

그러나 이 법률은 '학생 간에 발생한' 폭력만을 대상으로 하기에 외부 조직에 의한 괴롭힘이나 폭력을 다룰 수 있는 법적 효력이 제한적으로 발생할 수 있는 한계가 있다. 이에 2012년 2월 27일에는 국회 교육과학기술위원장의 명의로 「학교폭력예방 및 대책에 관한 법률」 일부 개정안이 제안되었다. 이 개정에는 '학생 간에 발생한' 규정을 '학생을 대상으로 발생한' 으로 변경하여 규정하였다.

이 법률안은 '학생을 대상으로 발생한' 으로 규정함으로써 학생이 어디에 있는지의 여부에 관계없이 학교폭력에 개입할 수 있는 근거를 마련하였다. 즉, 교내에 있거나 혹은 교외에 있거나, 하교하여 집에 가는 길이거나, 개인적으로 시간을 소비하는 장소이거나 간에 관계없이 학생을 대상으로 발생한 폭력은 모두 학교폭력으로 간주하겠다는 것이다. 이는 보다 진전된 학교폭력 정의로서 학교 내뿐만 아니라 학교 외에서 타 학생이나 조직에 의한 폭력으로부터 학생을 보호하려는 강한 의지를 드러낸 것이다.

나아가 동 개정안은 '따돌림' 을 '따돌림, 사이버 따돌림' 으로 규정하고, 같은 조 제1호의 3을 다음과 같이 신설하였다.

> 1의 3. '사이버 따돌림' 이란 인터넷, 휴대전화 등 정보통신기기를 이용하여 학생들이 특정 학생들을 대상으로 지속적 · 반복적으로 심리적 공격을 가하거나, 특정 학생과 관련된 개인정보 또는 허위 사실을 유포하여 상대방이 고통을 느끼도록 하는 일체의 행위를 말한다.

이는 학교폭력을 통상 신체적인 폭력이나 면 대 면의 관계에서 일어나는 상황에 국한한 과거와 달리, 온라인상이나 휴대전화 등을 통하여 개인정보나 허위사실을 유포하는 것까지 처벌할 수 있는 규정이다. 이를 통하여 그동안 '장난전화였을 뿐' 이라거나 '게임 중에 농담으로 했다.' 고 하는 폭력에 대해서도 처벌할 수 있는 근거가 마련되었다고 할 수 있다.

법률적인 해석이나 요구와 달리, 일상생활에서 무엇을 학교폭력으로 볼 것인가에 대한 논의는 여전히 쟁점으로 남는다. 만일 한 학생이 옆에 앉아 있는 친구를 장난삼아 '툭' 한 대 때렸다면, 이것은 폭력인가? 이는 받아들이는 사람에 따라 다르다. 마치 성추행의 범위를 정할 때 받아들이는 학생이 '수치심을 느꼈느냐, 느끼지 않았느냐'로 구분하는 것과 비슷하다. 하지만 의도적이고 지속적이며 반복적으로 같은 행동을 한다면, 이는 명백하게 학교폭력으로 간주된다.

때린 학생은 장난이나 놀이 삼아 한 행동인데 피해를 당하는 학생은 고통과 수치심을 느낄 수 있다. 폭력이 어떤 학생에게는 스쳐 지나가는 바람 정도로 느낄 수도 있지만, 또 다른 학생에게는 자살충동을 느끼게 할 수도 있다. 개개의 학생은 타고난 성품이나 후천적 영향에 따라 느끼는 게 저마다 다르기 때문이다.

교사나 부모가 학교폭력을 당한 학생에게 "그만한 일로 난리 치느냐? 네가 그냥 참아."라고 하며 학생들의 반응을 무시하거나 축소할 경우, 학생들은 납득할 만한 조치를 취하지 않는 성인의 모습을 보고 불신감을 느낀다. 이에 더 이상 자신의 문제로 도움을 요청하지 않아 피해가 장기화되기도 한다. 교사나 부모가 당하는 학생의 입장에서가 아니라, 성인인 자신의 입장에서 생각하기 때문이다.

학생들에게 '네가 참아.'라고 하는 부모나 교사의 요구는 문제 해결을 어렵게 한다. 때로 자신을 방어하기 위해 때린 것이 상대 학생을 크게 다치게 하기도 한다. 교실 안의 폭력은 이렇게 복잡하고도 어려운 문제다. 그 이유가 어떠하든 폭력은 어떤 이유로도 정당화될 수 없다. 폭력으로는 상대편이 진정으로 용서를 구하게 만들지 못하기 때문이다.

## 학교폭력의 유형

학교폭력은 갈수록 다양한 형태를 보이고 있다. 과거 신체나 금품 등을 대상으로 한 폭력이 많았던 반면, 최근 학교폭력은 다양화, 지능화, 집단화되고 있다. 일반적으로 학교폭력은 신체적 폭력, 금품 갈취, 정서적 폭력, 언어적 폭력, 사이버 폭력으로 대별된다. 이를 살펴보면 다음과 같다.

**신체적 폭력** 신체적 폭력은 신체의 상해를 일으키거나 불편감을 야기하는 것으로, 최근 집단화된 폭력을 통해 불구 또는 사망에 이르는 경우가 발생하고 있다. 여기에는 다음과 같은 행동이 포함된다.

- 고의적으로 건드리거나 치는 등 시비를 거는 행위
- 장난을 빙자해서 때리거나 힘껏 밀치는 행위
- 물건, 흉기 등을 이용해 신체적인 상해를 가하는 행위
- 빈터, 놀이터 등에서 폭행하는 행위

**집단폭행 사례**

중학교 2학년인 국이는 점심시간이나 쉬는 시간에 운동장에서 친구들에게 둘러싸여 폭행을 당하기도 했고, 교실이나 화장실 문을 잠근 상태에서도 폭행을 당해 왔다. 그러던 중 자신을 괴롭히던 친구들이 불러내 노래방에 가게 되었는데, 노래를 부르는 동안 8명의 친구들이 국이를 집단 구타하여 턱뼈가 부서지고 온

몸에 타박상을 입어 전치 6주 진단을 받았다. 국이는 친구에게 맞았다는 사실에 자존감이 낮아졌고 학교에 등교할 생각을 하면 불안하여 퇴원을 한 후에도 집에서 지내고 있다.

**금품 갈취** 금품 갈취는 가해학생이 피해학생에게 협박과 강제적 힘을 바탕으로 하여 금품을 빼앗거나 상납을 요구하는 행위로, 보통 다음과 같은 방법을 사용하는데 그 방법이 점차 교묘해지고 있다.

- 돈을 빌리는 행위, 강제로 빌려 주고 이자를 받는 행위
- 자신의 낡은 물건을 강매하는 행위
- 생일을 빙자하여 선물을 요구하는 행위
- 돈이나 물건을 감추거나 빼앗는 행위
- 돈을 주지 않고 필요한 물건을 사 오라고 하는 행위

### 금품 갈취 사례

고등학교 2학년인 건이는 아버지 지갑에서 돈을 몰래 빼내다 들켰다. 건이는 매달 꼬박꼬박 용돈 15만 원을 받고 있었다. 1년 전부터 같은 학교에 다니는 가해학생에게 매주 3만 원씩 금품 갈취를 당하고 있었다. 건이는 돈을 주든 주지 않든 간에 가해학생에게 신체적 폭력을 당해 왔고, 맞는 것에 대한 두려움으로 이를 거절하지 못하고 있었다. 용돈은 제한적인데 써야 할 곳은 많고 상납까지 하려니 어쩔 수 없이 부모님 지갑에 손을 대게 되었다. 건이는 지속적이고 반복적으로 폭력을 당해 분노를 통제하지 못하고 술과 담배 등의 일탈행동을 보이고 있다. 또한 부모에게 미안함을 가지면서도 부모가 자신의 행동을 알아채고 제지

해 주지 못해 이런 상황에까지 이르렀다며 원망을 하고 있다.

**정서적 폭력** 정서적 폭력은 가해학생이 피해학생을 고의로 따돌림으로써 소외시키거나 정신적인 괴롭힘을 통해 고통을 주는 행위로 장기화될 경우 극단적인 상황(정신분열, 자살 등)으로까지 확대될 수 있다. 남학생의 경우 따돌리는 상대는 자신들과 잘 어울리지 않는 학생이 대상인 반면, 여학생의 경우 자신들과 친한 친구를 따돌리는 경우가 많다.

- 의도적으로 집단에서 소외시키는 행위
- 다른 학생과 어울리지 못하게 하는 행위
- 하고 싶지 않은 일을 강요하는 행위
- 말을 걸어도 무시하고 면박을 주는 행위
- 메일, 문자, 쪽지 등으로 협박하거나 비난하는 행위
- 다른 친구의 접근과 도움을 막는 행위
- 친구의 비밀이나 인신공격성 소문을 내는 행위
- 심부름이나 자기가 해야 할 일을 대신하게 하는 행위

### 집단 따돌림 사례

중학교 3학년인 현이는 반장으로 덩치가 크고, 피해학생은 부반장으로 공부를 잘하는 아이다. 가해학생이 피해학생을 '징징이' 라고 놀리며 반 전체 학생들에게 피해학생을 놀리고 따돌리도록 선동했다. 가해학생은 '한 사람의 희생으로 반 전체가 즐겁지 않느냐.' 며 자신의 행동은 장난일 뿐이라고 했다. 하지만 피해학생은 학교 가기를 싫어하며 친구들을 피하고 정서불안 증세를 보여 정신과 치

료를 받고 있다.

**언어적 폭력**  언어적 폭력은 빈정대거나 거친 말투로 피해학생에게 고통을 주는 행위로, 요즘 학생들은 욕을 일상어처럼 사용하면서 욕은 폭력이 아니라고 생각한다. 하지만 피해학생의 입장에서는 친구들이 하는 욕설이 수치심, 모멸감, 공포심을 느끼게 하여 심리적 고통을 받게 된다. 언어폭력은 대부분 다른 폭력과 함께 나타나기도 한다.

- 별명을 부르며 놀리는 행위
- 말로 위협하거나 협박하는 행위
- 개인적인 약점을 들춰서 괴롭히는 행위
- 빈정거리거나 조롱하는 행위
- 거짓말로 소문을 내거나 나쁜 내용을 퍼뜨리는 행위

**언어폭력 사례**

초등학교 5학년인 다빈이는 담임선생님과 친하게 지낸다며 친구들로부터 '고자질쟁이' 라고 놀림을 받고 있다. 다빈이가 교실에 들어가면 친구들은 하던 이야기를 멈추고, 다빈이 뒤에서 은밀한 웃음을 짓곤 한다. 또 다빈이와 다빈이 가족에 대해 '닿기만 해도 피부병이 옮는다.' 는 근거 없는 이야기가 돌아 아무도 다빈이와 가까이 지내려 하지 않는다. 이로 인해 다빈이는 등교 거부와 대인 회피를 하고 있고, 불안과 우울로 정신과 치료를 받고 있다.

**사이버 폭력**  사이버 폭력은 인터넷이나 문자 등으로 상대를 협박하거나 상대의 인터넷 아이디를 도용하여 상대방을 곤경에 처하게 하는 행위다. 이는 본인의 동의 없이 원하지 않는 정보를 유포하거나 부적절한 정보를 타인에게 제공하는 행위를 포함한다. 일단 게재된 인터넷 자료는 사라지지 않는다는 점에서 매우 심각한 폭력이다.

- 카페나 클럽에 협박 글 올리기
- 친구를 시켜 수치스러운 동영상을 올리거나 모욕하기
- 인터넷 아이디를 도용해서 캐시를 빼 가기
- 집단으로 채팅하며 협박하기
- 게임 레벨을 올려 주지 않는다며 메신저로 협박하기
- 개인이 운영하는 미니홈피, 블로그에 욕설 올리기
- 많은 사람이 동시 접속하는 메신저를 통해 헛소문 유포하기
- 문자로 협박하기

**사이버 폭력 사례**

중학교 2학년인 준이는 원이의 메신저 아이디와 비밀번호를 알아낸 후 메신저에 들어가 친구로 등록되어 있는 다른 친구들에게 욕설을 하고 막말을 했다. 이후 원이는 친구들로부터 집중공격을 당했고, 이로 인해 자살에 이르게 되었다. 최근에는 인터넷으로 단체문자를 보내거나 발신자 번호를 자신의 번호가 아닌 다른 번호로 입력할 수 있는 기능을 악용하여 욕설과 협박 문자를 다른 아이 번호로 보내서 종종 문제가 되고 있다.

**게임을 빙자한 학교폭력** 게임을 빙자한 학교폭력은 '재미'로 시작하지만 그

결과는 끔찍한 사고로 이어지기도 한다. 더욱이 게임에 강제로 참여한 사람은 게임이 아니라 죽음의 공포를 느끼게 되는데, 이들이 느끼는 그러한 공포가 다른 학생에게는 '재미'가 된다. 누구도 게임에 참여하고 싶어 하지 않기 때문에 학급에서 가장 '만만한' 학생이 대부분 피해학생이 된다.

- 동전게임: 동전에 구멍을 뚫은 후, 거기에 낚싯줄을 매어 목 안에 밀어 넣고 꺼내기를 반복하는 것
- 그네게임: 두 명이 한 조로 양팔, 양다리를 붙잡고 흔들다 집어 던지는 것
- 기절게임: 여러 명이 모여 하는 놀이로 한 사람의 목을 조여 기절하면 깨우고 차례대로 돌아가며 이를 반복하는 것
- 수술게임: 배, 팔, 다리 등을 칼 등으로 그어 공포심을 조성하는 것
- 컴퍼스놀이: 손가락 사이를 컴퍼스로 찍는 것
- 왕따놀이: 한 사람만 집단에서 소외시키며 노는 것

해마다 학기 초가 되면 매스컴을 통해 학교폭력의 심각성을 알리기 위한 사건들이 터져 나오고, 이후 이를 모방한 사건이 무수히 발생한다. 2009년도 '여중생 알몸 동영상' 이후 각종 포털사이트에는 이와 유사한 동영상이 쏟아져 나왔다. 또한 모 지역에서 초등학생 집단 성폭행사건이 발생하자, 이후 비슷한 모방 성폭력이 무수히 발생했다. 이처럼 매스컴에서 어떤 폭력 유형이 소개되면, 아이들은 쉽게 모방하고 이를 행동으로 옮겨 학교폭력 유형에도 유행이 있다는 말이 나오고 있다.

# 학교폭력의 특징과 변화

학교폭력은 날로 심각해져 범죄 수준에 이르렀지만 그 심각성을 깨닫지 못하는 학부모의 무지와 무관심으로 인해 아이들은 더 많은 고통을 받고 있다. 학교폭력에 무지한 부모가 사건이 발생하면 당황하여 오히려 사건을 확대하여 더 큰 피해를 낳기도 한다. 따라서 학교폭력에 잘 대처할 수 있는 정보를 알고 학교폭력에 대한 실질적인 노력을 기울여야 한다. 누구나 학교폭력이란 사고를 뜻하지 않게 당할 수 있으므로 내 아이만 괜찮으면 된다는 이기적인 생각에서 벗어나 모두가 우리 아이라는 마음을 가지고 함께 지키려는 노력을 기울여야 할 것이다.

## 학교폭력의 특징

**가해와 피해의 악순환** 학교폭력이 발생해 가해학생과 이야기를 나누다 보면 이전에 피해 경험이 있었던 학생이 대부분이다. 초등학교 때 피해를 당하다가 중학교에 와서 가해를 하고, 그러다가 다시 피해를 당하는 악순환이 반복되고 있다. 피해를 당하던 학생들이 '살아남기 위해' 가해 집단에 들어가 다른 학생을 괴롭히고 있는 경우가 많다. 6학년 때 가해를 하는 학생 대부분이 5학년 때 피해를 당했던 학생인 경우가 많다는 한 초등학교 교사의 보고는 피해와 가해의 악순환을 단적으로 보여 준다.

**집단 따돌림, 집단 괴롭힘** 현재 발생되는 대부분의 폭행이나 따돌림, 괴롭힘은 여러 명으로 이루어진 '집단'이 학급에서 한두 명의 학생을 희생양으로 삼아 공격하는 형태다. 집단이 한 학생을 공격하다 보니 폭력의 결과는 신체적 외상이나 사망 사고뿐만 아니라 우울이나 불안, 정신분열증과 같은 심리적 외상을 남겨 그 후유증이 심각하다. 이처럼 심각한 결과를 남기는 '집단폭력'에는 몇 가지 이유가 있다. 먼저, 가해집단에 속하지 않았을 때, 자신이 피해를 당할 수 있다는 두려움 때문에 가해집단에 적극 가담하기 때문이다. 또 집단이 주는 이점, 즉 책임이 분산되어 죄책감을 별반 느끼지 않아도 되기 때문이다.

**피해 지속 기간의 장기화** 짧게는 몇 회로 끝나기도 하지만 적절한 대처가 없을 경우, 졸업할 때까지 오랜 기간에 거쳐 피해를 당하는 경우가 대부분이다. 이처럼 피해 기간이 길어지는 것은 교사나 부모에게 피해 사실을 알리지 않기도 하지만, '일진' 처럼 네트워크를 형성한 가해집단에 의해 피해를 당하게 되면, 전학을 가도 피해가 계속되기 때문이다. 또 학년이 바뀌고, 상급 학교에 진학해도 왕따, 전따 등의 꼬리표가 따라가 계속해서 피해를 당하게 된다.

**신고의 부재** 보복의 두려움으로 신고하지 않는 경우가 많다. 이는 피해학생이 도움을 요청하는 신호를 보낼 때, 교사나 부모의 잘못된 대처로 인해 가해학생이 보복 폭행을 일으키게 하기 때문이다. 보복이 일어나는 경우는, 사건의 전말을 파악하기 위해 교사나 부모가 피해 사실에 대한 진상조사를 하거나, 3자 대면이나 주변 아이들에게 물어볼 때 일어난다. 많은 경우 가해학생은 피해학생의 주변 인물이다. 주변 친구에 의해 잘못된 정보를 수집할 수 있고, 피해 사실을 조사한다는 것을 눈치 채고 보복으로 이어질 수도 있다.

**사회 문화적인 모방범죄** 학생들은 영화나 드라마, 신문매체에서 보도되는 내용을 그대로 모방하여 학교폭력의 유행을 만들어 가고 있다. 우리 사회가 폭력에 지나치게 관용적이라서 게임을 빙자한 폭력이 유행처럼 번지고 있다. 폭력을 미화하는 미디어(영화, 드라마, 인터넷 게임)에서 폭력을 모방하는 것이 문제다. 교육적 차원에서 이러한 모방이 범죄 행위임을 인식시키고 이러한 문제가 발생하였을 때 '놀이문화'가 아니라 처벌을 받을 수 있는 범법 행위임을 인지시켜야 한다.

**미디어 모방범죄 사례(2008년)**

초등학교 6학년 솔이는 6 · 25와 관련된 영화를 보고 영화 속의 고문 장면을 모방해 피해학생의 무릎에 나무를 끼우고 무릎을 발로 차 중상에 빠뜨린 적이 있었다. 하지만 이것은 학생들 사이에서 있을 수 있는 장난으로 간주되어 사건 발생 후 범죄 행위임에도 놀이로 인식되면서 계속 퍼져 나갔다.

## 학교폭력의 변화

친구들을 괴롭히고 금품을 갈취하는 가해학생에 대한 이야기를 들을 때, 대부분의 사람은 결손가정에서 성장한, 경제적으로 곤란하고 공격적인 성향을 가진 비행청소년을 떠올린다. 이러한 생각은 최근 발생하고 있는 학교폭력의 가해학생 성향과 일치하기도 하고 또 다르기도 하다. 최근 학교폭력은 초등학교 저학년에서부터 시작된다. 또한 '여중생 알몸 구타 동영상'으로 널리 알려져 있듯이 여학생 폭력이 늘어나고 있다. 피해나 가해를 예측해 주는 특성이 없고, 동성 간의 성폭력이 증가하고 있다. 또한 청소년 자살과 지속적이고 정신적인 괴롭힘이 증가하고 있다. 이렇듯 변화하는 학교폭력의 양상을 살펴보자.

**저연령화** 요즘 학교는 저학년 때부터 친구들을 따돌리거나 때리는 행동을 하고, 5학년이 되면 중학교 선배와 어울리고 '아는 선배'를 믿고 군림하는 학생이 있다. 중학교 1학년 교실은 학급 내 서열 다툼으로 싸움장이 되는데, 이때 신체적 폭력사건이 가장 많이 발생한다. 이렇듯 가해 연령이 낮아지자 최근 폭력에 대한 처벌 기준 연령을 만 10세로 낮추기도 하였다.

**여학생 폭력의 증가** 피해학생에게 수치심과 복종심을 주기 위해 옷을 벗긴 채 때리고 이를 UCC로 찍어 인터넷에 올린 것은 여학생이었다. 우발적이고 충동적인 남학생 폭력에 비해 여학생은 간접적이고 지능적이며, 정서적인 괴롭힘으로 피해자의 고통을 가중시키고 있다. 실례로 질투심에 의해 자신의 남자친구를 시켜 피해학생을 성폭행하여 교사죄로 처벌받은 사례도 있다.

**가해학생과 피해학생의 성향 구분의 어려움** 학교폭력 피해학생과 가해학생의 특성은 매우 다양하다. 흔히 학교폭력의 피해학생이나 가해학생은 결손가정의 청소년일 것이라고 생각하거나 피해자는 미성숙하고 지능이 떨어지고, 가해자는 공격적이고 충동적인 청소년일 것이라고 생각한다. 하지만 모범생이며 반듯한 청소년이 피해학생이 되기도 하고, 리더십 있는 반장이 가해학생이 되기도 해서 단순한 방식으로 피해학생 및 가해학생 특성을 규정하기는 힘들다.

**자살 증가** 우리나라 청소년 자살률은 OECD 국가에서 1위다. 다수의 학교폭력 피해학생이 지속되고 반복되는 폭력의 고리를 끊기 위해 자살이라는 극단적인 방법을 선택하였다. 한 번 따돌림을 당하기 시작하면 학년이 바뀌어도, 전학을 가도 꼬리표가 따라붙기 때문에 죽음이 아니면 여기에서 벗어날 수 없을 것이라는 생각으로 자살을 선택하는 것이다. 실제로 부모가 자녀의 피해로 교사와 상담하고 있는 동안에, 집단 구타를 당하며 보복의 위협을 받고 스스로 목숨을 끊은 사례도 있다.

**지속적 · 반복적 · 지능적인 정신적 괴롭힘 증가** 요즘은 때리고 돈을 뺏으면 증거(신체적 외상과 목격자 등)가 남게 되어 자신에게 불리할 수 있다는 사실을 아는 학생이 많다. 결과적으로 폭력이 지능화되어 정신적으로 피해학생을 괴롭히면서도, 증거를 남기지 않기 위해 정반대 내용의 문자 등을 보내기도 한다. 예를 들면, '너만 믿는다.' 는 내용으로 발신자 번호도 뜨지 않는 문자를 보내 피해학생으로 하여금 불안감과 초조감을 자아낸다. 또한 여학생 사이에서는 헛소문을 내거나, 피해학생의 잘못으로 자신이 피해를 당했다고 거짓말을 하며, 실제 피해학생을 몰아세우기도 한다.

**동성 간 성폭행 증가** 인터넷을 통한 음란물을 처음 접하는 시기는 대부분 초등학교 시기다. 맞벌이를 하는 가정이 늘어나면서 빈집이 늘어나고 이러한 빈 장소는 음란물을 보고 따라하기에 좋은 장소로 이용되고 있다. 이런 모방은 학교 화장실에서도 일어나며, 피해자를 강제 추행하기도 한다.

### 성폭행 사례

교실이나 화장실에서 여러 명이 한 명을 강제로 협박해 자위행위를 하게 하고, 이를 동영상으로 촬영하여 돌려 보게 한다. 둘이 있는 경우, 화장실 문을 잠그고

구강성교를 시킨 사례가 있다.

이렇게 변화하는 학교폭력에 대해 학부모나 교사는 자신의 학창시절을 기억하며 학생들 사이에서 생길 수 있는 경미한 다툼 정도로 여기거나, 신고식이나 입문식으로 미화시키며 사춘기 시절의 반항 정도로 여기기도 한다. 하지만 현실을 볼 때 현재의 학교폭력은 심각한 범죄 수준에 이르렀으며, 피해자가 정신병으로 내몰리거나 자살에 이르는 경우도 있어 더 이상 두고 볼 수 없는 사회문제가 되었다.

## 피해의 의미와 유형

### 피해의 의미

피해란 학교폭력을 통해 신체적 · 정신적 고통을 수반하는 것을 의미한다. 피해를 반복적이고 지속적으로 당할 경우 그 피해는 더욱 심각하다. 피해학생은 폭력으로 인해 생기는 분노감이나 복수심, 수치심과 우울감, 또다시 폭력을 당하지 않을까 하는 두려움과 공포감을 지니게 된다. 이로 인해 학교에 가지 못하고 대인관계를 제대로 하지 못한 채 고립된다. 또한 사람을 믿지 못하며 피해의식을 느끼고 가출을 시도하거나 심한 경우 자살을 시도하기도 한다. 심지어 식사나 수면과 같은 일상생활에서도 어려움을 경험한다.

특히 지속적이고 반복적으로 폭력에 노출된 피해자는 폭력과 직접적으로 관련된 상황에 민감하게 반응하는 특징을 가진다. 즉, 가해학생과 비슷한 사람들, 당시 상황이나 시간이 유사한 경우 극단적인 공포감이나 두려움을 느끼게 된다. 또다시 사건이 발생하지 않을까 하는 두려움에 때문에 비슷한 상황에서 과잉경계를 하고 적극적으로 방어하기 위해 먼저 공격을 해서 피해자가 가해자가 되기도 한다.

청소년기에 겪은 폭력의 피해는 그 후유증이 평생 동안 지속된다. 올바른 가치관이 형성되기도 전에 입은 피해의식은 심각한 정신장애를 낳는데, 이는 개인의 일생에 걸쳐 걸림돌이 된다. 고통은 청소년 개인에 머무르지 않고 피해가족 전체의 고통으로 확대된다. 특히 가해학생에 대한 복수심으로 가족 중에 가장 약한 사람에게 분풀이하는 공격적인 행동을 함으로써 가족의 피해로 확대되기도 한다.

더구나 피해를 당한 학생의 부모 연령대는 보통 30, 40대로 경제적으로 책임이 막중한 시기다. 그런데 어린 자녀가 학교폭력을 지속적으로 당한 사실을 알고 그 사건을 처리하고 자녀를 치료하는 데 매달리다 보면 일터에서 멀어지게 되어 가정경제가 붕괴되는 경우가 많다.

학교폭력으로 인해 피해학생이 신체적 · 정신적 고통을 받아도 의무교육기간에는 학교를 보내야 한다. 피해학생을 위한 대안교육 시설이 전무하고, 학교에 보내지 않았을 때 받는 불이익이 크기 때문이다. 따라서 학교라는 공간에서 이루어지는 학교폭력은 개인의 문제가 아닌 사회의 문제이며, 더 나아가 국가 전체의 문제다. 하지만 학교폭력 피해학생과 그 가족은 어느 곳에서도 제대로 된 지원을 받지 못하고 있다. 결국 피해학생은 어디에서도 도움을 받지 못하고 영원한 피해자로 남아 고통을 홀로 떠안게 된다.

## 피해의 유형과 사례

학교폭력 피해는 단순한 폭력의 결과만을 남기지 않는다. 가장 먼저 겪게 되는 1차 피해에서부터 시작해 이로 인한 2차, 3차의 피해를 입게 된다. 이를 살펴보면, 먼저 학교폭력의 1차 피해는 피해자의 마음과 신체에 직접적인 흔적을 남긴다. 신체적 외상은 폭력에 의한 직접적인 상처로 흉터, 담배빵 등의 화상, 골절, 성장판의 정지로 인한 성장장애 등이 있으며, 심한 경우 죽음에까지 이르게 한다. 또한 심리적 피해는 불안과 공포, 우울, 낮은 자존감, 극심한 스트레스로 인한 복통 · 두통, 성격장애, 정신분열증에 이르는 후유증을 남기며 극단적인 경우 자살에 이르게 한다.

2차 피해는 폭력사건 이후에 피해와 관련된 상황에 노출되어 받는 피해다. 입원치료 중에도 학교나 경찰서에 직접 진술조사를 받으러 가고, 진술하는 동안에 다시 고통스러운 기억을 떠올려야 한다. 또한 처리가 늦어지고, 관련자 간의 갈등이 깊어져 정신적 · 경제적 스트레스를 받는다. 심한 경우 가족 간 갈등으로 가정불화와 가정해체의 위기를 경험하기도 한다.

3차 피해는 지역사회나 친구들에게 알려져서 당하는 피해다. 피해학생은 일회성 폭력사건의 피해자로 끝나는 것이 아니라, 피해학생이란 꼬리표가 따라붙어 지속적인 괴롭힘을 당하게 된다. 이름을 바꾸고 전학을 가도 피해학생이라는 꼬리표로 인해 다시 피해를 당하거나, 학년이 바뀌어 새로운 친구를 만나도 다시 피해를 당한다. 또한 블로그나 카페, 미니홈피 등과 같은 온라인을 통해 피해학생에 대한 허위사실이 유포되어 피해가 더욱 확장되고 심화된다.

4차 피해는 지역을 옮기거나 전학을 해도 학교생활에서 불이익을 받는 피해다. 학교는 피해학생이 전학을 오면 또다시 문제를 일으킬 것이라는 부담을 느껴 전학을 거부하거나 각서를 작성하게 한다. 실제 집단 따돌림을 당하던 피해 학생이 다른 학교로 전학을 갈 때, 문제가 생기면 이전 학교로 되돌아간다는 각서를 쓰고서야 입학을 허락받은 사례가 있다.

## 학교폭력 발생의 원인과 해결 방해 요인

### 학교폭력 발생의 원인

학교폭력이 발생하는 원인은 매우 다양하다. 개인적인 차원, 학급의 분위기, 학교의 문화, 사회적 맥락, 그리고 국가적 현실 등이 모두 관여하는 현상이기 때문이다. 여기에서는 학교폭력 발생에 대한 개인의 심리적 기저를 살펴보고자 한다.

- 자기보호 욕구: 학교폭력 가해자는 인정 욕망이 강하다고 볼 수 있다. 내가 세게 보이지 않는다면, 자신이 폭력을 당하게 될 것이라는 두려움을 극복하기 위해 폭력을 사용하는 경우가 있다.
- 왜곡된 감정 표현: 자신의 힘을 과시하는 방법으로 폭력을 사용하거나 장난으로 폭력을 간주하는 경우다. 장난은 상대편과 동등한 상황에서 이루어지는 행위이지만, 폭력은 일방적인 힘에 의해 강제되는 경우다.
- 영웅심리: 자신이 시키는 대로 하니까 학생들이 '벌벌 긴다' 든가, '교사도 나는 마음대로 못해.' 라는 생각을 가지고 있는 학생들은 폭력을 행사하는 것을 통해 영웅감을 충족시킨다.

- 차이에 대한 거부감: 피해학생들과 차이점이 있는 것에 대해 거부감을 가지고 대하는 경우다. '왜 저 녀석은 저렇게 잘난 척 해.' 라든가 '저 녀석은 너무 나대고 뺀질이야.' 혹은 '저 녀석은 지질하기 때문에 맞을 만하다.' 고 생각하는 경우다.

이렇게 학교폭력 발생의 심리적 기저는 자신의 폭력을 정당화하는 방편이기도 하다. 따라서 폭력을 가한 학생들은 '그럴 만했다.' 라는 인식을 통해 스스로 위로하며 폭력을 지속적으로 행사하게 된다.

### 학교폭력 해결의 방해 요인

학교폭력의 원인이 다양한 만큼이나 해결의 어려움은 더욱 깊다. 학교폭력은 폭력 피해자나 주변 학생의 신고와 조기 개입을 통해 효과적으로 해결할 수 있다. 그러나 학생들은 신고를 꺼려한다. 무엇 때문에 그럴까?

- 신뢰감의 부족: 신고를 하는 경우, 비밀이 보장되고 사건이 해결된다는 믿음이 있는 경우, 신고를 하게 된다. 그러나 상당한 경우, 폭력사건을 신고할 때, 일만 커지는 경우가 허다하다. 자신은 조용히 해결될 것이라고 믿었는데, 오히려 개인 신원 사항이 노출되고, 부모는 물론이고 학교 교사와 다른 학생들에게까지 말이 나간다. 학교 전체가 떠들썩하게 되는 경우, 신고를 꺼리게 된다. 학생이 안전감을 느끼는 수준에서 개입을 하지 못한다. 자신이 개입하지 않은 상태에서 폭력에 대한 조치가 취해지기를 바란다.

- 보복의 두려움: 학교폭력을 신고하고자 하는 경우, 가장 큰 두려움은 보복이다. 자신이 신고한 것을 알게 되는 경우, 교사나 부모, 경찰 등은 24시간 같이 있을 수 없지만, 가해학생과는 같이 있게 되는 시간이 매우 길다. 수업시간 중은 물론이고 휴식시간이나 집에 있을 때도 불안감이 높아진다.
- 도움 추구 행동의 부재: 위기 상황에서는 부모나 교사 등을 통해 도움을 받을 수 있도록 노력해야 한다. 그러나 상당수의 학생은 자신이 괴롭힘을 당하거나 폭력 상황에 노출되었음에도 신고하기를 꺼려한다. 이는 도움을 청하는 것을 고자질이나 다른 학생들에 대한 배신이라는 생각이 강하기 때문이다. 개인이 고통스러울 때 도움을 청하거나 주변 사람에게 알리는 것은 신고다. 이것은 바람직한 행동임에도 불구하고, 아직까지 '내부 고발' 같은 행위에 대해 부정적 인식이 자리 잡고 있다.
- 부모의 기대를 유지하고 싶은 마음: 대부분의 자녀는 부모에게 인정받는 자녀가 되고 싶어 한다. 결과적으로 폭력을 당했을 때, 걱정을 할 부모의 입장을 고려해서 '넘어졌다' 는 식으로 핑계를 댄다. 자신이 못난 자식이라는 인식을 갖고 싶지 않은 것이다. '수치스러운 자녀' 나 '모자라는 자녀' 가 되고 싶지 않은 것이다.
- 신고에 대한 부적절한 조치: 학교폭력에 대해 신고를 할 경우, 부모나 교사 및 학교 당국에 의해 정당한 절차를 거친 조치가 내려지기를 희망한다. 그러나 폭력사건에 대해 사실 관계를 확인한다고 하면서, 학생들에게 '폭력행위를 목격한 사람은 손을 들라.' 고 말하거나 학급 내에서 무기명 쪽지를 쓰게 하고는 그 종이를 교실에 있는 휴지통에 버린다거나 하는 것은 신고에 대한 불안감만 가중하게 만든다.
- 비효과적 대처교육: 학교폭력 피해자는 상당 부분, 타인에게 저항하거나

같이 때릴 능력이 없는 경우가 많다. 그럼에도 불구하고, 부모가 '같이 때려' 라든가 '대들지 뭐했느냐? 다음부터는 맞지 말고 대들어라.' 고 하는 것은 비효과적 대처교육이다.

- 피해자임을 부인하고 싶은 심리: 학교폭력 피해자는 자신이 주변으로부터 '지질이' 라거나 '못난 학생' 으로 낙인찍히는 것을 더 두려워한다. 이에 가해자들과 심리적으로 분리하여 살아가기보다는 가해자들과 '친구' 관계임을 보여 주고 싶어 한다. 이에 심각한 폭력도 장난이었다고 스스로 간주하고, 자신은 그들과 동료임을 인정받고 싶어 한다.

## 2012년 개정된 법률과 정부 차원의 근절 대책

### 「학교폭력예방 및 대책에 관한 법률」(개정 2012. 5. 1.)의 특징

최근 학교폭력으로 인한 연이은 학생의 자살로 학교폭력에 대한 우려가 커지고 있는 상황에서 피해학생의 치유 부담을 완화하고, 가해학생에 대한 조치를 신속하게 이행함으로써 학교폭력의 재발을 방지하고자 법률의 일부를 개정하게 되었다. 주요 내용은 다음과 같다.

- 기존의 학교폭력의 범위를 학생 간에 발생한 사건에서 학생을 대상으로 발생한 사건으로 확대하여 학교 밖 청소년 등에 의한 학교폭력도 이 법에 따라 지원을 받을 수 있게 하고자 하였다.
- 학교폭력과 관련한 추진 체계를 개편하여 국무총리 소속으로 학교폭력대

책위원회을 두고, 시 · 도에는 '학교폭력대책지역위원회', 시 · 군 · 구에는 학교폭력대책지역협의회를 두어 학교폭력에 대해 체계적으로 접근할 수 있도록 하였다.

- 시 · 도 교육감으로 하여금 학교폭력에 대한 실태를 정확히 파악할 수 있도록 연 2회 이상 학교폭력 실태조사를 실시하도록 하고, 학교폭력에 대한 조사 · 상담 · 치유를 위한 기관을 설치 · 운영할 수 있는 근거를 마련하여 치유 프로그램을 효과적으로 이행할 수 있도록 하였다.
- 학교현장에서 학교폭력을 문제시하지 않는 것을 개선하고자 학교폭력을 축소 · 은폐한 학교의 장 및 교원에 대해서는 징계할 수 있는 명확한 법적 근거를 마련하고, 학교폭력 예방에 기여한 자에 대해서는 인센티브를 지급할 수 있도록 하여 교직원들이 보다 적극적으로 학교폭력에 대처할 수 있도록 하였다.
- 자치위원회의 활성화를 위해 자치위원회를 분기별 1회 이상 개최하도록 하고, 학교폭력 전담기구의 적극적인 운영을 위해 교감을 포함하도록 하였다.
- 피해학생에 대한 조치 유형 중에 '전학 권고' 규정을 삭제하고, 피해학생에 대한 조치를 자치위원회 요청 7일 이내에 이행하도록 하였으며, 피해학생의 신속한 치료를 위하여 학교의 장 또는 피해학생의 보호자가 원하는 경우 학교안전공제회 또는 시 · 도교육감이 비용을 부담한 후 구상권을 행사할 수 있도록 하여 피해학생을 두텁게 보호하고자 하였다.
- 가해학생에 대한 처분을 의무화하여 폭력행위는 처벌받게 된다는 인식을 심어 주고, 가해학생에 대한 조치를 자치위원회 요청 14일 이내에 이행하도록 하여 가해학생을 신속하게 격리하고자 하였다. 또한 가해학생의 특

별교육에 학부모가 동참하도록 의무화하여 학부모의 책임성을 강화하고자 하였다.

- 기존의 가해학생의 전학 및 퇴학조치에 한정되었던 재심청구를 피해학생에 대해서도 허용함으로써 피해학생을 두텁게 보호하고자 하였다.
- 정보통신망을 학교폭력 예방에 이용할 수 있도록 하고, 영상정보 처리기기를 통합 관제하여 학교폭력을 예방하고자 하였다.

## 학교폭력 근절을 위한 정부종합대책

정부는 2012. 2. 6.(월)에 국무총리 주재 학교폭력 관련 관계 장관회의를 열고 '학교폭력근절 종합대책'을 발표하며 학교폭력을 반드시 뿌리 뽑겠다는 강력한 입장을 보였다. 학교폭력에 대한 교사의 권한과 역할, 책임을 강화하고 학교폭력으로 고통받고 있는 학생, 학부모의 입장에서 기존의 학교폭력 대책의 한계와 문제점을 철저히 검토하는 한편, 가해학생은 엄중히 처벌하고, 학교폭력의 근본적인 원인으로 지목되고 있는 인성교육이 형식화된 교육현실에 대해 반성하고, 7대 실천 정책으로 학교폭력 없는 행복한 학교를 만든다는 것이다.

직접 대책으로, '사소한 괴롭힘'도 '범죄'라는 인식하에 피해자 보호를 최우선하고, 학교폭력이 은폐되지 않도록 철저하게 대응하며, 근본 대책으로 학생들이 함께 더불어 살아가는 능력을 갖출 수 있도록 학교-가정-사회가 협력하여 인성교육을 실천하는 것이다. 그 내용을 자세히 살펴보면 다음과 같다.

- 가해학생 즉시 출석 정지: 앞으로 학교장은 학교폭력이 발생할 경우 가해학생에 대하여 학부모와 상담을 거쳐 즉시 출석 정지 조치를 내릴 수 있게

되었다. 학부모가 상담에 응하지 않으면 학교가 일방적으로 출석 정지 조치를 내릴 수도 있다. 만약 출석이 정지된 상태에서 보복 폭행을 하면 출석 정지 기간에 제한을 두지 않는 가중처벌을 해서 진급에 필요한 최소한의 수업일수를 채우지 못해 유급이 될 수도 있다.

- 복수담임제: 교사의 업무 부담을 줄이고 학생에 대한 원활한 생활지도가 이루어지도록 각 학급당 담임교사가 2명씩 배치되는 복수담임제를 도입한다.
- 학교폭력 사항 학생부 기록: 학교폭력과 관련된 징계 사항은 학교생활기록부에 기재된다. 학생생활기록부는 보존기간이 초등학교는 졸업 후 5년, 고등학교는 10년으로 설정되어 있다. 이로 인해 대학 진학 시 입학사정관이 참고해서 당락에 영향을 미칠 수도 있게 된 것이다.
- 학교폭력 신고전화 117로 통일: 학교폭력과 관련된 신고는 117로 일원화하여 관리하고, 지역사회가 참여하는 '학교폭력지역대책협의회'를 신설하는 등 학교와 학부모, 사회가 학교폭력을 위해 지속적인 관심과 노력을 기울이기로 하였다.
- 일진경보제 도입: 경찰청은 '일진경보제'를 도입해서 학교폭력 서클이 만들어지는 것을 막을 예정이다. 일진경보제란 폭력적이고 위압적인 소모임의 존재 여부, 또래집단 간 싸움 여부, 등교 공포로 인한 결석 여부 등을 확인하여 한 학교에서 일정 수준 이상의 위험이 감지될 경우, 일진경보를 작동시켜 관련 기관이 피해 사실을 전수 조사하는 등의 조치에 나서는 것을 말한다.
- 인성, 체육교육 확대 등 사전예방활동 강화: 정부는 또한 인성교육을 강화하는 방향으로 교육과정을 개편한다. 중학교의 경우 현행 주당 2~3시간

인 체육시간을 4시간으로 늘리고 교내 스포츠 활동을 확대한다. 학교의 예술동아리 활동과 예술 강사 지원도 확대된다. 또한 건전한 또래문화 조성을 위해 '또래상담 운영학교'와 자치법정 시범학교도 대폭 늘리며, 학교폭력 예방 사이버 상담도 지원한다.

- 폭력적인 게임 몰입 차단: 청소년들의 폭력적인 게임중독을 막기 위해 기존의 셧다운제와 함께 게임 시작 후 두 시간이 지나면 자동으로 게임이 차단되는 '쿨링오프제' 도입도 추진된다. 밤 10시 이후 미성년자의 PC방 출입 단속도 또한 강화된다.

이 외에 피해학생이 원할 경우 가해학생과 다른 학교로 진학을 할 수도 있고, 그간 피해학생의 보호조치 중 하나였던 '전학 권고' 조치는 사라진다. 아울러 피해학생의 심리상담 및 일시보호, 치료 등에 소요된 비용은 학교안전공제회가 우선 부담하여 피해학생의 경제적 부담을 덜도록 했으며, 학교폭력을 은폐하는 교사는 촌지 수수 수준으로 중징계를 하기로 결정했다.

# 2 학교폭력이 발생하는 풍토의 특성

학교폭력이 특히 빈번하게 발생하는 지역이 있는가? 있다면, 어떤 지역에서 학교폭력이 빈번하게 발생할까? 만약 그렇다면 미리 이러한 특성을 아는 것은 학교폭력을 체계적으로 개입하고 예방하는 데 시사점을 얻을 수 있을 것이다.

일반적이고 경험적인 관점에서 보면, 학교폭력이 유난히 많이 발생하는 지역이 있다. 지형학적으로 볼 때, 중소도시의 아파트 단지에 위치한 학교일수록 학교폭력 발생 건수가 적다. 이는 부모의 관심도가 높고, 직접적인 관찰 시간이 많기 때문인 것으로 파악된다. 상대적으로 공장이 밀집해 있고 맞벌이 부모가 많은 지역에서는 발생 건수가 높은 것으로 나타난다. 이는 부모의 경제활동으로 인해 자녀에 대한 직접 관찰 시간이 제한되어, 적절한 개입 시기를 놓치기 때문인 것으로 보인다.

더불어 학교와 학급의 분위기에 따라 학교폭력 발생 빈도가 달라진다. 교사가 폭력을 묵인하거나 소극적으로 대처할 때는 교실 안은 가해학생이 주도권을 가지게 되어 폭력이 난무하게 된다. 반면에 교사가 폭력에 적극적으로 대처할 의지를 가지고 학급을 민주적으로 운영할 때는 모든 학생이 평화롭게 생활할 수 있는 분위기가 형성된다. 또한 부모의 양육방식이나 교육 관심도에 따라 자녀가 학교폭력의 피해학생 혹은 가해학생이 되기도 한다. 참는 것이 미덕이라고 가르침을 받는 아이와 공격이 최상의 방어라는 가르침을 받는 아이는 분명 다르게 행동할 것이다.

이 장에서는 학교폭력이 발생하기 쉬운 가정, 학급, 지역사회의 풍토를 알아보고자 한다. 혹시 우리 가정이나 학급, 지역사회는 학교폭력이 발생하기 쉬운 풍토에 있지 않나 점검해 보고 예방 차원에서 활용하도록 하자.

## 가정 풍토의 특성

폭력이 발생하고 문제를 해결하는 과정에서 가해학생과 그 부모를 만나 보면 가해학생의 행동에 '이유가 있다.'는 것을 알 수 있다. 많은 가해학생 부모는 자녀에 대해 무관심하거나, 폭력으로 문제를 해결하려 하거나, 또는 자녀의 말을 무조건 믿어 자녀의 행위를 부인하기도 한다. 심지어 피해학생이 입원한 병원에 찾아와 언성을 높이고 '할 테면 해 보라.'고 협박하는 부모도 있다. 부모의 태도를 보고 자란 가해학생도 자신의 폭력에 대해 반성하기보다는 부인하거나 남의 탓을 하며 보복하기도 한다.

또한 학교폭력이 발생한 후 문제가 해결되지 않고 장기화되거나, 보복으로 인해 더 큰 문제가 발생하는 경우가 있다. 이런 경우도 가해학생 부모가 자녀의 가해행동에 무관심하거나 자녀의 말을 무조건 믿고 대처할 때다. '내놓은 자식이니 알아서 하라.' 며 오히려 큰소리를 치거나, 자기 자식은 '절대 그럴 리가 없다.' 며 무조건적으로 자녀의 말만 믿고 대처하는 부모도 문제를 장기화시키고 보복폭력을 불러온다.

피해학생 부모의 경우 자녀에게 '참는 것이 이기는 것' 임을 강조하고, 친구 사이에서 갈등이 생기면 '이해하고 또 이해하라.' 고 말한다. 때로는 학부모가 무기력하고 자녀의 학교생활에 대한 관심이 없는 경우에도 폭력 피해를 당할 가능성이 높다. 이러한 가정 풍토를 몇 가지로 나눠 살펴보면 다음과 같다.

### 맞지 말고 때리고 오라는 부모

자녀가 갈등 상황에 놓였을 때 '맞는 것보다 때리는 것이 낫고, 공격이 최상의 방어' 라고 생각한다. 따라서 또래와 갈등 상황이 벌어지면 병원비 등 모든 뒷감당을 해 줄 테니 맞지 말고 때리라고 가르친다. 또 학교폭력이 발생하여 대처할 때에도 피해학생 탓을 하며 피해학생 부모에게 큰소리를 쳐 일을 확대시키기도 한다.

### 차라리 맞는 게 낫다는 부모

폭력은 절대 나쁘고, 피하지 못할 때도 차라리 맞는 게 낫다고 가르쳐 최소한의 자기방어도 못하게 만든다. '때린 사람은 발 오그리고 자도 맞은 사람은 발 뻗고 잔다.' 고 생각하여, 폭력 피해를 당한 자녀의 고통을 헤아리지 못한다. 또 자녀가 맞았다고 알려도 친구 사이에서 '그럴 수 있는 일' 로 여겨 신속하게 대응하지 못한다. 더불어 문제가 생겨 대처할 때에도 '사과를 받고 다시 친하게 지내라.' 는 정도의 소극적인 태도를 보여 피해가 계속된다.

### 방치하는 부모

자녀의 생활이나 행동 변화에 관심이 없고 문제가 발생하여도 '알아서 하라.' 고 한다. 심지어 '네가 한 일은 네가 책임지고 해결하고 부모가 나서는 일이 생기지 않도록 하라.' 며 자율을 빙자하여 사실상 방임하는 부모도 있다. 이렇듯 아이 스스로 문제를 해결하다 보니 '법보다 가까운 것이 주먹' 이듯 문제해결을 위해 또다시 폭력을 휘두르게 되는 경우가 많다. 자녀의 문제행동으로 인해 부모가 방치하는 경우도 있지만, 부모의 무관심으로 인해 문제행동을 유지하는 경우도 있다. 학교에서 문제가 발생하였을 때 교사의 요청에도 바쁘다며 학교에 가지 않거나, 피해학생 부모를 피하는 행동은 자녀의 문제행동을 지속하게 만든다.

### 따라다니며 해결해 주는 부모

자녀는 문제를 만들고 그 부모는 문제를 해결해 주는 해결사다. 이러한 부모는 자녀를 과잉보호하여 문제가 생겼을 때 적극적으로 자녀의 입장을 대변해 주고, 대신 사과하며 사건을 처리해 준다. 부모가 모든 문제를 해결해 주다 보니 자신의 잘못을 부모가 모두 책임질 것이라고 생각하여 아무런 두려움 없이 문제를 일으키는 청소년이 늘어나고 있다.

# 학급 풍토의 특성

교실은 학생과 교사가 어우러져 독특한 문화를 만들어 낸다. 어떤 교실은 폭력이 만연하여 가해자가 영웅시되는가 하면, 어떤 교실은 교사가 모든 주도권을 가지고 학급을 운영하기도 한다. 과거 교사의 권위는 당연한 것이었지만, 최근에는 학생 그리고 학부모의 직간접적인 참여로 인해 교사의 입지가 다양하게 변화하고 있다.

학교폭력과 관련해서는 교사가 학급을 어떻게 운영하느냐에 따라 교실의 분위기가 달라진다. 교사가 폭력을 용인하고 문제가 발생했을 때 행동을 통제하고 지도할 수 없다고 생각하여 무기력하게 대처하면, 폭력이 난무하는 교실이 된다. 반면, 사소한 언어폭력도 간과하지 않고 폭력에 대해 엄정하게 대처하는 교실은 평화로운 교실이 된다. 또 교사는 학교폭력을 가장 먼저 인식할 수 있고, 학생들을 통해 사실을 확인하여 객관적인 정보를 가질 수 있는 중요한 위치에 있다. 그리고 관련 학부모를 만나 사실을 전달하고 중재와 조정에 개입하기에 학급 풍토를 만드는 데 주도적인 역할을 해야 한다.

## 가해학생 중심의 학급 풍토

이 교실에서는 때린 아이들이 영웅시된다. 교사를 대신해서 학급의 짱이나 반장 등이 아이들을 통제하고 이를 따르지 않을 경우, 폭력이나 따돌림과 같은 집단 괴롭힘을 당하게 된다. 그렇기에 어떤 사건이 발생했을 때, 교사나 부모에게 마음 놓고 이야기할 수 없다. 특히 피해학생에 대해서 '맞을 만하다.' 거나 '왕따' 라고 하며 문제 원인이 피해학생에게 있다고 본다. 또 욕설이나 험담 등과 같은 언어폭력은 폭력으로 인식하지 않는다.

이러한 학급의 교사는 학생들이 특별한 물의를 일으키지 않는 한 폭력을 허용하고, 학생들의 행동을 통제할 수 없어 반장이나 리더십이 있다고 생각되는 학생에게 의지하여 학급을 운영한다. 학교폭력이 발생하면, 교사 자신은 이런 문제나 학생에 대한 처벌권이 없다고 생각하여 시간이 흘러 망각되기를 바라고 소극적으로 대처한다. 때로는 사건에 대해 학부모나 학교에 공개하지 않아 문제를 확대시키기도 한다.

### 피해학생 중심의 학급 풍토

피해학생 중심의 학급에서는 피해학생이 피해를 당했기 때문에 특별한 취급이나 보호와 관심을 받는다. 교사는 무조건적인 동정과 지원이 피해자를 치유하는 데 절대적으로 필요하다고 본다. 이 경우 피해를 당했다는 사실만 강조되고, 이것이 다른 모든 행동의 면책특권이 되기 때문에 학생들은 자율과 책임을 배울 기회를 상실하게 된다. 학생 스스로 자신에게 피해학생이라는 꼬리표를 붙여 피해자다운 행동을 유지하게 만든다. 또한 피해학생의 무력감을 강화하고 요보호 학생이나 피해학생이라는 것을 노출시킴으로써 또다시 마음의 상처를 준다.

### 교사 중심의 학급 풍토

이런 학급에서는 학생들이 교사에게 인정받기 위해 경쟁한다. 교사에게 낙인이 찍히게 되면 학생들은 주변으로 겉돌며 교사에 대한 반항심을 키운다. 또 학생 간에 파벌이 형성되고 과열 경쟁이 일어난다. 학교폭력으로 문제를 일으키게 되면 피해학생과 가해학생 모두 따돌림을 당한다.

이런 학급의 교사는 학생끼리 따돌리는 분위기를 조성하고, 문제아를 전학시키기 위해 다른 학부모까지 선동하기도 한다. 피해학생은 도움이 안 된다고 생각하여 학급활동의 기회를 아예 주지 않거나 문제가 생기는 일 자체를 두려워하며 교사의 편의대로 일을 처리한다. 책임져야 할 부담스러운 일은 사라졌으면 하는 마음을 가지고, 자신의 학급평가가 내려갈까 하는 두려움에 교사평가의 걸림돌이 되는 아이들을 다른 학교로 전학 보내고 싶어 한다.

## 함께 성장하는 학급 풍토

함께 성장하는(win-win) 학급에서는 피해학생과 가해학생 모두의 심리 상태에 공감하며, 폭력 상황을 오히려 건강한 관계의식을 발달시키는 기회로 삼는다. 이러한 풍토에서는 모든 관련 당사자가 새로운 문제 해결 방식을 학습하게 된다.

이런 학급을 만드는 교사는 피해학생과 가해학생의 비밀을 보장한다. 또한 차별을 느끼지 않도록 노력하면서, 피해학생에게 책임 있는 일을 맡겨 자신감을 회복하도록 돕는다. 가해학생에게는 자신의 행동을 반성할 수 있는 기회를 주고 피해학생과 더불어 잘 지낼 수 있는 학급을 만들어 나간다. 피해학생 부모를 위로하고 아이를 칭찬하면서 변화를 이끈다. 이런 학급에서는 피해를 극복하고, 성장의 길로 나아가는 탄력성이 매우 높다. 가해학생과 피해학생 모두가 건강한 학급의 일원으로 회복할 수 있도록 도우며, 학급 관리에 한층 높은 자신감을 갖는다.

## 지역사회 풍토의 특성

### 폭력을 용인하는 지역 풍토

폭력을 묵인하는 지역의 부모, 교사, 학생들은 폭력이 효과적이라고 본다. 규칙을 어기는 학생은 체벌해야 다시는 규칙을 어기지 않는다고 생각한다. 가정폭력은 집안일이라고 여기며, 학생 간의 폭력은 있을 수 있는 일로 보기 때문에 별다른 대처를 하지 않는다. 실제 모 지역의 고등학교에서는 학생관리가 점점 힘들어지자, 학생회에 권한을 주고 학생회에서 학생들의 생활을 관리하게 하였다. 학생회는 민주적 방식보다 폭력과 위협을 통해 학생회를 이끌어 오다가 조회에 참석하지 않았다는 이유로 후배를 구타하여 사망에 이르게 한 사건이 발생하였다.

또한 학부모는 문제가 발생했을 때, 학교를 찾아가 대화보다는 폭력으로 문제를 해결하려 한다. 최근 모 학교에서는 거의 매일 부모들이 학교에 항의 방문을 하였고, 한 교사는 수업 도중에 찾아온 학부모에게 폭행을 당하고 쓰러진 후, 발에 밟혀서 팔다리가 골절되는 사건이 발생했다. 당시 학생들은 주변에 몰려들어 구경을 하면서도 옆 교실 선생님에게 위기 상황을 알리지 않았다. 그 충격으로 교사는 무력감과 상실감을 겪다가 결국 교단을 떠나고 말았다.

학부모가 교사를 구타한 이유는 자신의 자녀를 교사가 혼냈다는 단순한 일 때문이었다. 결국 학부모의 폭행에 대한 두려움 때문에 교사가 학생에게 체벌은 물론, 잘못을 지적할 수조차 없는 학교 분위기가 되어 학생들의 잘못된 행동에 속수무책인 상태에 놓이게 되었다.

### 폭력에 무기력한 지역 풍토

폭력에 무기력한 지역의 부모들은 경제위기나 가정해체로 인해 심리적으로 위축되어 학교폭력의 징후를 발견해도 학교를 찾아가 상담할 여유를 가지지 못한다. 피해학생과 가해학생 부모는 아이 간에 흔히 벌어지는 다툼으로 치부하고 외면하는 태도를 보이기에 무관심한 행동으로 비칠 수도 있다. 사건 징후에 대해 예방하기 위한 어떠한 의지나 대처하려는 노력도 없이 폭력을 방치하다 보면, 결국 폭력이 일상화되고 큰 사건이 터지게 된다.

또한 이러한 지역사회에서는 맞벌이로 인해 방과 후 아이들끼리만 지내는 경우가 많아 성폭력 사건이 자주 발생한다. 방과 후 빈집에 모여 유선방송의 성인물, 인터넷의 음란물을 보고 이를 흉내 낸다. 그러다 막상 큰 성폭행 사건이 발생하여도 별다른 대처를 하지 못해 피해학생이나 가해학생이 그대로 방치되는 경우가 많다.

피해-가해학생 부모 모두가 폭력에 무기력하게 대응하거나 무관심으로 방치하다가 큰 사건이 발생하면, 대처방법을 몰라 법정 싸움으로 확대되기도 한다. 이때 교사에게도 관리 소홀을 이유로 책임을 묻기도 하는데, 가끔은 의지를 가진 교사가 활동을 하려고 해도 관심이 없는 학부모를 상대하다 보면 한계를 느껴, 결국에는 포기하고 무성의하게 대처하게 된다.

## 지역이기주의가 팽배한 지역 풍토

중산층이 많이 살고, 예산이 타 지역에 비해 넉넉하며, 학부모의 교육열이 높은 지역일 경우, 학생 성적만 올려 주면 만족해하는 학부모가 중심이 되어 학교 분위기를 통제하기도 한다. 이런 경우 폭력이 발생하면 오히려 학부모가 앞장서서, 자신의 학교를 보호하고자 피해학생을 문제아로 몰아가는 경향이 있다. 결국 피해학생이 그 지역의 학교를 떠나는 일이 발생하기도 한다. 일부 사례에서는 자기 자녀는 피해자가 되지 않기를 바라며, '맞지 말고 때리라.' 고 시켜 경쟁을 더욱 부추기는 사례도 있다.

## 개인주의가 팽배한 지역 풍토

대도시 아파트 지역에서 흔히 볼 수 있는 현상은 학부모가 자식을 경쟁적으로 관리하면서 끌어안고 보호하는 경향이 강하다는 것이다. 이런 경향은 아이들을 가족이기주의와 개인주의가 팽배한 분위기로 이끌어, 타인에 대한 관심과 배려가 부족한 아이로 자라게 만든다. 이것은 교실 내에서 왕따나 괴롭힘이 생기면, 이를 모른 척하거나 자신과 상관없는 일로 여기게 하는 태도를 강화시킬 수 있다. 이들은 피해학생이 피해를 당하는 이유가 잘난 척하거나, 약하거나 장애가 있기 때문이라고 생각한다. 그러기에 자신이 피해학생이 되지 않기 위해서는 가해집단에 속해야 한다고 생각하고 적극적으로 가해집단에 들어가려 한다.

## 불안정한 사회구조를 가진 지역 풍토

일부 농어촌 지역의 경우, 부모의 이혼 등으로 인해 가정이 해체되고, 자녀 양육을 조부모에게 맡기는 사례가 늘고 있다. 불안정한 가족체계 및 사회구조와 더불어 청소년을 위한 놀이와 문화공간의 부재는 지역 내 선후배 관계를 강화시킨다. 결과적으로 일찍 음주나 흡연을 하는 행동이 시작되고, 다른 지역과의 힘겨루기가 집단 패싸움 형태로 나타나기도 한다. 좁은 지역이다 보니 문제가 발생하여도 그냥 덮고 넘어가는 경우가 있다. 피해학생은 있으나 감춰지고, 가해학생은 계속 사고를 쳐도 처벌을 제대로 받지 않음으로써 책임 있는 행동을 배울 기회를 잃게 된다.

이런 지역의 학부모는 서울이나 수도권 지역의 부모에 비해 폭력의 심각성과 실태를 막연하게 알고 있다. 또 학부모 대처교육이 전무해 대처 능력이 떨어진다. 아이들은 인터넷의 발달로 인해 전국적으로 동일한 수준의 학교폭력 위험 상황에 놓여 있는데, 부모는 지방으로 갈수록 충분한 정보를 제대로 얻지 못하고 있다.

지금까지 폭력행동을 일으키는 지역사회 풍토를 살펴보았다. 어떤 점에서 우리 사회는 폭력에 대해 지나친 온정주의적 풍토를 가지고 있다. '그럴 수 있는 일' 로 간주하고 가벼운 처벌로 문제를 '사라지게' 만들고 싶어 한다. 그 결과 폭력 관련 청소년이 자신의 행동에 대한 반성과 책임감을 배울 기회를 상실하게 한다. "14세 미만은 처벌하지 않아요."라고 말하며, 아무도 자신을 처벌할 수 없다고 당당하게 말하던 여중생 알몸 구타 동영상의 가해학생의 말은 가히 충격적이다.

많은 학교폭력 가해학생은 가해 사실을 인정하고 사과하지만, 돌아서면 다시 폭력을 사용한다. 사과했으니 지금까지 자신의 행동에 대한 면죄부를 받았다고 생각하거나, 부모가 사후 수습을 하고 해결해 줄 것이라는 기대감 때문에 책임이나 죄책감 없이 다시금 폭력을 행사하는 것이다. 결국 온정주의적인 처벌은 가해학생이 반성할 기회를 주지 못하기에 폭력의 악순환을 지속시킨다.

# 3 학교폭력 발생 후 심리적 이해

## 피해학생의 심리

순철이는 학교에서 매일 짝에게서 폭행을 당한다. 집에다 말하면 맞고 다닌다고 혼나거나 엄마가 걱정하실 것 같아서 말을 하지 못하고 있다. 말을 한다고 해도 더 크게 보복당할 것 같아 걱정이 되었다. 그러던 어느 날 지나가는 말처럼 자신의 상황을 엄마에게 말했다.

순철: 엄마, 칠수는 우리 반에서 왕따예요. 어떨 때는 마구 맞기도 해요. 안 됐어요……."

엄마: (걱정스러운 마음에) 너는 그런 아이들하고 놀지도 말고, 괜히 그 아이 편들지 마. 그러다가 너도 왕따당할 수 있어.

순철이는 절망감을 느꼈다. 누구에게도 도움을 받을 수 없을 것 같아 두렵고, 바보 같은 자신과 이런 마음을 모르는 주변 사람에게 화가 났다.

학교폭력 사건 발생 시, 피해학생이 느끼는 가장 큰 감정은 두려움과 분노다. 자신이 다시 폭력을 당하는 것은 아닐까, 자신이 도움을 받을 곳이 있는가, 부모에게 말하면 혼나지 않을까 하는 두려움을 갖는다. 나아가 자신에게 폭행을 가한 대상과 자신을 보호해 주지 못한 학교와 교사, 심지어는 부모와 사회 전체에 대하여 분노를 느낀다. 분노 속에는 원망과 무기력감이 동시에 수반된다.

폭력을 당하고 있는 청소년은 부모에게 직접적이기보다는 간접적인 신호를 통하여 도움을 요청한다. 자신이 당한 일을 다른 친구가 당한 일처럼 이야기를 하거나, 집에서 짜증을 내고, 학교 가기를 회피하거나, 다른 학교로 전학을 갔으면 좋겠다고 이야기를 한다. 주변에 있는 자신을 보호해 줄 수 있을 것으로 믿었던 사람이 어떤 반응을 보이느냐 하는 것은 피해학생에게는 매우 중요한 일이다. 부모가 적절하게 대응하지 못하는 경우, 자녀는 자신이 만만하게 여기는 사람에게 자신의 분노와 두려움을 공격적인 행동으로 나타내게 된다.

두려움과 분노의 시기가 지나면 수치심을 느끼게 된다. 또래에게 자신이 '당했다' 는 느낌은 스스로의 정체감을 무력화시키며, 자신을 열등한 존재로 간주하게 된다. 더 나아가 자신이 약해서 맞았다는 생각보다 마치 자신이 무엇인가 잘못된 행동을 했기 때문에 맞을 만해서 맞았다고 생각하면서 폭력사건을 스스로 정당화한다.

중학교 2학년인 지용이는 같은 반 학생들에게서 쉬는 시간에 화장실에서 자위행위와 유사 성행위를 당했다. 피해를 당한 후 가해학생은 누군가에게 알리면 가만두지 않겠다고 위협하고, 구타와 괴롭힘을 지속적으로 했다. 지용이는 죽고 싶다는 생각을 여러 번 했지만, 부모에게도 알리지도 못한 채 6개월의 시간을 보냈다. 그러는 사이 성적이 떨어지고 친구들과 어울리기를 꺼리며 자신에 대해 부정적인 생각을 많이 했다. 그러다 교사에게 도움을 요청했는데, 교사는 형식적인 조사만 하고 끝내 버렸다. 그러다 스스로를 보호하려면 강해져야 한다며, 치약을 눈에 넣고 울지 않아야 한다고 외치는 등의 정신분열 행동을 보여 결국 부모가 알게 되었다.

정상적인 학교생활이 어려워진 지용이는 학교를 그만둔 뒤에도 등하교 시간이 되면 교문 앞에서 친구들을 기다리다 공격 행동을 반복했다.

이 시기에 피해학생이 실질적으로 얻고자 하는 것은 주변 사람의 도움을 받거나 다른 경로를 통해서, 첫째 가해학생에게서 사과를 받아내고, 둘째 자신의 자존감을 회복하고, 셋째 피해학생이 아닌 동등한 친구관계로 다시 돌아가는 것이다.

이를 가능하게 하기 위해서는 일어난 사건 상황을 기록하고, 사건을 객관적으로 증언할 수 있는 학급 동료를 구하며, 교사와의 협력관계를 구축하여 피해학생의 심정을 깊이 공감해 주어야 한다. 더불어 가해학생에게 사과행동과 책임의식의 학습기회를 제공하여 피해자에게 진심 어린 사과를 하도록 함으로써 피해학생의 자존심 회복을 도와야 한다.

이때 피해학생이 능동적으로 이 과정에 참여할 수 있도록 교육 및 상담을 통하여 스스로 자존감을 세울 수 있는 기회를 주어야 한다. 그래야만 가해학생의 사과를 받은 후에 용서하는 절차를 거쳐 원만한 친구관계로 다시 돌아갈 수 있기 때문이다.

## 가해학생의 심리

가해학생의 경우, 폭력 사건 직후에 영웅 심리에 젖어 있거나, 폭력 자체를 사소한 장난이나 피해학생의 부적절한 행동에 대한 응징이었다고 자기 정당화를 시도한다. 청소년기의 학생들은 자신이 다른 학생보다 우월한 존재라는 증거를 찾고 싶어 하며, 자신의 행위가 법률적으로 어떤 책임이 따르는지 이해하지 못하는 경우가 많다. 지금까지도 부모가 자신의 행동을 책임져 왔고 앞으로도 책임져 줄 것이라는 그릇된 믿음을 가지고 있다.

집단폭행을 저지른 가해학생의 경우는 자신의 행위에 대해 전혀 저항을 하지 못하면서 발버둥을 치는 존재에 대해서는 더욱 잔혹한 행위를 하려는 심리적 충동을 느낄 수도 있다. 이러한 충동성으로 인해 가만히 맞고 있는 피해학생에 대해서는 더욱 심하게 폭력을 가하다가 불구나 사망으로 가는 위험한 사건이 발생하기도 한다.

그러나 일정 시간이 경과하면, 사건이 알려지는 것을 두려워하며 부모와 교사가 사건을 인지하는 경우 어떻게 해야 하나 하는 걱정을 하기 시작한다. 자신의 행위가 잘못되었다는 막연한 인식과 피해학생에 대한 미안한 마음도 생겨난다. 또한 피해자가 다쳐서 어떤 문제가 되지 않을까 하는 두려움을 느낀다. 겉으로는 자신만만하게 행동하지만 '큰 사고'가 될까 봐 염려하고 피해학생에 대한 걱정과 처벌에 대한 두려움을 느끼게 된다.

사실 처음에는 장난으로 그랬어요. 수업 시간에 조용히 하라고 애기했는데 나한테 대들었어요. 원인 제공을 한 사람은 내가 아니고 걔란 말이에요. 그리고요, 걔가 나를 씹고 다녔어요. 나는 아무것도 안 했는데, 완전 뒤통수를 쳤다니까요! 그런 것은 뭔가 경고를 줘야 하잖아요. 내가 잘못한 것이 아닌데, 왜 나만 나무라나요! 사실 때릴 때도 많이 때리지도 않았어요. 전 그렇게 일이 커질 줄은 몰랐어요.

이때 사건이 원만하게 해결되지 못하면, 가해학생은 심각한 수준의 의식 왜곡을 일으켜 대부분 자기 정당화를 위해 피해학생의 행동을 탓하거나 잘못을 지적한다. 적절하게 책임 있는 행동을 하는 방법을 배울 시기를 놓치게 되면 성인이 되어 더 큰 범죄 행동을 저지르거나, 죄책감을 느끼며 살아갈 수 있다. 실례로 친구를 집단으로 괴롭힌 후 그 친구가 자살하자, 피해학생 부모가 용서를 했음에도 10년이 지나서 그 죄책감 때문에 결국 자신도 자살한 사례가 있었다. 이러한 경우 부모나 교사가 적절하게 개입하여 자신의 행동에 합당한 처벌과 자신의 삶에 대해 성숙하게 책임지는 방법을 배우게 했더라면 다른 선택을 할 수도 있었을 것이다.

이렇듯 가해학생의 경우 폭력 사건 후, 상대편이 다치지 않았으면 하는 마음과 자신이 자연스럽게 사과를 할 수 있는 계기가 있어서 다시 친구관계로 돌아가려는 심리적 욕구를 가진다. 그리고 법적 문제가 되지 않기를 바라는 마음이 강하다.

이 과정을 촉진하려면, 학급 내에서 폭력의 의미와 결과에 대해 토론 및 토의하는 시간을 공개적으로 가지며, 교무실이나 상담실 등에서 가해학생과 피해학생이 정식으로 사과하는 시간을 가지도록 조력해야 한다. 학급에서는 가해학생이 진심으로 미안하다는 의사를 표현하고, 다른 학생은 이를 수용하는 자세를 가지도록 도와주어야 한다.

이 경우 폭력이 더 이상 영웅적 행동으로 간주되지 않고 가해자에 대한 두려움을 다른 학생이 갖지 않게 되어 추후 폭력 발생의 빈도를 줄일 수 있다. 이는 집단 따돌림이나 제2의 피해자를 예방하고 폭력에는 책임이 따른다는 의식을 가지게 함으로써 건강한 학급을 만들어 가게 해 준다.

## 피해학생 부모의 심리

사건이 발생하면 피해학생 부모는 나름대로 명분을 찾는다. "우리 아이가 내성적이고 왜소해서 당했다." 다른 문제가 있는 것이 아니라 특정한 요인(예를 들어, 내성적인 성격) 때문에 공격을 당했다고 이유를 대고 싶어 한다. 그러면 상대가 더 미안해서 사과하고 용서를 구할 거라 생각한다. 사실 피해학생 부모는 큰 싸움으로 번지는 것을 원하지 않는다. 대부분 상대가 사과하면 빨리 용서하고 원만하게 해결하려고 한다.

하지만 원만한 해결을 기대한 학교는 사건을 사소한 문제로 치부하고 교사와 가해학생 부모가 한목소리로 피해학생이 원인 제공을 했다고 하면서 공격하게 될 경우, 분노로 법적 분쟁까지 가기도 한다. 때로는 피해학생 부모가 아이를 위해 변명해 준 말("우리 아이는 내성적이라서 아이들이 괴롭혔던 것 같아요.")이 왜곡되어 문제아라는 것을 시인한 것처럼 되는 경우도 있다. 이런 경우 피해학생을 부적응아로 몰아가 문제 해결이 더욱 어려워진다.

방학이 끝나고 개학일이 다가오면서 불안해하는 자녀의 모습을 보고 오랜 시간 동안 이야기를 한 끝에 부모는 자녀가 지난 학기 동안 폭행과 금품갈취를 당해 왔다는 것을 알게 되었다. 개학을 하면 바로 학교에 찾아가 이 사실을 알리고 가해학생으로부터 자녀를 보호해 줄 것을 요청하고 싶었다. 또 평소 내성적이고 활동을 잘 안 하는 자녀가 걱정스러워 합기도 학원에 보내 볼까 하는 마음도 생겼다. 개학을 하고 나서는 자녀가 더 이상 피해를 당하지 않았으면 하는 마음이 컸고 학교에 기대를 많이 했다. 그러나 부모의 기대는 결국 무너지고 말았다.

학부모: 우리 아이가 소심하고 내성적이어서 아이들이 그렇게 했나 봐요.

교　사: 학생이 원래 문제가 있었네요…….

나중에 법적 소송에 이르렀을 때, 이 진술은 피해학생이 원래 부적응적인 문제학생임을 부모가 인정한 것으로 간주되어, 법적 증거로 채택되었다.

사건이 발생하면 피해학생 부모의 경우, 두려움으로 회피하거나 상대가 먼저 용서를 구하기 바라거나 학교에서 원만하게 해결해 주기를 기대한다. 대부분 법적 분쟁까지는 가고 싶어 하지 않는다.

일을 효과적으로 해결하기 위해서는 피해자 중심으로 해결하려는 노력을 보이며 마음의 안정을 찾게 하고 가해학생의 사과와 가해학생 부모가 재발 방지 약속과 함께 피해학생의 치료에 힘쓸 것을 다짐받고 화해하도록 조력해야 한다. 피해학생의 분노는 모두가 상처받을 수 있는 극단의 상황으로까지 연결되기에 초기에 적극적으로 대처하여 원만한 중재를 이끌어 낸다면 피해학생 부모도 안도감을 가지게 될 것이다.

이때 피해학생 부모 또한 사과를 받아들이고 용서를 통해 자존심을 회복하고 적당한 선에서 합의할 줄 아는 포용의 자세를 가질 수 있도록 조력해야 한다. 이렇게 해결할 경우 학부모가 다시 학교를 믿고 신뢰하게 되어 교사의 권위가 살아나게 되는 계기가 된다.

## 가해학생 부모의 심리

가해학생 부모는 사건이 발생하면 피해학생에 대한 책임도 걱정하지만 자신의 자녀의 미래가 불안하여 더 많은 걱정을 하게 된다. 그래서 우리 아이의 잘못을 알면서도 폭력 사실을 시인하면 우리 아이가 크게 다치는 것이 아닐까 하는 두려움 때문에 피해자 탓으로 돌리려고 한다. 자녀가 의기소침해하면 우리 아이가 기죽을까 봐 걱정이고, 또 다른 따돌림의 대상이 되지는 않을까 하고 걱정한다.

때로는 폭력에 대해 관대한 태도를 보이며 “장난으로 한 건데 너무 심하게 하는 것 아닌가요? 사실 알고 보면 우리 아이도 피해자거든요.”라고 말하면서 사실을 부인하며 자신의 아이는 잘못이 없다는 것을 입증하려고 오히려 큰소리치는 경우도 있다. 하지만 마음속에는 자식의 미래에 대한 걱정과 자책감이 존재한다.

중학교 3학년인 아이가 초등학교 3학년인 여학생을 엘리베이터 안에서 성추행하려다 문이 열려 미수에 그친 사건이 있었다. 이후 가해학생과 그 부모가 피해학생과 그 부모에게 사과를 하고 원만하게 해결을 보았다. 하지만 그 후 가해자 부모가 정신적인 고통에 시달리게 되었다. 자신의 아이 뒤를 미행하며 무슨 행동을 하는지 살피게 되었고, 아이가 우울해하면 자살하지는 않을까 하는 걱정이 들고 또 태연하게 있으면 뻔뻔스럽다며 저러다 습관이 되진 않을까 하는 걱정이 들어 하루도 편할 날이 없었다. 그러다 결국 자신이 죽고 싶은 심정이라고 호소하기에 이르렀다.

이때 교사는 가해학생 부모의 불안한 마음을 이해하고 너무 나무라거나 죄인 취급을 하며 다그치지 않는 것이 중요하다. 감정이 격해지면 원하지 않는 방향으로 치달아 극단적인 대립을 불러온다. 우선 가해학생이 그런 행동을 한 증거를 요청하며, 아이의 장래를 위해 이런 행동을 함께 막아야 하지 않겠냐며 원만한 사건 해결을 위해 믿고 따라와 줄 것을 당부한다.

가해학생 부모를 존중하며, 어떠한 상황에서도 아이의 장래를 위해 지금 문제를 잘 해결해야 더 이상 가해행동을 하지 않게 되고 나아가 범죄자의 길로 들어가는 것을 막을 수 있음을 인식시키고, 부모의 철저한 관리감독을 부탁한다.

## 교사의 심리

사건이 발생하면 빨리 일을 해결하고자 하는 의지는 있지만, 당황하고 효과적인 개입 방법을 잘 알지 못해 개별 학생의 문제로 치부하며 문제를 무마하려는 마음을 갖는다. 피해-가해학생 부모가 서로 자기주장만을 내세우며 팽팽히 맞서게 되면 자신이 분쟁에 휘말리게 될까 봐 불안감도 생긴다. 종종 대처 경험 부족으로 증거 자료를 확보하지 못해 중재가 이루어지지 않았을 경우, 피해학생 부모의 공격적인 행동과 항의를 받으며 본인이 소송에 휘말리는 경우도 있다.

때로는 승진 등에 불이익을 받을까 봐 우려한다. 열심히 학급관리를 했는데도 사건이 발생하면, 자신이 무능하고 아무것도 하지 못하는 교사가 된 것 같은 좌절감에 괴로워한다. 또한 적절한 개입 방법과 판단이 서지 않아 혼란스러워한다.

이처럼 교사는 사건이 발생하면 당황하게 되어 소극적인 대처를 하고, 항의하는 피해학생 부모를 무마시키려고 별일 아닌 일로 치부하거나 피해학생의 문제로 몰고 간다. 사건이 확대될 경우 교사가 학생과 학부모에게 관리 능력 부족으로 평가될 것을 두려워하기 때문에 사건을 드러내어 해결하는 것이 오히려 확대시키는 것이라 생각하고 조용히 혼자서 해결하려고 한다.

학급관리를 열심히 해 온 김 교사. 학급에서 아이들이 웅성거려 가 봤더니 한 아이를 집단구타한 일이 발생했다. 천사 같기만 했던 우리 반 아이들이 어떻게 이런 일을 저질렀을까? 충격으로 당황한 김 교사는 혼자서 해결하려다가 사건이 확대되어 피해학생 부모의 항의를 받게 되었고, 이에 김 교사는 아이들끼리의 사소한 다툼으로 치부하며 사건을 혼자서 해결하려고 노력하였다. 아이들 교육이라면 자신이 있었는데, 교사로서 무능하다는 느낌만 든다. 앞으로 학급을 어떻게 이끌어 가야 할지 막막하다.

사건이 발생하면 교사는 당황하고 자신이 교실관리를 제대로 하지 못한 것에 대한 죄책감과 무능감에 빠질 수 있다. 하지만 사건이 발생한 후에 적극적인 대처를 통해 2차 피해를 방지하고, 학급 내 교육을 통해서 폭력적인 분위기를 반전시킬 수 있다는 것을 알아야 한다. 이러한 노력은 앞으로 가해학생이 학급의 중심에서 아이들을 괴롭히는 행위를 차단할 수 있으며, 보복폭행 방지에 도움이 된다.

교사가 사건을 드러내고 해결할 수 있는 학교 내 분위기를 만들고 승진에 불이익이 가지 않게 해야 한다. 오히려 적극적으로 드러내서 해결할 경우 인센티브를 주고, 덮어서 무마시키려다 사건이 확대된 경우에는 불이익을 주어야 한다. 누구도 예외일 수 없는 학교폭력을 조기에 예방하고 적극적으로 대처하기 위해서는 학부모의 인성교육에 대한 인식 변화와 함께 학교폭력 담당교사의 처우 개선과 지원이 이루어져야 한다. 그래야만 안전한 학교 환경을 조성할 수 있을 것이다.

## 학교의 심리

사건이 발생하면 학교의 명예가 실추되고 학교장의 학교관리 능력과 학교평가에서 불이익을 받는다. 간혹 학교에서 공개적으로 사건을 해결할 때 언론에 노출되는 경우가 발생해 그 학교가 집중포화를 맞기도 한다. 이 경우 학교는 문제학교로, 학생들은 문제아로 낙인찍히게 되고, 부모들은 그 학교를 기피하게 된다. 사건 발생 후 전학생 수가 급증하며 그 학교 학생이라는 사실만으로도 학생 간에 배척당하는 일이 발생하기도 한다.

1년 이상 집단 따돌림과 폭행을 당한 피해학생이 정신분열 진단을 받았다. 이러한 사실을 알게 된 피해학생 부모는 가해학생뿐만 아니라 학교에 관리 소홀 책임을 물었다. 하지만 학교는 "그보다 심한 것도 그냥 넘어갔는데……."라고 하며 학교의 명예 실추와 학교평가에 부정적인 영향을 미칠 것을 우려해 이를 무마하려 했다. 또 오히려 피해자에게 문제의 원인이 있다고 주장하여, 피해학생 부모는 학교를 상대로 소송을 걸었고, 지역 언론에 억울함을 호소하는 기사를 보냈다. 다른 학부모는 이런 일이 발생한 것에 대해 창피하다고 하며, 아이들이 걱정된다는 반응을 보였다.

학교폭력사건이 발생한 경우 당황한 학교에서는 학교의 명예가 실추되는 것에 대한 부담감으로 사건을 감추거나 축소하려고 한다. 학교에서 가해 사실을 인정하면 학교의 관리 소홀을 인정하는 결과가 된다고 생각하며 피해학생 부모와 가해학생 부모가 직접 해결하길 바란다. 모든 문제의 원인을 가정교육의 문제로 돌리고 학교는 더 이상 할 일이 없다고 생각하는 경우도 있다. 피해학생 부모가 적극적으로 해결하려고 들면 돈 때문이라고 생각하는 경우도 있다.

적극적인 해결 의지를 보이고자 노력하는 학교에서는 폭력사건을 초기에 교사가 중심이 되어 피해학생 중심으로 적극 대처한다. 가해학생 부모에게도 아이가 잘못을 반성하고 재발하는 것을 막기 위해 학교에서 최선의 노력을 기울이고 있다는 것을 알린다. 학교를 믿고 따라 줄 것을 부탁하며 피해학생과 가해학생의 성장과 원만한 학교생활을 돕는다.

## 지역사회의 심리

지역이 좁을수록 학연, 지연, 혈연 등이 얽혀 있어 문제가 생겨 대처할 때 어려움이 있다. 피해학생과 가해학생이 서로 잘 아는 경우도 있고, 주민이 피해학생과 가해학생 편으로 나뉘어 문제 해결을 어렵게 만들기도 한다. 또 만일 피해학생 부모가 지역유지일 경우에는 사건 해결이 쉬우나 반대로 가해학생 부모가 지역유지일 때는 지역사회가 뭉쳐 피해자를 공격하는 현상도 발생한다. 가해학생 부모가 지역유지일 경우 피해자는 조용히 문제를 덮고 넘어가거나 문제를 삼을 경우에는 그 지역에서 떠날 것을 각오하고 일을 진행한다. 또한 극한 상황에 몰린 피해학생 부모가 언론에 이를 알릴 경우, 그 지역은 언론의 비난을 집중적으로 받게 되며 우범 지역으로 낙인찍히게 된다.

부모가 고위직 공무원이었던 가해학생은 초등학교 3학년 때부터 동급생들을 꾸준히 괴롭혀 왔다. 문제가 발생할 때마다 피해학생 부모가 항의했지만 가해학생 부모는 '내 자식이 그럴 리 없다.' 며 가해 사실을 인정하지 않았다. 하지만 초등학교 6학년이 되자 폭력은 점점 수위가 높아져 피해학생에게 라이터로 화상을 입히고, 감금, 금품 갈취, 구타를 가하여 결국 경찰조사를 받게 되었다. 가해학생 부모는 지역에서 오랫동안 거주하여 이웃과 관계를 잘 맺고 있었다. 가해학생 부모는 피해학생 집으로 같은 학교 학부모들과 함께 찾아가 빨리 합의할 것을 종용했다. 또한 학교폭력이 언론에 노출되면 자신들이 사는 지역의 학군, 집값에 영향을 미친다며 피해학생에게 전학갈 것을 요구하기도 하였다.

이처럼 지역사회에서 폭력이 발생하게 되면 학교폭력은 어느 지역이나 있는 문제인데 유난을 떤다고 여기거나, 자신이 사는 지역에서 불미스러운 일이 생겨 학군 수준, 집값이 떨어질 것이라며 빨리 해결되기를 바란다. 또 자기 자녀가 폭력을 당하게 될까 봐 두려워하며, 자녀의 학교생활에 관심을 갖고 자녀를 안심하고 학교에 보낼 수 있도록 학교와 주변 환경에 관심을 갖게 된다.

대부분의 학부모는 자신에게 일어난 일이 아닌 이상 피해학생의 입장이나 심정, 학교폭력에 큰 관심을 보이지 않는다. 그러나 한편으로는 언제 자신의 자녀에게도 이런 일이 닥칠지 모른다는 두려움 때문에 관심을 갖고 지켜본다. 해당 학교나 피해학생 부모, 가해학생 부모가 어떻게 대처하는가를 통해 지역사회 구성원은 잠재적인 학습을 하게 된다. 그러므로 지역사회에서 발생하는 학교폭력은 전체 구성원에게 불안과 두려움을 주는 중요한 문제다.

# 4 사전 징후 발견 및 대응

학교폭력이 발생하고 있는 징후는 보이지만, 학생이 직접적으로 문제를 토로하거나 특정 사건으로 전개되지 않은 경우에는 학교폭력 사전 시기로 볼 수 있다. 학교폭력은 일순간에 일어나는 경우도 있지만, 대부분 상당 기간 징후 단계를 보인 후 나타난다.

폭력징후 발견 시에는 직접 개입을 하는 것은 어렵지만, 새로운 행동 대안을 설정하고, 학교폭력에 대한 인식과 폭력행동의 기준을 설정함으로써 추후에 심각하게 발생할 수 있는 학교폭력 사건을 예방해야 한다. 따돌림의 경우는 직접적인 신체 폭력이 개입되어 있지는 않지만, 추후 폭력으로 연계될 가능성이 높은 행동이기 때문에 신속한 개입이 필요하다.

여기에서는 학교폭력 사전 대응기법을 4단계(영문 첫 글자를 인용하여 REST 전략이라고 부른다)로 구분한다. REST 전략의 첫 번째 단계는 어떤 현상이 일어나고 있는가를 교사와 학부모가 인식(Recorgnition)하는 단계다. 이 단계에서는 학교 및 가정, 대인관계에서 어떤 일이 일어나고 있으며, 어떤 징후 행동을 보이는가를 인식한다. 여기에서는 가해 및 피해 학생의 징후 행동을 인식하고 있어야 한다.

두 번째 단계는 발견한 징후 행동을 세밀하게 탐색(Exploration)하는 단계다. 이 단계에서는 징후 행동이 더욱 심각해지거나 빈번해지는 현상이나, 징후 행동의 양과 빈도가 증가하는 정도를 탐색한다.

세 번째 단계는 이런 사실을 인식하고 있으며, 변화하는 양상에 따라 학교 및 가정에서 수용되는 행동과 수용되지 않는 행동을 구분(Screen)하는 단계다. 이 단계에서는 교사나 학부모가 특정 행동에 대한 시각을 전달하고, 이에 대한 대안 행동을 제공한다.

네 번째 단계는 학교 및 가정에서 공개적으로 폭력행동에 대해 교육(Teaching)을 시키는 단계다. 이 단계에서는 폭력에 대한 관점과 바람직한 관용 행동을 육성하며, 책임지는 자세를 가르친다.

## 징후 발견 단계

징후 발견 단계(stage of recognition)는 학교폭력의 징후를 발견하는 단계다.

### 피해학생의 징후

학교폭력이 발생하게 되면 피해학생은 여러 형태로 부모나 형제, 교사나 친구에게 피해 사실을 암시하는 말이나 행동을 하게 된다. 때로는 폭력의 고통으로 인해 두통이나 복통을 호소하지만, 병원에서는 병명이 없다는 진단과 함께 진통제 처방을 한다. 하지만 대부분의 부모나 교사는 '무슨 일이 있을까?' 라는 관심보다는 '아무 일도 없을 것' 이라고 단정하여 피해학생이 보내는 신호를 무시하게 된다. 때로는 징후가 보여도 아무 일이 없기를 바라는 마음에 적극적인 질문을 하지 않는 경우가 많다.

그 결과 피해학생은 오랫동안 자신의 피해 사실을 누군가에게 털어놓지 못한 채 괴로워하며 점차 폭력에 저항할 힘을 잃어 간다. 그러다 자신은 또래와 가족에게서 버림받았다고 느끼면서 외톨이로 지내게 된다. 이렇듯 가족이나 친구에게서 멀어지면서 심리적으로 우울과 불안감을 느끼게 되고 반복적이고 지속적인 폭력에 분노감을 느끼지만, 이러한 분노를 표출하지 못하여 자신에 대한 파괴적 행동인 자살시도나 자해행동을 하기도 한다. 많은 피해학생은 피해가 지속됨에 따라 자신과 세상을 부정적으로 인식하게 되고, 대인관계에서도 지나친 의심과 피해의식을 갖게 된다.

또한 피해학생 가족은 피해학생의 신체적 · 정신적 치료 과정에서 자녀가 전신마취 수술을 하거나 밥을 제대로 먹지 못해 몸이 말라 가고 입원치료로 인해 학교에 가지 못해 학업을 중단해야 하는 등 여러 안타까운 상황을 묵묵히 지켜봐야 한다. 그런데 가해학생 부모가 가해 사실에 대해 부인하거나 치료비 지급을 거절하고 사과마저 하지 않는다면, 피해학생 부모는 더욱 분노하게 되고 결국 법정 소송으로 이어져 '아이 싸움이 어른 싸움' 으로 커지기도 한다. 더불어 가해학생은 친구를 때리고 괴롭히는 것이 잘못되었다는 것을 배울 기회를 잃고, 지속적으로 문제행동을 유지하게 된다. 학교와 교사는 피해와 가해 사실을 통해 학생들에게 제공할 수 있는 인권의 중요성, 다양성의 존중, 문제 해결 과정을 배울 수 있는 여러 교육 기회를 놓치게 된다.

학교 안에서 발견할 수 있는 폭력의 징후를 교사나 학교가 간과했을 때, 더 큰 문제로 확대되며 교사는 문제를 해결하는 과정에서 주도권을 상실하게 된다. 학교폭력에 대한 초기 대처가 미흡했고, 이후 피해학생에 대한 신변보호와 재발 방지 노력이 부족했다는 원성과 비난으로 학생과 학부모의 신뢰를 잃을 수 있다. 대부분의 학교폭력은 같은 학년, 같은 반 교실에서 발생하게 되므로 담임교사와 교과담당교사가 수업시간뿐만 아니라 쉬는 시간, 점심시간에 다음과 같은 행동을 주의 깊게 살펴본다면 학교폭력을 감지하는 것이 용이해질 것이다.

### 학교에서 발견할 수 있는 징후

중학교 2학년인 승원이는 2학년 학생 전체가 가는 수련회에 빠지려고 했다. 평소 친구들에게 금품 갈취와 신체 폭력을 당해 오던 터라 수련회 기간 동안에 교사의 눈길이 미치지 않을 때 피해를 당할까 봐 걱정스러웠던 것이다. 하지만 교사와 부모의 설득으로 승원이는 수련회에 참가했고 그곳에서 결국 반 친구에게 질식할 뻔 한 가혹행위를 당했다. 그 이후로 승원이는 학교 가기를 거부하고 있다.

교사는 교실에서 수업을 하거나 쉬는 시간에 복도를 지나가면서, 점심시간에 교실 안팎에서 학생을 보게 된다. 수업시간에 학생들 사이에 오가는 욕설이나 비난의 말이 적힌 쪽지를 발견할 수도 있다. 또 수업과는 무관하게 학생들만 아는 작은 속삭임, 웃음을 들을 수도 있다. 평소 수업에 교과서나 준비물을 잘 챙겨 오던 아이가 아무것도 없이 앉아 있는 것을 볼 수도 있다.

실제로 교과담당교사가 수업을 하다 주운 쪽지를 단서로 하여 폭력 사실이 담임교사에게 알려져 적절하게 개입한 사례가 있다. 하지만 놀라웠던 것은 교과담당교사가 폭력 사실을 담임교사에게 알렸다는 이유로, 가해학생은 교과담당교사의 수업에 고의적으로 빠지거나, 소란스럽게 하는 등의 태도를 보였다. 이런 예를 볼 때 일반 학생이 학교폭력 사실을 인지하고도 보복의 염려 때문에 교사나 학부모에게 알리지 못하는 이유를 잘 알 수 있다.

학교에서 쉬는 시간과 점심시간에 교무실로 교사를 찾아와 시간을 보내거나, 과도하게 교사에게 관심을 보이는 학생은 어울리는 친구가 없어서인 경우가 많다. 만약 그렇다면 친구가 없는 이유를 살펴보아야 한다. 교실 안에는 지켜보는 눈이 많기 때문에 보통 쉬는 시간, 화장실 주변에서 폭력사건이 빈번하게 일어난다. 힘겨루기를 명목으로 피해학생에게 스파링*을 하게 만들고, 잘못 맞거나 예상치 못한 아픔을 느낄 경우 가해학생은 화를 내며 스파링이 아닌 주먹다짐을 일으킨다. 이렇듯 대부분의 피해학생은 가해학생의 겨루기 요구를 들어주는 것으로 공식적인 폭력을 당한다.

이들 피해학생은 가해학생보다 키나 체격이 작거나, 가해학생이 유단자이거나 '잘나가는' 선배를 많이 알고 있기 때문에 이러한 요구를 거부하기가 쉽지 않다. 또한 자신이 응하지 않았을 때 반 친구들에게서 놀림이나 비웃음, 반 내 서열이 내려갈 것을 염려하여 응하게 되는 경우가 많다. 특히 중 · 고등학교 1학년에 입학한 직후 학교 내, 교실 내 서열을 정하기 위한 신체 폭력이 빈번하게 일어난다.

아이가 학교 활동에 흥미를 느끼지 못하고 참여하기를 거부한다면 학교폭력

---

* 권투에서 헤드기어를 쓰고 실전과 같게 하는 연습 경기

을 의심해 보아야 한다. 학교에 오는 것에 불안을 느끼고, 학교에 올 때 유난히 꾸물거려 지각을 자주 하고, 수업에 흥미를 보이지 않아 학교 성적이 급락하는 경우 주의를 기울여야 한다.

다음은 수업시간에 교사가 발견할 수 있는 징후다.

수업 시간 중에 발견할 수 있는 징후

- 지우개나 휴지, 쪽지가 특정 아이를 향한다.
- 특정 아이를 빼고 이를 둘러싼 아이들이 이유를 알 수 없는 웃음을 짓는다.
- 자주 등을 만지고 가려운 듯 몸을 자주 비튼다.
- 교복이 젖어 있거나 찢겨 있어 물어보면 별일 아니라고 대답한다.
- 교복 등에 낙서나 욕설이나 비방이 담긴 쪽지가 붙어 있다.
- 평상시와 달리 수업에 집중하지 못하고 불안해 보인다.
- 교과서가 없거나 필기도구가 없다.
- 자주 준비물을 챙겨 오지 않아 야단을 맞는다.
- 교과서와 노트, 가방에 낙서가 많다.
- 코피나 얼굴의 생채기가 나 있어 물어보면 괜찮다거나 별일 아니라고 한다.
- 종종 무슨 생각에 골몰해 있는지 정신이 팔려 있는 듯이 보인다.

점심시간과 쉬는 시간에 발견할 수 있는 징후

- 자주 점심을 먹지 않는다.
- 점심을 혼자 먹을 때가 많고 빨리 먹는다.

- 친구들과 어울리기보다 교무실이나 교과전담실로 와 선생님과 어울리려 한다.
- 자기 교실에 있기보다 이 반, 저 반 다른 반을 떠돈다.
- 친구들과 자주 스파링 연습, 격투기 등을 한다.
- 같이 어울리는 친구가 거의 없거나 소수의 학생과 어울린다.
- 교실 안보다 교실 밖에서 시간을 보내려 한다.

#### 등하교 시간 및 기타 상황에서 발견되는 징후

- 자주 지각을 한다.
- 자신의 집과 방향이 다른 노선의 버스를 탄다.
- 다른 학생보다 빨리 혹은 아주 늦게 학교에서 나간다.
- 학교 성적이 급격히 떨어진다.
- 이전과 달리 수업에 흥미를 보이지 않는다.
- 수련회, 수학여행 및 체육대회 등 학교행사에 참석하지 않는다.
- 무단결석을 한다.
- 작은 일에도 예민하고 신경질적으로 반응한다.

### 가정에서 발견할 수 있는 징후

고등학교 1학년인 재석이는 친구들에게 집단폭행을 당했지만, 부모님이 걱정하실 것 같아 이 사실을 알리지 않았다. 평상시에는 상의를 벗은 채 잠들었는데, 어느 날 방을 들여다보니 한여름에 긴팔 티셔츠를 입고 자고 있어 이상하게 여겼지만 그냥 넘겼다. 다음날 재석이를 깨우러 들어간 부모는 옷 사이로 보이는 멍을 발견하고는 피해 사실을 알게 되었다.

가정은 아이들이 학교보다 더 많은 시간을 보내는 곳이며, 자녀와 부모, 그리고 형제가 함께하는 공간이다 보니 자연스럽게 '자신'에 관한 여러 가지를 표현하게 된다. 이때 부모는 자녀가 남의 이야기인 양 학교폭력에 대해 이야기하는 것에 관심을 가져야 하는데, 이는 남의 일이 아니라 자신의 일을 이야기하는 경우가 많기 때문이다.

자녀가 뚜렷한 이유 없이 성적이 떨어지기 시작하고 학교 가기를 싫어한다면 가장 먼저 학교폭력을 의심해 보아야 한다. 학교생활은 크게 학업과 교우관계로 나누어 볼 수 있고, 교우관계는 학업에 영향을 미친다. 친구들과 관계가 나빠지고, 자신이 친구들로부터 고립되었다고 느끼기 시작하면 아이들은 학교생활에 흥미를 잃고 성적이 떨어질 수 있으며, 등교거부나 무단결석을 하게 된다. 가끔 가방에서 욕설이 적힌 쪽지가 발견되거나 교과서나 책에 낙서가 된 것을 볼 수도 있다.

또래관계에서 부모(교사)는 자녀(학생)가 어울리는 또래관계가 어떠한지를 먼저 살펴보아야 한다. 흔히 가해학생은 피해학생의 주변 인물이며 평상시 잘 어울렸던 친구일 수 있다. 이들 관계는 '친구라고 말하기에는 너무 먼 친구'라는 피해학생의 말처럼 실제로는 싫지만 보복이 두려워 겉으로는 친구처럼 어울릴 수밖에 없는 사이이다. 그러다 보니 특정 친구가 전화를 했을 때 피하려 한다거나 자주 그 친구에게 자신이 아끼는 물건을 빌려 준다면 그 관계는 의심해 봐야 한다.

청소년의 경우 또래관계를 중요시하는데 집단 따돌림을 당할 경우, 또래와의 관계를 중요시하지 않고 주로 집에서 혼자 게임을 하며 모임에는 참석하지 않으려는 경향을 보인다.

학교에 있는 동안 당하게 될 괴로운 사건을 피하기 위해서 피해학생은 등교

전에 배가 아프고 머리가 아프다는 호소를 많이 한다. 하지만 병원에서는 뚜렷한 원인을 찾지 못한 채 스트레스로 인한 소화불량이나 위염, 두통이라고 진단한다.

학교폭력 피해를 입은 학생들은 내성적이고 소심하며 초조한 기색을 보이며 때로는 화를 내거나 눈물을 보이기도 한다. 무기력과 우울, 세상에 대해 부정적인 시각을 보이며, 다른 사람의 의도에 대해 불신하며 불안해한다. 하지만 이와 같은 정서 영역의 특징이 학교폭력을 유발하는지, 아니면 학교폭력의 결과로 인한 것인지에 대해서는 아직 명쾌한 결론이 나지 않았다. 따라서 아이들이 급작스럽게 혼란스러운 정서를 경험하고 행동한다면 학교폭력의 사전 징후임을 고려해야 한다.

#### 학교 영역에서 발견할 수 있는 징후

- 학교 성적이 급격히 떨어진다.
- 학원이나 학교에 무단결석을 한다.
- 갑자기 학교에 가기 싫어하고 학교를 그만두거나 전학을 가고 싶어 한다.
- 학용품이나 교과서가 자주 없어지거나 망가져 있다.
- 노트나 가방, 책 등에 낙서가 많이 있다.
- 교복(옷)이 더럽혀져 있거나 찢겨 있는 경우가 많다.
- 학교에 가거나 집에 올 때 엉뚱한 교통 노선을 이용해 시간이 많이 소요된다.

#### 친구 관계 영역에서 발견할 수 있는 징후

- 다른 아이들이 괴롭힘 때문에 입은 피해에 대해 자주 말한다.

- 문자를 하거나 메신저를 할 친구가 없다.
- 친구 생일파티에 초대를 받는 일이 드물다.
- 친구의 전화를 받고 갑자기 외출하는 경우가 많다.
- 전화벨이 울리면 불안해하며 전화를 받지 말라고 한다.
- 자신이 아끼는 물건(휴대전화, MP3, 전자사전, 닌텐도, 옷 등)을 자주 친구에게 빌려 주었다고 한다.

### 신체적 영역에서 발견할 수 있는 징후

- 몸에 상처나 멍 자국이 있다.
- 머리나 배 등이 자주 아프다고 호소한다.
- 밤에 잠을 제대로 자지 못하며 식은땀을 흘리면서 잠꼬대 앓는 소리를 한다.
- 집에 돌아오면 피곤한 듯 주저앉거나 누워 있다.
- 작은 일에도 깜짝깜짝 놀라고 신경질적으로 반응한다.
- 몸을 움직이는 일을 하지 않으려 하고 혼자 자기 방에 있기를 좋아한다.
- 학교에서 돌아와 배고프다며 폭식을 한다.

### 정서적 · 행동적 영역에서 발견할 수 있는 징후

- 내성적이고 소심하며 초조한 기색을 보인다.
- 갑자기 격투기나 태권도 학원에 보내 달라고 한다.
- 부모와 눈을 잘 마주치지 않고 피한다.
- 쉬는 날 밖에 나가지 않고 주로 컴퓨터 게임에 몰두하며 게임을 과도하게 한다.

- 전보다 자주 용돈을 달라고 하며, 때로는 훔치기도 한다.
- 복수나 살인, 칼이나 총에 대해 관심을 보인다.
- 전보다 화를 자주 내고, 눈물을 자주 보인다.

## 가해학생의 징후

학교폭력 가해자 징후를 어떻게 찾을 것인가? 대부분의 학교폭력 피해학생은 생활 전반에 걸쳐 위축되고, 무기력하며, 신체적인 고통을 호소하고, 등교 거부 등의 행동을 통해 피해 사실이 드러나 부모가 알게 된다. 하지만 가해학생이 비행이나 불법 행동을 하지 않을 경우에는 학교에 잘 다니고, 또래와 특별한 문제가 없으며, 학교나 가정생활 영역에서 대체로 만족하기 때문에 가해 징후를 찾는 것이 어렵다.

더욱이 부모와의 대화 단절로 인해 자녀가 학교에서 어떻게 생활하고 있으며, 어떤 친구들과 어울리고 있는지를 알지 못하는 경우가 많아 자녀의 가해 징후를 찾기가 더욱 어려워지고 있다. 그렇지만 조금만 주의 깊게 살펴보면 가해의 징후는 생활 전반에 걸쳐서 나타나는데, 이는 부모가 자녀를 보면서 무언가 이상하다는 예감이 들면서 보이기 시작한다.

**학교에서 발견할 수 있는 징후** 학교에서는 우선 자녀가 어떤 부류의 친구들과 어울리는지를 살펴보아야 한다. 소위 '일진' 및 그 행동 대원과 친하게 지내거나, 어울리는 친구가 정해져 있다거나, 이들 이외의 친구에 대해서는 배타적인 태도가 있는지 알아봐야 한다. 특히 '잘나가는' 혹은 '일진'과 가깝게 지내며, 음주나 흡연, 잦은 노래방 출입 등의 문제는 없는지 주의해서 보아야 한다. 또한 친구와 어울리는 것에 큰 비중을 두어 귀가시간이 늦어지고, 불규칙해지며 친구 집에서 외박하는 경우도 살펴보아야 한다. 외박할 경우 누구 집에서 잤는지, 어떤 집인지를 꼼꼼하게 살피고 그 집이 아이 혼자 있는 곳인지, 아니면 부모가 함께 있는지를 확인해야 한다.

학교에서 문제행동을 하는 친구와 어울린다면 법적 문제에 휘말릴 수 있다. 그런 친구와 어울려 놀다 보면 흡연, 음주, 유흥업소(노래방, 술집 등)에 출입할 기회가 많아진다. 이때 쓰는 돈은 자신이 받는 용돈의 범위를 넘어서게 된다. 돈이 필요하지만 없을 때, 이를 조달하기 위해 사용하는 가장 간단한 방법은 주위 학생을 상대로 '삥'을 뜯는 것이다. 이 '삥'이 좀 더 조직화된 것이 선배가 후배에게, 혹은 자신이 괴롭히는 친구나 후배에게 얼마씩, 언제까지 가지고 오라고 하는 강요, 즉 '상납'이다. 그러다 보면 후배는 선배에게 가져다줄 돈을 채우느라 또래나 자신보다 어린 후배를 괴롭히게 될 수 있다.

**가정에서 발견할 수 있는 징후** 가정에서는 우선 사 주지 않은 고가의 물건을 자녀가 가지고 있거나 용돈에 비해 지나치게 많은 돈을 쓰는지를 보아야 한다. 친구가 빌려 주었다고 하면서 옷이나 고가의 전자제품(MP3, 휴대전화, 전자사전, 게임기 등), 가방, 신발 등을 가지고 다닌다면 꼼꼼하게 살펴봐야 한다. 빌려 준 물건을 다시 되돌려 주었는지, 얼마나 오랫동안 사용하는지를 점검하고 반드시 돌려주라고 말해야 한다.

아이는 자라면서 점점 가족과 보내는 시간이 줄어들고 부모와 대화를 거의 하지 않으며 대화 중에 화를 잘 내고 참을성이 없는 행동을 한다. 이렇게 되다 보니 부모는 자녀가 어떤 생각과 행동을 하는지 잘 알지 못하고, 보이는 것만으로 자녀를 알게 되며, 자녀는 자신의 생각과 행동을 들키지 않게 된다. 이 때문에 자녀가 학교폭력 가해학생이라는 사실을 부모가 알게 될 때, “내 아이는 절대 그럴 아이가 아니다.”라고 하며 자녀의 변명을 믿고 가해 사실을 인정하지 않아 사건을 확대시킨다. 결국 부모의 무지로 인해 자녀가 자신의 행동에 책임지는 기회를 잃게 할 수 있다.

**부모나 교사가 발견할 수 있는 징후**

- 부모와 대화가 적고, 반항하거나 화를 잘 낸다.
- 반에서 특정한 아이들과만 논다.
- 사 주지 않은 고가의 물건을 가지고 다니며, 친구가 빌려 준 것이라고 한다.
- 친구관계를 중요시하며, 밤늦게까지 친구들과 어울려 귀가시간이 늦어지고 불규칙하다.
- 비행(금품 갈취, 절도, 집단폭력, 약물 등) 전력이 있다.
- 감추는 게 많아진다.
- 친구들이 자신에 대해 말하는 걸 두려워한다.
- 집에서 주는 용돈보다 많이 쓴다.

## 관찰 및 주의 단계

관찰 및 주의 단계(stage of exploration)에서는 ‘학부모 혹은 교사가 학교폭력 사실을 알게 되었을 때 어떻게 접근하는 것이 최선책일까? 잠자고 있는 아이의 몸에서 멍을 발견한 한 어머니는 어떻게 다음 행동을 해야 할까? 친구가 돈을 가져오란다고 부모의 지갑에 손을 댄 자녀를 발견했을 때 어떻게 할 것인가? 모둠학습을 하는데 특정 아이들과 한 모둠이 되는 것을 꺼리는 아이를 발견한 교사는 어떻게 해야 할까? 자고 있는 아이를 깨워 무슨 일이 있었는지를 물은 다음에 무엇을 해야 할까? 돈을 가져오라는 친구를 확인하고 그 친구를 만난 다음 무엇을 해야 할까? 아이들을 잘 타일러 억지로 모둠에 끼워 넣은 후 무엇을 할 것인가?' 등에 내해 알아보는 것이다.

많은 학부모와 교사가 학교폭력의 징후를 발견한 후에 어떻게 대처하는 것이 보복이나 제3자를 통한 괴롭힘 등과 같은 문제의 확대 없이 해결할 수 있는지 궁금해한다. 이때는 특정 행동이 어떻게 변해 가고 있는가를 주의 깊게 살펴보아야 한다.

### 학교폭력 징후 발견 시 학부모나 교사의 주의 사항

- 눈치채지 않게 관망한다. 아이들의 행동을 조심스럽게 살펴봐야 한다. 가해학생을 공개적으로 야단치거나 피해학생을 직접적으로 보호하면 오히려 위험한 결과를 낳기도 한다. 교사가 교실 내 폭력에 대해 알고 있다는 사실을 알게 되면 가해학생은 더 은밀하게 피해학생을 괴롭힌다. 자신이 직접 나서지 않고 다른 친구를 시켜서 괴롭히기를 계속하기 때문이다.
- 주변 친구에게 묻지 않는다. 피해학생 주변 친구에게 피해 사실을 물어봐서는 안 된다. 많은 경우 피해학생과 가까운 친구들이 괴롭히기 때문이다. 그래서 피해학생을 돕는다고 하는 일이 오히려 상황을 더욱 심각하게 만든다.
- 사실 확인을 위해 삼자대면을 하지 않는다. 사실 확인을 위해 피해학생과 가해학생을 데려다 놓고 직접 확인하는 것은 피해야 한다. 피해학생은 가

해학생에 대한 공포 때문에 피해 사실을 있는 그대로 말하기 어려운 것은 물론, 피해학생과 가해학생, 교사가 하는 삼자대면은 문제를 확대하고 보복폭행을 부를 가능성이 높다.

- 학생들에게 신뢰를 심어 준다. 피해학생을 보호하고 폭력을 절대 용인하지 않겠다는 단호한 해결 의지를 보여 준다면, 아이들은 자신의 문제를 해결하기 위해 도움을 요청할 수 있다. 교사와 함께 학부모도 학생들에게 정서적인 지지와 함께 폭력에 대한 단호한 해결 의지를 보여 준다면 학생들은 성인을 신뢰하고 도움을 요청하게 된다.

## 스크린 단계

스크린 단계(stage of screen)에서 다루는 대응기법은 가해학생이 피해학생을 때려 병원치료를 받거나, 따돌림이나 집단 괴롭힘으로 이상행동을 하기 전에 발견되는 사전 징후(1, 2절 내용)에 대처하는 방법이다. 즉, '심증은 있지만 물증이 없는' 단계다. 이 시기에 적절한 대응을 하는 것은 추후 폭력사건 예방에서 가장 결정적으로 작용한다.

심각한 사건으로 발전하기 전에, 징후를 중심으로 하는 사전 대응기법의 세 번째 단계인 이 단계는 기초적 사실을 바탕으로 하여 허용 가능한 행동과 허용 불가능한 행동을 구분하고, 이에 대한 개방적 토론과 집단교육을 실시하는 단계다. 나아가 이 단계에서는 교사와의 신뢰관계를 구축하는 일이 중요하다.

때로는 학교폭력에 대응해 나가는 과정에서 오히려 교사가 폭행을 당하거나 학생들로부터 '따돌림'을 받는 경우가 있다. 이 경우에 교사는 학생들과 대칭적인 방법—학생의 힘에 의한 저항 또는 반항 행위에 교사도 권위나 성적 등을 앞세워 대응하는 방법, 즉 힘에는 힘으로 다스리는 방법—은 매우 비효과적이다.

교사는 폭력적인 힘에 대해 비대칭적인 전략을 사용해야 한다. 즉, 학생이 힘을 과시하는 것은 '힘 있는 척' 할 뿐이며, 실제로 학급의 관리는 교사가 하고 있음을 다른 학생에게 인식시켜야 한다. 이 시기를 놓치는 경우, 교사는 불편하고 불안한 마음을 가진 채 학급 장악 능력을 잃을 수 있고, 이는 급기야 교사에 대한 폭행으로 이어질 수 있다.

## 교사의 대응기법

**신뢰 형성과 문제 해결 의사 표시** 이 시기는 사실과 오해가 병행하는 시기다. 때리고 맞은 정황이 있을 뿐이며, 내부적으로 어떤 문제가 있는지를 명확히 알지 못한다. 그러므로 심증을 사실화할 수 있는 정보를 수집하되, 피해학생의 신변보호를 최우선적으로 고려해야 한다. 무엇보다도 중요한 것은 사전 징후를 발견한 교사는 문제 해결 의지를 확고히 갖는 것이 중요하다. 자신이 이 상황을 다룰 수 있고, 또한 자신의 개입을 통해 더욱 효과적으로 문제가 해결될 것이라는 믿음을 가져야 한다. 이를 반 전체가 모인 상황에서 전달함으로써 교사는 다수의 학생과 신뢰관계를 구축할 수 있다.

- 초기 괴롭힘 발견 시 명확한 대처와 사실조사: 무기명 학교폭력 설문을 통해 괴롭힘 사실과 대상을 조사한다. 누가, 언제, 누구에게, 어떻게 피해를 당했는지에 관해 조사한다. 이때 교사는 장난이라도 친구를 괴롭히는 일

은 나쁜 일이고, 반드시 처벌이 따른다는 것을 알려 다른 아이들이 따라 하지 않게 대처한다.

- 신뢰감 형성과 피해자 신변보호: 피해학생이 교사에게 도움을 요청할 수 있게 신뢰감을 심어 주어야 한다. 이러한 신뢰감은 교사가 문제에 적극 대처할 의지를 보여 줄 때 가장 확실하게 만들어진다. 또한 피해학생의 신변을 보호할 때는 주변 학생의 눈에 띄지 않게 해야 하며, 신체적 폭력을 당할 위험에 있을 때는 교사에게 즉각적으로 알릴 수 있는 지지망을 확보해야 한다. 피해학생의 보호는 학년이 바뀌기 전까지 지속적으로 이루어져야 한다.
- 반 전체 교육: 반 전체를 대상으로 하여 학교폭력에 관한 교육을 실시한다. 가해학생은 '장난으로 한 행동'이지만 피해학생은 엄청난 고통을 느낀다는 사실을 입장을 바꿔 생각해 볼 수 있도록 내용을 구성한다. 또한 심각한 피해를 입혀 피해 회복이 불가능할 경우에는 가해학생은 평생 죄의식을 느끼게 되고, 법적 처벌에 따라 장래에 불이익을 당할 수 있다는 사실을 주요 내용으로 담아야 한다. 이때 주의할 것은 피해학생이나 가해학생이 드러나지 않도록 해야 하는데, 이는 가해학생이 혹시라도 자신들의 일로 처벌받는다는 느낌이 들면 보복을 할 수도 있기 때문이다.

**집단 따돌림 발생 시 대응** 따돌림에는 어떤 대처도 효과가 없고, 시간이 지나가는 것이 유일한 대처 방법이라고 할 정도로 징후를 발견하더라도 해결이 어려운 문제다. 특히 따돌림은 남학생보다 여학생 간에 빈번하게 일어나며, 남학생과 다른 특징을 보인다. 남학생은 자신과 친하지 않은 아이를 따돌리지만, 여학생은 가장 친한 친구 중 한 아이를 따돌린다. 또 남학생은 때리거나 놀리는 등 직접적인 방법으로 괴롭히는 데 반해, 여학생은 은밀하고 정서적이며 간접적인 방법으로 괴롭힌다.

하루 종일 한마디 말도 걸어 주지 않거나, 눈이 마주쳐도 외면하는, 흔히 아이들 사이에서 '쌩깐다'로 표현되는 행동을 한다. 여학생은 친한 친구들끼리 나눈 얘기를 '뒤에서' 이야기하거나 헛소문을 내며 친구를 따돌린다. 그러다가 교사가 심증을 갖고 접근하면 '절대 그런 일 없다.'며 부인한다. 따돌림이 집단으로 이뤄질 경우 가해학생은 다수이고 피해학생은 혼자이기 때문에 피해 사실을 입증하는 것이 쉽지 않다. 이런 따돌림이 발견될 때 다음과 같이 대처한다.

- 따돌림 발견 시 사실조사: 평상시 친하게 지냈는데 최근 사이가 소원한 아이들이 있는지, 별 일 아니라고 하지만 위축되어 있는 아이가 있는지 살펴본다. 따돌림 사실을 조사할 때에는 반 아이들이 눈치채지 않게 관망하며, 무기명 설문을 통해 확인해야 한다. 또 따돌림의 이유를 찾기보다 따돌림의 결과로서 피해학생이 겪는 고통에 대해 이야기를 나눠 본다.
- 가해-피해 학생 부모에게 확인된 사실 통지: 집단 따돌림 징후 발견 시 교사는 이 사실을 가해-피해 학생 부모에게 알려야 한다. 교사 혼자서 '조용히' 해결하려고 노력하다가 자칫 큰 사고라도 발생하게 되면 그 책임을 면하기 어렵다. 요즘 아이들은 교사 앞에서는 잘못을 인정하고 다시는 따돌리지 않겠다고 약속하지만 이는 잘 지켜지지 않는다. 사과와 재발 방지의 약속이 가해학생의 진심 어린 반성이나 자신의 행동에 대한 책임감을 수반하지 않기 때문이다. 따라서 교사는 확인된 사실을 학부모에게 알리고 공동으로 해결하려고 노력해야 한다. 예를 들어, 가해학생이 전면에 나서지 않고 피해학생을 고자질쟁이로 낙인찍어 다른 친구들을 조종하여 집

단 따돌림을 시킬 수 있다. 이때 교사가 가해학생 부모에게 이를 관리할 수 있도록 정보를 제공한다면 효과적으로 문제 확산을 예방할 수 있다.

- 부모의 재발 방지 각서: 부모의 눈먼 사랑으로 자기 자녀의 잘못을 인정하지 않아 문제가 발생하는 경우가 대부분이다. 재발 방지 각서를 부모가 작성하도록 하는 것은 부모가 관리의 책임을 져 학생들의 피해를 최소화하는 것이다. 각서를 쓴 가해학생 부모는 심리적인 부담감을 느끼게 되고 자신의 자녀에 대해 철저한 관리 · 감독을 하게 된다. 이런 부모의 태도는 가해학생에게 반성의 기회를 제공하여 다시 그런 행동을 하는 것을 부담스럽게 만든다.
- 반 전체 교육 실시: 집단 따돌림으로 인한 피해와 그것이 학급이나 개개인의 인생에 미치는 파괴적 결과에 대해 학급에서 교육을 시킨다. 내용은 다음과 같은 것이 될 수 있다. 따돌림으로 인한 고통은 평생 치유가 되지 않으며, 고통은 피해학생뿐만 아니라 그 가족으로까지 확대된다. 또한 피해학생이 자살을 하거나, 정신분열병과 같은 극단적인 상황에 처하게 되면 가해학생은 평생 죄의식을 갖고 살게 된다. 더불어 가해에 직접 가담하지 않았지만, 방관하거나 동조하였을 경우에도 함께 처벌을 받게 될 수 있다. 또한 따돌림의 대상이 언젠가는 자신이 될 수도 있기에 이를 방관하지 않아야 한다. 이러한 교육을 통해 사전에 큰 사건을 예방하고 학교폭력 대처 능력을 향상시켜야 한다.

## 학부모의 대응기법

자신의 자녀가 따돌림을 당하는 것 같은 느낌이 들면 어떻게 해야 하는가?

지난번 계단에서 자신의 실수로 굴러서 다쳤다며 깁스했던 일, 그리고 아침마다 학교 가기 싫다고 하던 아이의 목소리가 이상하다는 느낌이 들면 어떻게 해야 할까? 당혹해하며 학교에 찾아갈 수도 있고, 아이를 윽박지르거나 차분하게 물어볼 수도 있다.

자녀에게 징후는 보이지만 이것이 명확하지 않은 경우, 부모가 어떻게 대처하느냐에 따라 폭력의 고리가 끊어지기도 하고 지속되어 2차, 3차 피해가 이어질 수도 있다. 만약 자녀에게 이런 징후가 나타날 때 어떻게 대처할 것인가? '학교 가기 싫어한다. 갑자기 몸 이곳저곳에 멍이 들어서 오지만 놀다가 그랬다며 시선을 맞추지 않는다. 말수가 줄어들고 학교나 친구에 대한 이야기를 하지 않는다. 혼자 지내는 시간이 많아졌다.' 이럴 때 아이들을 폭력에서 지키는 방법은 무엇인지 알아보자.

**자녀의 불안과 두려움 이해하기** 피해 징후를 인식하고 자신의 무지에 대한 화가 엉뚱하게 자녀에게 향하게 되어 자녀를 비난하거나 심한 경우 체벌하는 경우도 발생한다. 왜 그동안 말하지 않았냐며 맞지 말고 죽기 살기로 맞서 싸웠어야 한다고 말하기도 한다. 하지만 피해 기간이 길고 직간접적인 폭력을 매일 경험했다면 피해학생은 아무도 자신을 도와주지 못할 것이라는 좌절감과 보복의 두려움에 무기력해져 적절한 대처를 하기가 어렵다. 이때 부모가 따뜻하게 안아 주며 아이의 고통을 미리 알고 대처해 주지 못해 미안하다고 사과하는 행동이 필요하다.

**자녀와 대화하며 피해 사실에 대한 부인 수용하기** 부모는 비난이나 보복이 두려워 피해 사실을 부인하는 자녀에게 이 세상에서 널 지켜 줄 수 있는 사람은

부모라고 하며 문제를 반드시 해결해 주겠다고 말한다. 자녀에게 무슨 문제가 생기면 부모에게 먼저 알려 주면 좋겠다고 이야기한다. 이때 누가, 어떻게 괴롭혔느냐는 사실에 초점을 맞추기보다는 자녀가 받은 고통에 초점을 맞추고 이를 수용하도록 한다.

**부모의 적극적 문제 해결 의지 보여 주기** 평상시 부모와 자녀 간의 의사소통이 원활하거나, 자녀의 친구들을 알고 있는 경우라면 사실을 확인하고 적극적으로 대처한다. 자녀의 등 · 하굣길에 동행하거나, 주변 친구나 그 부모들과 관계를 형성하여 지지 세력을 구축할 수 있다. 이러한 노력은 일회성이 아니라 지속적으로 해야 한다.

**교사에게 알리기** 자녀의 피해 사실을 교사에게 알려 교실 내에서 더 이상 피해가 발생하지 않도록 개입을 요청한다. 이때 교사가 적절하게 개입할 수 있도록 대처 방법에 대한 주의 사항과 대처기술을 나눈다. 경험이 없어 당황하는 교사의 잘못된 대처는 일을 확대시킬 수 있기 때문에 피해방지 차원에서 전문가의 조언을 받을 수 있도록 안내한다.

**가족과 공유하는 시간 계획하기** 자녀가 관심을 가지는 활동을 지원하고 가족이 함께 여가활동이나 여행을 함으로써 가족에 대한 사랑과 믿음을 확인한다. 함께하는 시간 속에서 가족이 자신의 지지자 혹은 지원자가 될 수 있다는 믿음을 갖게 되면, 자녀는 자신의 내면 갈등을 가족에게 드러낼 수 있게 된다.

# 예방적 교육 단계

예방적 교육 단계(stage of teaching)에서 학교폭력의 징후를 파악하는 목적은 '피해학생은 학교폭력으로 더 이상의 신체적 · 정신적 피해를 당하지 않게 하며, 가해학생은 자신의 행동에 대해 책임감을 갖게 하고 피해학생의 심정을 잘 이해하도록 하여 재발을 방지하는 것' 이다. 이러한 목적에 도달하기 위해서는 가해학생과 피해학생, 그리고 주변 학생에게 관용적이고 책임지는 행동을 배울 기회를 제공하는 것이 중요하다.

## 책임행동 만들기

학교폭력 징후를 발견하고 나서, 교사나 학부모가 어떻게 대처하느냐에 따라 학교폭력 예방에 큰 영향을 미친다. 친구에게 이유 없이 돈을 뺏기고 있는 자녀를 보았을 때 부모가 흔히 하는 실수는, 사실 확인을 위해 가해학생을 만나 자녀가 금품 갈취를 당하고 있다는 사실을 직접 확인한 후 야단하거나 가만두지 않겠다며 위협하고 가해학생 부모에게 연락을 하는 것이다.

피해학생 부모는 이런 방법으로 가해학생이 겁을 먹고 반성하여 자신의 자녀를 더 이상 괴롭히지 않을 것이라고 기대한다. 하지만 이런 행동은 가해학생이 제3자를 통해 보복을 할 가능성을 높인다. 또한 가해학생 부모는 '자신의 자녀는 그런 적이 없다, 왜 애들한테 협박하느냐.' 며 화를 내게 되어 문제는 해결되기보다 더 확대되고, 아이 싸움이 어른 싸움으로 번지기도 한다.

자녀가 금품 갈취를 당한다는 사실을 알았을 때, 피해학생 부모가 이러한 사

실에 대한 증거를 모으고, 이 사실을 교사에게 먼저 알려야 한다. 이러한 피해 사실 증거에 기초해 객관적인 자료를 가해학생 부모에게 제시하고 재발 방지를 위해 함께 대처해 줄 것을 요청해야 한다. 더불어 교사는 학급에서 금품 갈취와 같은 학교폭력에 관한 공감대를 형성함으로써 학생들로 하여금 책임감 있는 행동을 하도록 촉진해야 한다.

학생들이 책임감 있는 행동을 하기 위해 교사는 우선 학교폭력에 대한 학생들의 시각을 확인한다. 폭력은 나쁜 것일까? 좋은 것일까? 나쁜 것이라고 할 경우, 무엇 때문에 나쁜지를 기록하고 발표하게 한다. 또 폭력 피해를 당한 피해학생은 어떤 기분을 느낄 것인지에 대해 이야기하도록 하여 피해학생의 입장을 이해시킨다. 더불어 폭력으로 인해 가해학생이나 피해학생에게 어떤 결과를 남겼는지에 대해 이야기해 본다.

피해학생이 받는 신체적 · 심리적 고통과 가해학생이 그들의 폭력행동으로 인해 범죄자로 전락할 수 있음을 알려야 한다. 이러한 논의를 통해 반 아이들 전체를 대상으로 하여 책임지는 행동 각서를 작성하도록 한다. 행동 각서에는 폭력은 어떤 이유로든 나쁘고, 폭력행동은 다른 아이의 행복권을 파괴하는 행위이며, 폭력적인 행동을 하지 않겠다는 다짐이 주요 내용으로 포함된다. 학생 개개인이 책임감 있는 행동을 약속한 후, 앞으로 우리 반의 모습은 어떠할지에 대해 반 구성원과 이야기한다.

### 관용행동 만들기

무엇이 학교폭력 피해학생과 가해학생을 만드는가? 학교폭력에 대한 오해 중에서 피해학생과 가해학생은 피해를 당하고 가해를 할 '그럴 만한' 이유가 있다고 보는 시각이 있다. 피해학생은 말이 어눌하고 자기만 알고 잘난 척하며, 마마보이에다가 공부를 못하고 행동이 굼뜨며, 나와는 생각, 취미, 관심사 등이 다르기 때문에 괴롭혀도 된다고 생각한다.

가해학생에 대해서는 원래 싸움을 잘하고, 공격적이며, 문제아이고, 구제불능이기 때문에 또래에게 폭력을 사용하는 것을 당연시한다. 그렇다면 이와 같은 것이 사실인가? 피해학생은 맞을 만하고, 가해학생은 때릴 만하기 때문에 학교폭력이 발생하는 것인가? 아니다. 학교폭력은 피해학생 특성이나 가해학생 특성 때문이기보다는 다른 사람을 배타적으로 보기 때문이다.

나와 한편이 되어 같이 행동하지 않으면 적으로 간주하고 배척하는 청소년 문화는 '나와 다른 사람'에 대해 수용하지 못하는 부정적인 문화에서 기인한다. 즉, 나와 함께하기 위해서는 나와 다른 가치관을 가지면 안 되고, 나와 다르게 느끼고 다르게 행동하면 안 된다고 생각한다. 그렇기에 나와 '다른 것'에 대해서 비난과 무시를 하며 심지어 폭력행위마저도 저지를 수 있다.

처음 교실 안에서 따돌림이 시작될 때, 따돌림의 이유는 '잘난 척한다, 예쁜 척한다'와 같이 단순하며 다른 아이들은 이에 무관심하다. 그러나 시간이 가고 점차 많은 아이가 한 아이를 따돌릴 때, 무관심했던 아이들은 가해학생 집단에 끼지 않을 경우 자신이 받게 되는 불이익, 자신이 곧 따돌림의 대상이 될 수 있다는 불안감으로 인해 가해집단에 기꺼이 발을 들여놓는다.

따돌림의 대상이 되는 '잘난 척'의 근거를 자세히 들여다보면, 자신과 다른 분야에서 두각을 나타내는 것이 못마땅하여 이를 수용하지 못하는 데서 시작된다. 더불어 학교폭력 피해의 이유는 말이 어눌하거나, 내성적이거나 혹은 지적장애와 같이 개인이 가지고 있는 취약성에 대해 관용적이지 못하기 때문이다.

요즘은 '엄친아'라는 말이 있는데 이는 아이들이 다른 사람과 다르기보다는 같아지기를 바라는 마음을 표현한 것이다. 또한 '모난 돌이 정 맞는다.' 나 '좋은 게 좋은 거다.' 라는 말은 우리 사회가 자기 자녀들에게 '다름' 보다는 '같아지기' 를 주문하는 것을 보여 주는 단적인 예다. 자녀들은 자신과 '다른 것' 에 대한 관심이 줄어들고, 심지어 다른 것에 대해 폭력적인 태도를 취하기도 한다. 결국 나와 다른 친구와는 같이 놀 수 없고, 다른 친구를 따돌리거나 괴롭히는 것에 별반 책임감이나 죄책감을 느끼지 않게 된다.

이러한 상황을 극복하기 위해 교사나 학부모는 아이들로 하여금 자신과 다른 사람을 인정하는 것, 효과적으로 또래관계를 할 수 있는 방법을 익힐 수 있도록 해야 한다. 나와 다른 사람을 인정하기 위해서는 먼저 자신에 대한 이해가 필요하다. 자신은 남과 무엇이 다르고 어떤 점에서 같은지, 남과 같기 때문에 오는 장단점은 무엇인지, 또 남과 다르기 때문에 갖는 장단점은 무엇인지를 알고 서로의 다른 점을 인정해 준다. 이런 과정을 통해 자연스럽게 자신과 다른 사람을 인정하고 자신과 다른 사람과 원만한 관계를 맺고 유지하게 된다.

## 시각 바꾸기

학교폭력 피해 징후를 알아차린 후, 교사는 교실에서 주변 학생이 가해학생과 피해학생의 행동에 대해 어떻게 생각하고 있는지를 알아보고 잘못된 부분은 바꿔 주어야 한다. 먼저, 가해학생의 행동을 '영웅' 시 한다거나 '모델링' 하지 않도록 주의한다. 특히 가해학생의 주도 아래 피해학생은 맞을 만했다고 정보가 왜곡되거나, 사실 자체를 부인하거나, 쌍방 과실이라며 가해행동을 인정하는 분위기로 흘러갈 가능성도 있다.

이를 방지하기 위해 가해학생이나 피해학생 주변의 학생에게 정보를 얻기보다는 무기명 설문의 형태로 객관적인 정보를 확보해야 한다. 또한 공개적으로 정보를 수집하다 보면 가해학생에게 이 같은 사실이 알려지게 되고, 정보는 왜곡될 수 있으므로 정보 수집은 빠르게, 눈치채지 않게 하는 것이 좋다. 이렇게 수집된 자료에 기초해 가해학생의 행동이 명백하게 잘못된 행동임을 알게 하고, 더 나아가 처벌이나 법적 책임까지 물을 수 있는 행동임을 알려 모방행동을 하지 않도록 해야 한다.

또한 주변 학생이 피해학생에 대해 폭력을 당할 만하다고 생각하는 경우, "이 세상 어디에도 폭력을 당해도 좋을 이유는 없다. 만약 네가 그 아이라면 넌 어떤 기분이 들겠니?"라고 말하며 상대의 입장에서 생각할 수 있도록 지도한다. 피해학생이 가진 개인적 취약성은 보호하고 도움을 주어야 할 이유는 될 수 있지만, 맞을 만한 이유는 될 수 없다는 것을 분명히 일깨운다. 예를 들어, 집단 따돌림을 하는 이유가 '너무 나대서' 라고 아이들이 말할 때, 교사나 학부모는 어떻게 따돌림을 당하는 학생에 대한 생각을 바꿀 수 있을까. 따돌림을 당하는 학생의 행동을 '나대는 것' 이라고 보는 시각을 긍정적으로 바꿔 '에너지가 넘치는' '활발한' '씩씩한' 으로 바꾸어 생각할 수 있도록 지도한다.

극단적인 경우, 폭력 가해학생은 교사의 권위에도 도전하는 경우가 있다. 자신의 '작은 힘' 으로 교사의 권위를 부정하거나, 다른 학생 앞에서 교사를 '우스운 존재' 로 만들고자 한다. 이는 교사나 다른 학생에게 힘을 보여 줄수록 자신이 우월한 존재라는 것을 인정받는다고 생각하기 때문이다. 이때는 '이제 좀 컸다고 반항할 줄도 아는구나.' '힘 있는 척하는구나.' 라고 시각을 전환하여 교사에게 통제권이 있음을 보여 주어야 한다.*

* "너 지금 선생님한테 대드는 거니?" "아닌데요." 특정-문제행동에 대해 학생과 일대일로 말을 주고받으면 또 다른 형태의 파워게임이 될 뿐이다. "조용히 해라."라고 말하는 교사에게 "안 떠들었어요."라고 말을 주고받아 시소관계에 빠지게 되고, 이때 교사의 권위는 상실된다. 이러한 경우에는 비대칭적인 언어 전략을 사용해야 한다.

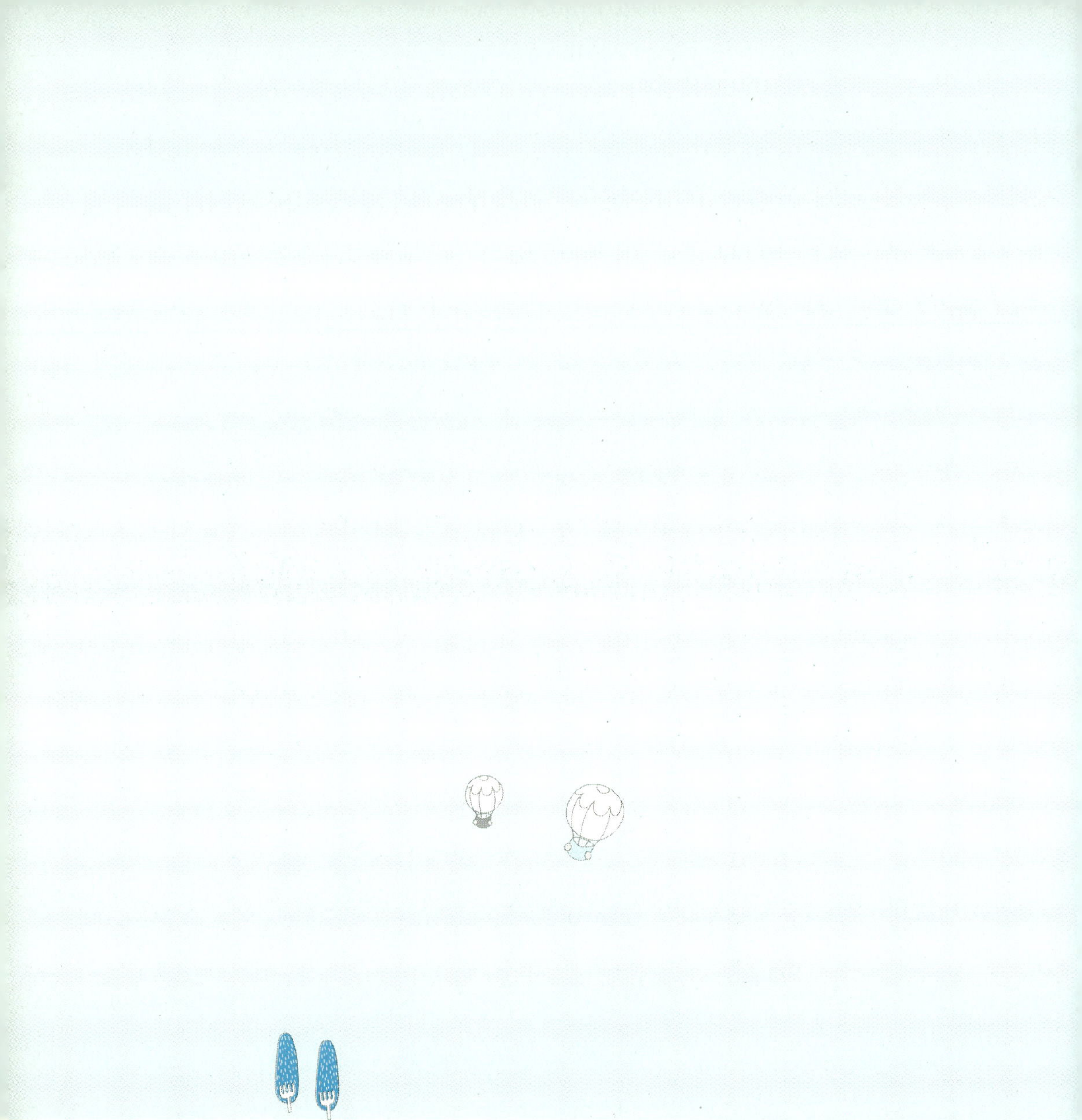

# 2 학교폭력 대응 모델

# 5 대응 모델의 특징

## 기존 접근법과의 차이점

이 매뉴얼은 여러 가지 측면에서 기존의 접근법과 차이가 있다. 이를 좀 더 구체적으로 살펴보면 다음과 같다.

첫째, 이 매뉴얼에서는 학교폭력을 과정 모델로 구성하였다. 학교폭력의 당사자는 일련의 심리적 과정을 거친다. 이 과정에서 어떻게 개입하느냐에 따라 상황이 악화되기도 하고, 새로운 경험으로 승화될 수도 있다. 그럼에도 이 과정에 적절한 개입 방법을 모르기에 오히려 문제를 악화시키는 경우가 많다. 이 매뉴얼을 활용하면, 각 상황에 따른 적절한 개입 절차와 기술을 이해할 수 있다.

둘째, 이 매뉴얼은 학교폭력의 선순환 과정과 악순환 과정에 따른 현장사례 중심의 교육 내용을 제공하였다. 따라서 학교폭력 사건에 개입하고자 하는 조력자는 현재 자신이 행하고 있는 상담이 효과적으로 진행되고 있는지를 직접 비교하여 확인해 볼 수 있다.

셋째, 피해학생은 물론 모든 관계자를 위한 개입 및 대응 전략을 제공하였다. 학교폭력은 피해학생의 문제일 뿐만 아니라 학생의 가족, 학급 및 학교, 나아가 지역사회에 영향을 미치는 문제다. 따라서 학생의 문제를 효과적으로 다루기 위해서는 모든 관계자의 행동과 개입 방법을 이해하고 있어야 한다.

넷째, 피해로 인한 사회적 · 개인적 비용을 최소화하고, 성장의 기회로 전환시키는 방법론을 제시하였다. 다수의 학교폭력 사건이 비효과적인 개입 방법 때문에, 학교 내에서 해결되기보다는 법정 다툼이나 심각한 사회적 문제로 이어지고 있다. 이런 경우, 관련 당사자의 정신적 스트레스는 물론 경제적 비용, 학습권의 상실 등과 같은 문제가 나타나게 된다. 나아가 2차, 3차 피해인 대인기피증과 같은 정신과적 질환이 유발되어 지속되는 등 비정상적 삶으로까지 이어진다. 이에 이러한 상처를 치유하는 데 드는 비용을 최소화하고, 폭력사건을 오히려 관련자 모두가 성장하는 기회로 만드는 방법을 제시하였다.

마지막으로, 폭력사건의 시간 경과에 따라 일어나는 일련의 과정에 따른 관련자의 대안 행동을 제시하였다. 시간 경과에 따라 피해자-학부모-교사-상담전문가는 상이한 입장을 취하게 된다. 따라서 효과적인 해결이 가능하도록 하는 시간 경과에 따른 개입 전략 및 기술을 제시하였다.

## 기대 효과

이 매뉴얼을 학습하고 현장에 적용할 경우, 다음과 같은 기대 효과를 거둘 수 있다.

첫째, 학교폭력에 대한 학교의 초기 대응 능력을 강화하고, 교권 확립에 기여한다. 학교폭력을 다룰 수 있는 효과적 방법을 가지고 있는 경우, 폭력사건 해결을 통하여 교사와 학부모가 상호 신뢰하며 아동을 중심에 두는 학교 분위기를 창출한다.

둘째, 학부모와 교사의 학교폭력 대처 능력을 향상시킨다. 학부모나 교사의 경우, 학교폭력 대응 방법을 알지 못하기에 폭력사건 자체에 불안감을 가지고 대응한다. 결과적으로 부모는 감정적인 대응에 의존하게 되고, 교사는 문제를 부인하려고 할 수도 있다. 학교폭력을 효과적으로 다루는 방법과 의사소통 기술을 갖추는 경우, 학교폭력 발생 시 자신감 있게 대응할 수 있다.

셋째, 피해 및 가해학생 부모 간의 갈등을 해소하고 화해를 촉진하는 중재자의 역할을 수행할 수 있다. 학교폭력 사건은 적절한 개입이 없는 경우, '아이 싸움이 어른 싸움으로' 발전하는 경우가 많다. 부모들끼리 갈등이 있는 경우, 아동에게까지 여전히 불편한 관계를 유지하도록 강요할 수도 있다.

넷째, 학교폭력의 조기 해결을 촉진할 수 있다. 이 매뉴얼은 시간 경과와 심리적 진행 과정에 따른 개입 방법을 제시하여 학교폭력을 조기에 해결할 수 있도록 돕는다.

다섯째, 학교폭력 사건이 형사 사건으로 확대되는 것을 예방할 수 있다. 학교폭력은 적절한 중재 없이 감정 대립으로 이어지는 경우, 자신들의 힘으로는 도저히 해결되지 않는다고 생각하고는 좌절감 속에서 법률적 판단을 기대하게 된다. 따라서 적절한 개입을 통하여 형사 사건으로 확대되는 것을 예방할 수 있다.

여섯째, 학교폭력 사건에 관계된 모든 사람이 건전한 법 의식 및 태도를 육성할 수 있는 학습을 하게 된다. 학생들의 경우, 상호 중재를 통해 친구 관계를 회복하여 교실로 복귀하도록 조력할 수 있다. 나아가 이미 발생한 사고를 통해 자신의 행동을 책임지는 성숙한 대처 능력을 향상시키는 계기를 마련할 수 있다.

마지막으로 상호 협력을 통한 공동체의 소중함을 느끼는 계기를 마련하도록 도울 수 있다. 가해학생과 피해학생이 서로의 책임 소재를 논하며 갈등을 키우기보다는 상호 이해를 바탕으로 하여 사과와 용서를 할 줄 아는 협력관계를 만들어 나갈 수 있다.

## 학교폭력 대응 모델

피해학생 부모: 미안하다는 말만 했어도, 법정까지 가지는 않았을 거예요!

피해학생: 3년 동안 아무도 내 말을 믿어 주지 않았어요.

가해학생 부모: 우리 아이가 법적 책임을 질까 봐 걱정되었어요.

가해학생: 엄마만 아니었어도 미안하다고 말하고 싶었어요.

교사: 나는 객관적으로 이 문제를 공정하게 해결하려 합니다. 못 믿겠으면 형사 고발하세요.

학교: 우리 학교에서는 이런 일이 일어날 수 없습니다.

이와 같은 반응을 보이는 학교폭력에 관련된 사람들이 사건 발생 전과 발생 중, 그리고 발생 후에 어떻게 대응해 나가느냐에 따라 청소년에게 새로운 성장의 기회를 제공할 수도 있고, 또 다른 학교폭력 및 사회 문제로 확대시킬 수도 있다. 관련자 문제의 대부분은 학교폭력이 어떤 과정으로 진행되는지에 대한 이해가 부족하고, 또 사례를 통한 임상경험이 많지 않기에 당황하여 발생한다는 것이다.

"우리 아이가 맞았는데, 어떻게 하면 될까요?"라는 학부모의 질문에 "감정을 가라앉히고, 심정을 이야기해 봅시다."라고 말하는 상담자의 이야기는 아무런 도움이 되지 않는다. 학부모는 행동 절차에 대한 도움을 청하고 있는데, 거기에다 심리적 이해를 제공해 주는 것은 지금 당장 위기개입이 필요한 상황에서 어떤 도움도 되지 않기 때문이다. 그 결과 자녀는 지속적인 폭력에 시달리고, 이는 부모끼리의 폭력으로 발전하거나, 법적 문제로 확대되어 모두의 상처로 남게 된다.

'처음부터 미안하다는 말 한마디만 해도 내가 이렇게는 안 했어요!' 라면서 울분을 터뜨리는 피해학생 부모의 이야기는 학교폭력 대응 방법 및 전략을 이해하는 일이 얼마나 중요한가를 극명하게 나타내 준다. "사과하면 잘못을 인정하는 게 되잖아요. 우리 아이가 처벌을 받을 것 같아 걱정이 되어 사과할 수가 없었어요."라는 가해학생 부모의 이야기는 폭력의 결과를 수용하는 데 대한 엄청난 불안감을 갖고 있음을 보여 준다.

피해학생 부모와 가해학생 부모는 모두 자녀가 잘못될 것을 염려하면서도 효과적 해결책을 몰라 문제를 심각하게 만드는 경우가 많다. 피해학생 부모는 자녀가 평생을 가슴에 상처를 안고 살까 봐, 가해학생 부모는 자녀가 범죄자가 되거나 '나중에 잘못될까' 하는 염려를 가지고 있으면서도 개입 혹은 해결하는 방법을 몰라 답답해한다.

교사와 학교 및 지역사회도 유사한 상황에 놓이게 된다. 무엇을 어떻게 개입

해야 할지 모르고, 개입하는 과정에서 스스로 더 큰 문제에 연루될 것 같은 두려움을 갖게 된다. 그 결과 자신에게 모든 책임이 전가되거나, 양쪽 부모로부터 상대편 입장만 옹호한다는 비난을 피하기 위해, 법적인 방법으로 문제를 해결하길 은근히 바라게 된다.

결국 학교폭력은 물론 사회 전체에서 폭력은 피해야 하고, 또 그 부작용을 제거해야 한다는 믿음을 가지면서도, 실제로는 폭력을 다루는 방법을 모르기에 폭력행위를 두려워하기만 한다. 이럴 때 우리는 사회에서 폭력을 해결할 수 있는 방법과 믿을 만한 기관이 어디에도 없는 상황에 처하게 되는 것이다.

모든 대응 주체가 대처 기술을 가지고 있지 못할 때 문제는 더욱 심각해지고 불필요한 법적 절차에 의존하는 결과를 낳는다. 이 과정에서 학생들은 심리적 외상과 사회에 대한 불신감을 갖게 되고 폭력은 만연하게 된다. 이제는 학생에서부터 부모, 교사, 학교, 지역사회가 모두 달라져야 한다. 폭력에 대한 명확한 인식과 이를 다룰 수 있는 전략과 기술을 갖추고, 안전한 학급, 평화로운 학교, 성숙한 사회를 만들어 가는 일에 앞장서야 한다.

대응 모델의 학교평화 모델(peace-school model)에 대해 구체적으로 설명하면 다음과 같다.

피해학생과 가해학생, 학부모와 교사 등 폭력의 대응 주체가 어떤 심리적 변화를 겪게 되는지 이해하고, 시간에 따라 발전하는 폭력사건의 양상에 따라 정확한 개입이 이루어지면 악순환되는 폭력의 고리를 끊을 수 있다. 하지만 이러한 절차를 모르면 폭력 해결에 실질적으로 대처할 수 없고 오히려 사건에 휘말려 자신도 피해학생이 되는 경우가 있다.

학교폭력에 효과적으로 대응하기 위해서는 폭력사건 관련 제반 당사자의 관점을 탐색하고, 변화 과정을 관찰하며, 적절한 개입 방법을 임상적으로 검증하는 일이 필요하다. 이를 위해 두 가지 관점을 가져야 한다.

첫 번째는 관련 당사자－피해학생, 피해학생 부모, 가해학생, 가해학생 부모, 교사, 학교, 지역사회－의 관점에서 일어나는 다양한 심리적 현상과 변화 양상을 알고 이해하는 일이다. 폭력을 바라보는 가해학생과 피해학생의 시각 차이는 동일한 폭력현상을 정반대 상황에서 바라보게 되는 경우가 많다.

일반적으로 피해학생은 '어떻게 이럴 수가 있느냐?' 는 당혹감과 분노감을 표현하지만, 가해학생은 '친구 간에 있을 수 있는 장난' 이라는 시각을 가진다. 한쪽은 지속적인 불안감을 가지지만, 다른 쪽은 쉽게 망각하는 사건으로 치부한다.

피해학생과 가해학생의 가족 또한 정반대의 입장에서 학교폭력을 해석하는 경우가 많다. 피해학생 가족은 확실한 사과와 심리적 · 경제적 보상을 요구하는 반면, 가해학생 가족은 별것 아닌 일로 끝내고 잊어버리고자 하는 경우가 많다.

교사와 학교의 경우, 피해학생과 가해학생을 '동일한 학생' 으로 규정하고, '성장하는 학생 간에 일어날 수 있는 성장통' 으로 보는 경우가 있다. 가해학생과 피해학생을 동일 선상에 두고서 중재를 하다가 오히려 심각한 상황으로 몰고 가는 경우가 많다.

지역사회의 경우, 새로운 신뢰를 쌓을 수 있는 기회로 인식하기보다는 '우리의 문제' 가 아닌 '누군가의 문제' 로만 바라보기 때문에, 폭력이 용납되지 않는 지역사회 문화 창출에 실패하게 된다.

그러나 사회적 관점에서 바라보면, 폭력현상은 있어서는 안 되는 행위다. 한 차원 높은 수준에서 바라보면 폭력 가해학생도 학습된 폭력의 피해자라고 볼 수 있다. 따라서 효과적으로 폭력에 대처하기 위해 모든 당사자의 심리적 변화 과정을 살펴보고, 이에 따른 적절한 개입 방법을 찾아야 한다.

두 번째는 학교폭력 사건을 다루는 관점 혹은 시점에 따른 개입 전략을 이해하는 일이다. 시간적 측면에서 학교폭력은 사전 단계–초기 단계–중기 단계–법적 분쟁 단계–종결 단계로 구분된다.

사전 단계는 징후는 있으나, 직접적인 문제의 토로나 고민을 털어놓지 않는 경우다. 이 시기에는 직접적인 개입보다는 전체 상황에 대한 개입을 먼저 하게 된다. 여기에서 사용하는 사전 개입 단계는 폭력 예방 단계로 R(recognize, 징후행동을 인식하라.)–E(explore, 징후행동의 증감을 탐색하라.)–S(screen, 허용할 수 있는 행동과 그렇지 않은 행동을 분명히 하라)–T(teach, 예방행동을 직접 가르쳐라.)로 구성된다(5장 4절 '학교평화 모델' 참조).

그다음 단계는 학교폭력 초기 단계다. 학교폭력은 일차적으로 가정에서 발견되거나, 학급 또는 특정 상황에서 발견될 수 있고, 교사의 개입이 우선 일어나는 경우가 많다. 개입의 단위가 가족과 교사 내에 머물고 있을 때를 초기로 볼 수 있다. 이 시기는 어떻게 폭력사건에 대처하느냐에 따라 문제를 악화시키거나, 오히려 성장의 기회로 만들 수 있는 중요한 시기다.

초기 단계는 학교폭력 해결에서 가장 중요한 단계로서, 이 단계에서는 개별 학생의 문제 해결을 통하여 평화로운 학교문화를 창출하고, '가고 싶은 학교, 만나고 싶은 친구들' 관계로 성장시키도록 조력하는 일이 필요하다. 이에 이 책에서는 학교평화(PEACE–School) 대응 모델을 제시하였다. 이에 대한 자세한 설명은 다음 절에서 다룬다.

폭력사건의 중기 단계는 폭력사건이 교실을 넘어서서 학교 차원에서 다루어지는 시기다. 학교 자치운영위원회가 열리고, 어떻게 중재를 할 것인가에 대한 논의가 진행된다. 중기 단계에서는 관련 당사자 간의 관계 형성을 어떻게 조력하며, 각자의 심리 상태는 무엇인지, 각자의 요구는 무엇인지를 파악하고 서로에게 윈윈(win-win)하는 결과를 도출할 수 있는 방안을 강구해야 한다.

법적 분쟁 단계는 학교에서 다루는 수준을 넘어, 법정 다툼으로 이어지는 경우다. 이 단계에서는 갈등과 감정적 잠식이 일어나게 된다. 엄청난 사회적 · 행정적 · 개인적 비용이 발생되며, '상처뿐인 영광'을 얻게 되는 경우가 많다. 이 시기에는 화해와 조정의 역할이 필요한데, 특히 불필요한 소송기간을 줄이고, 추가로 발생하는 피해를 최소화할 수 있는 노하우를 가져야 한다.

초기 개입에 실패한 경우, 폭력사건은 법정 다툼을 끝으로 종결 단계에 이르게 된다. 문제는 사건의 종결이 심리적 종결에 이르지는 않는다는 점이다. 모든 행정적 · 법적 절차는 끝났지만, 심리적 분노와 불안감, 대인기피증, 사회불신감의 팽배 등은 개인과 가족의 문제로 남는다. 폭력사건이 처리되는 과정을 지켜본 학생들은 마음의 상처를 가슴에 묻게 되고, 자신도 당할 수 있다는 불안감에 비정상적인 성장 행동을 보이며, 사회정의에 무관심한 태도를 가질 수 있다. 학교는 불명예와 무기력감 및 포기하는 문화를 창출하게 되고, 지역사회는 서로를 불신하는 '낯선 이들의 만남'으로만 남게 될 수 있다.

이상에서 논의한 사항을 그림으로 나타내면 [그림 5-1]과 같다. 이를 살펴보면, 폭력해결을 위한 관련 당사자의 개인 내 심리적 변화 과정에 따른 폭력 해결의 기술을 제시하는 한 축과 폭력사건을 다루는 시점에 따른 개입 전략을 제시하는 한 축으로 구성되어 있다. 개인 내 심리적 변화 과정에 대한 이해 없이 적절한 중재나 상담은 불가능하다. 또한 시점에 따른 적절한 개입 전략을 모르는 경우, 비효과적인 개입만 이루어지게 된다. 대응 주체의 심리적 변화 과정인 씨줄과 시간 경과라는 날줄의 그물망 형식으로 구성된 이 모델은 개인 내적

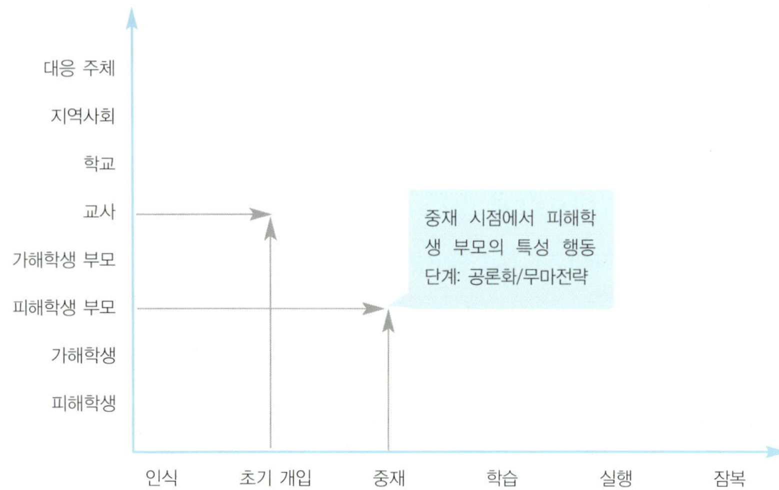


[그림 5-1] **학교폭력 대응 모델**

변화와 시간이 경과함에 따라 만나게 되는 관계 간의 개입 전략을 입체적으로 표현한 것이다.

이를 통해 학생, 부모, 교사, 학급, 학교, 지역사회 전반에 걸쳐서 책임의식을 일깨우고 용서하는 관용의 자세를 지닌 성숙한 시민사회로 전환하고자 하는 문화 운동의 기초를 마련하고자 한다.

## 학교평화 모델

학교폭력은 피해학생이나 주변 친구의 신고에 의해서, 혹은 아동이 보여 주는 단서를 토대로 하여 발견할 수 있다. 적절한 해결 전략을 가지고 있는 교사는 부모와 협조하여 사건 해결의 주도권을 가지며, 자신감을 가지고 문제를 해결하여 심각한 사건으로 번지지 않도록 예방할 수 있다. 하지만 해결 절차와 기술 없이 혼자서 해결하려다가 일이 더 커지는 경우도 발생한다.

학부모가 발견한 경우에도 해결 절차와 기술이 없으면 가해학생 부모를 직접 만나 오히려 사건을 확대하기도 한다. 감정적 대응과 성급한 문제 해결을 시도하다가 자녀에게 더 큰 부담을 지우고 학교와는 대립관계에 서는 경우가 발생한다. 따라서 사건 발생 초기에 대처하는 절차와 기술을 이해하는 것이 가장 중요하다.

그렇다면 학교폭력 발생 초기를 언제까지로 볼 것인가? 이는 다음과 같이 정의할 수 있다.

- 초기 단계의 시간적 범위는 부모나 교사가 발견하여 신고한 후 대략 5일 이내
- 초기 단계는 폭력사건 발생 후 문제 해결 범위가 교내에 국한되어 있으며, 양측 부모가 협의 및 협상을 통하여 문제를 해결해 보고자 시도하는 단계
- 사건의 통제권을 교사가 가지고 문제 해결이 가능한 단계
- 법적으로 명시된 학교폭력자치위원회에서 중재조정이 이루어지기 전 단계

교사나 학부모의 노력에 의해 화해와 용서로 원만한 해결이 진행되는 경우를 초기 단계라고 볼 수 있다. 이 시기에 모든 폭력사건 관계자(학교와 지역사회를 포함)는 일련의 심리적 행동 단계를 거친다. 즉, 시간 경과에 따라 일련의 특성 행동 단계가 나타나는바, 이를 살펴보면 크게 인식 단계(perception stage),

초기 개입 단계(early engaged stage), 중재 단계(arbitration stage), 학습 단계(creative stage), 실행 단계(execution stage), 잠복 단계(shadow stage)로 구분할 수 있다. 추가로 종결 후 단계를 포함할 수 있다.

이러한 심리적 행동 단계를 종합하여 영문 머리글자를 조합하면, 학교폭력 초기 단계의 개입 전략은 학교평화 모델(PEACE-School model)이라고 할 수 있다. 각 단계는 각각 선순환 과정과 악순환 과정으로 구분된다. 선순환 과정은 학부모와 자녀, 교사와 교실, 학교와 지역사회의 성장을 촉진하는 반면, 악순환 과정은 지속적인 심리적 문제를 일으키고 사건을 더욱 악화시켜 사회 문제를 일으키기도 한다. 이러한 과정에 대한 몰이해는 오히려 일을 복잡하게 만드는 원인이 된다.

여기서 과정을 강조한 것은 문제 해결을 위해서는 절차적 순서가 무엇보다 중요하다는 것이다. 일반적으로 전 단계와 후 단계의 개입 방법이 순서에 맞지 않을 경우 마치 엉클어진 실타래처럼 되는데, 이는 문제 해결을 불가능하게 만들기도 한다. 반면, 적정 순서로 개입한 경우 매우 신속하고 효과적인 중재 및 문제 해결에 이르게 하여 건강한 학교 문화 형성에 도움을 줄 수 있다.

'평화로운 학교 만들기를 위한 학교평화 모델' 의 각 단계를 구체적으로 살펴보면 〈표 5-1〉과 같다.

## 인식 단계

인식 단계(perception stage)는 폭력사건이 일어난 것을 직접 혹은 간접적으로 알고, 폭력사태와 관련된 사람들과의 첫 만남이 시작되는 단계다. 교사와 부모의 경우, 학생들에게서 특정 사건에 대해 듣거나 알게 되어 사건에 대해 첫 반

〈표 5-1〉 학교폭력 대응주체별 심리 반응

| 구분 | 효과적 개입(성장) | 비효과적 개입(약화) |
|---|---|---|
| 인식 단계(Perception stage) | 공감적 인식 | 판단적 인식 |
| 초기 개입 단계(Early engaged stage) | 해결 의지 | 회피 반응 |
| 중재 단계(Arbitration stage) | 공론화 | 무마 반응 |
| 학습 단계(Creative stage) | 대안 행동 학습 | 폭력 수용 |
| 실행 단계(Execution stage) | 진정성 | 과장 반응 |
| 잠복 단계(Shadow stage) | 신 가치 창출 | 후유증 |

응을 보이는 단계다.

인식 단계의 개입 전략은 판단적 인식과 공감적 인식으로 구분된다. 판단적 인식의 경우, 각 대응 주체는 폭력 피해 관련 당사자에 대한 인간적 관심보다는 사건 자체에 초점을 맞추고, 상황에 압도되며, 책임 소재를 찾으려고 하다가 심리적 관계성을 놓쳐 버린다. 폭력사태에 대하여 당혹감을 느끼고, 빠른 해결책을 생각해 보고자 애써 보지만 감정적으로 흥분되어 있기 때문에 도움이 되는 전략을 구사하지 못한다.

공감적 인식은 각 대응 주체가 관련 주체의 감정을 이해하고자 노력하며, 각자가 겪었을 심리적 상태에 대해 편안하게 이야기할 수 있도록 조력한다. 상황에 대한 판단보다는 인간적 공감대 형성에 초점을 맞춘다. 피해학생이나 가해학생 모두가 폭력에 대하여 적절한 관점을 형성할 수 없는 상태에서 공감적 인식은 사태 해결의 실마리를 제공한다.

인식 단계에서 어떤 전략을 택하느냐 하는 것은 매우 중요하다. 판단적 인식을 갖는 경우, 이후 모든 단계에서 비효과적인 전략을 택하게 만들 가능성이 매우 높기 때문이다. 어떤 사건에 대하여 처음에 잘못된 개입 전략을 사용하는 경우, 이후 모든 행동이 상황을 악화시키는 비효과적인 방향으로 진행될 수 있다.

### 초기 개입 단계

초기 개입 단계(early engaged stage)는 문제 상황을 어떻게 정리할 것인가를 결정하는 단계다. 이 단계는 비효과적인 회피 반응 전략과 효과적인 해결 의지 전략으로 나눌 수 있다.

회피 반응은 문제를 해결하고자 노력하기보다는 문제의 원인을 찾는 데 모든 에너지를 쏟는다. 문제의 원인을 알면 문제 상황이 해결될 것이라고 믿기 때문이다. 이는 피해학생에게 문제의 원인이 있다는 인식을 만들게 되고, 결국 한 개인의 문제로 치부하는 경향을 만들어 낸다. 특정 개인을 비난하거나 문제를 축소하는 효과를 가져오며, 더욱 심각한 문제 상황이 수면 아래로 가라앉게 만든다. 결과적으로 예측할 수 없는 비극적인 상황을 초래하기도 한다.

해결 의지 전략은 현재 상황을 해결할 수 있다는 믿음을 서로에게 제공하며, 상호 지지를 통하여 문제에 함몰되기보다는 해결책을 찾아가는 데 에너지를 쏟는다. 원인을 찾거나 특정 개인을 비난하는 것이 아니라, 문제 해결을 위한 적극적 의사를 표명하고, 지금보다 나은 성장을 위해 서로 도울 수 있음을 각성시킨다.

### 중재 단계

중재 단계(arbitration stage)는 관련 당사자 모두가 문제 해결을 위해 다각적인 도움을 요청하는 단계다. 이 단계는 무마 반응과 공론화로 대별된다.

무마 반응은 폭력사건의 의미를 축소하고 별일 아닌 것으로 치부하며, 개인 내의 문제로 귀인하려고 한다. 마치 마술처럼 눈앞에 안 보인다고 하면 진짜 사라진 것처럼 행동하라는 압박을 받게 된다. 모든 사람에게는 암묵적 비밀이 생기며, 이 비밀을 발설하는 사람은 죄책감을 느끼게 만든다. 순간적인 효과는 있는 것 같지만, 결국 효과적인 문제 해결을 통한 성장의 기회를 놓치게 된다.

공론화는 문제가 있었음을 분명히 하며, 순간적으로는 어렵고 심리적 부담을 느끼지만, 공개적으로 사건을 해결하려는 노력을 통해 문제가 확대되는 것을 예방하고 효과적인 해결책을 촉진한다.

## 학습 단계

학습 단계(creative stage)는 이전의 대응 단계를 통하여 새로운 행동과 대응 기술을 익히는 단계다. 이 단계에는 폭력 수용 반응과 대안 행동학습 반응이 있다.

폭력 수용 반응은 자신의 힘으로는 현재의 폭력사건에 어떻게든 대응할 수 없다고 여기며 다른 대안을 생각하지 못하기에, 또 다른 형태의 폭력적 방식으로 자신과 타인을 대한다. 가해학생 부모의 경우 억지를 부리기도 하고, 피해학생 부모의 경우 자신에게 모든 책임을 귀인하기도 한다.

대안 행동학습 반응은 문제를 해결하는 또 다른 방안을 인식하고, 새로운 방법의 효과성에 대해 고민하며 더 나은 방법을 찾으려는 노력이 뒤따른다.

## 실행 단계

실행 단계(execution stage)는 학습된 행동을 실제 현실에서 수행하는 단계로서, 과장하기 반응과 진정성 반응을 사용하는 단계다. 과장 반응은 현재 상황을 과장하고 부풀려 더 큰 부적응적 행동을 보이는 것이다. 어떠한 생산적 결과도 초래할 수 없고 악순환을 통하여 더욱 심각한 문제에 이르게 만든다.

진정성 반응은 자신이 취한 대안 행동을 통하여 진정으로 상대편에게 다가서는 경험을 제공하며, 서로의 마음을 인식하기에 가해와 피해를 떠나 폭력에 따른 심리적 상처를 치료하게 되는 효과를 가져온다.

### 잠복 단계

잠복 단계(shadow stage)는 이전 모든 단계를 거치고, 문제가 행정적 혹은 법정으로 이어지거나, 반대로 심리적 성장을 촉진하는 결과를 가져오게 하는가를 결정짓는 단계다.

이 단계에서는 후유증 반응과 신 가치 창출이 있다. 후유증은 결과에 관계없이 모든 사람을 패배자로 만들게 되는 전략이다. 심리적 상처를 남기게 되고, 가족의 붕괴와 교사의 권위 상실과 같은 결과를 초래한다.

신 가치 창출은 폭력사건의 해결 경험을 통하여, 피해학생과 부모는 관용의 자세를, 가해학생과 부모는 책임감을 학습하는 성장의 기회를 제공한다. 상호간에 과거와는 다른 대안 행동을 학습하게 됨으로써 더욱 즐겁고 신나는 교실 및 학교생활을 영위하게 된다.

# 6 학교평화 모델의 적용

앞서 학교폭력 대응 모델로서 학교평화 모델에 대하여 알아보았다. 이제 각 단계별로 폭력사건과 관련된 모든 당사자—피해학생, 가해학생, 피해학생 부모, 가해학생 부모, 교사, 학교, 지역사회—에게서 나타나는 현상과 심리적 반응 및 개입 전략, 그리고 행동의 주의점 등을 살펴본다.

## 피해학생 모델

친구나 선배에게서 신체적 폭력, 따돌림, 괴롭힘 등을 당하게 되었을 때 피해학생은 효과적 혹은 비효과적인 심리 반응을 하게 된다. 이러한 심리 반응은 피해학생에 따라, 피해 상황에 따라 도움을 줄 수 있는 지지자에 따라 다르게 나타날 수 있다. 교사나 부모가 피해학생의 효과적인 대처 능력을 키우기 위해 이러한 심리적 변화와 개입 전략을 함께 고려하여 살펴보아야 한다.

피해학생이 겪는 초기 인식 단계는 공감적 인식과 판단적 인식으로 구분할 수 있다. 공감적 인식이 피해학생에게 나타나는 양식은 감정 표현하기다. 이는 생산적 문제 해결의 첫 단추를 끼우는 과정으로 자신의 감정을 인식하고, 이를 표현하는 것이다. 판단적 인식은 경직 반응으로, 자신에게 가해지는 모든 행동에 대해 어떠한 감정 표현도 하지 못하거나 미약한 반응을 보인다. 경직 상태에서 어떠한 행동도 보이지 않음으로써 상황을 악화시키는 것이다.

초기 개입 단계에서 피해학생이 보이는 반응은 능동적 행동 표현 반응과 수동적 표현 반응으로 구분된다. 일반적 단계에서 해결 의지 반응에 속하는 능동적 행동 표현은, 자신의 현 상황에 영향을 미치고 있는 상대편에게 적절한 행동을 보이고 자신을 돌보는 반응이다. 반면에 회피 반응은 수동적 표현 반응으로, 자신의 분노를 표현하지 못하고 신체적 혹은 심리적으로 자신을 학대하는 반응이다.

중재 단계에서 피해학생은 개방하기 반응과 폭발 반응을 보인다. 개방하기 반응은 자신의 상황을 주변에 알리고 도움을 청하는 것인 반면, 폭발 반응은 내부(가족이나 주변 사물)적으로 자신의 감정을 폭발시키지만, 밖으로는 아무런 일이 없는 것처럼 행동하거나 자신에게 일어난 현상을 무시하는 것이다.

학습 단계는 자존감 상실 반응과 자존감 유지 반응으로 나눈다. 폭력 수용 반응에 해당하는 자존감 상실 반응은 폭력 행위를 일종의 당연한 것으로 수용함으로써, 자기의 자존감을 상실하고 어쩔 수 없다는 반응을 보인다. 때로는 피해를 모면하기 위해 가해학생 집단에 합류하기도 한다. 대안 행동 반응은 자존감을 유지하며, 자신에게 정당한 행동과 그렇지 않은 행동을 구분하여 새로운 행동을 찾는 효과적인 반응이라 할 수 있다. 또한 가해학생에게 사과를 요구하기도 한다.

실행 단계에서는 피해의식 일반화와 문제 해결 능력 향상 반응이 있다. 과장 반응에 해당하는 피해의식 일반화는 자신의 피해를 일상생활 수준까지 확산하여, 모든 사람이 폭력적이라거나 사람을 믿을 수 없다는 반응을 보인다. 반면, 진정성 반응인 문제 해결 능력 향상 반응에서는 자신의 문제 해결 능력을 향상시켜 자신이 진정으로 원하는 바를 달성하기 위해 다양한 대안 행동을 실천한다.

잠복 단계는 일종의 결과 단계로서 이전 단계의 총합으로 나타난다. 효과적 반응 단계를 거친 학생은 자신과 주변에 대한 새로운 가치를 창출하는 방법을 터득하며 성장 동력을 회복하게 된다. 반면, 이전에 좌절감을 겪고 비효과적 반응을 보인 학생은 절망감을 느끼고, 등교 거부나 가출과 같은 극단적 행동을 보이게 된다.

피해학생이 효과적 전략을 선택하는 경우, 적극적으로 도움을 요청하고 자신의 피해 사실을 알릴 증거를 확보하고 가해학생의 사과를 받아 내면서 학교폭력을 발판으로 하여 새로운 성장을 시도할 수 있다. 그러나 비효과적 수순을 밟게 되거나, 보복의 두려움으로 사건 해결을 위해 적극적으로 도움을 요청하지 않을 경우에는 2차 피해가 발생할 가능성이 높다. 피해학생이 부모조차 신뢰하지 않고 혼자라는 고립감 때문에 정신적인 문제를 겪기도 하고 자신을 지키기 위해서 가해학생 집단에 합류하여 가해자로 변신하기도 한다.

이때 피해학생이 선택할 수 있는 행동은 무엇일까? ① 자신이 당하고 있는 사실을 부모나 교사에게 알리고 그간에 받은 협박 문자를 보여 준다. ② 내가 맞을 만한 이유가 없음을 당당하게 밝히고 자신에게 함부로 행동하지 못하게 단호해진다. ③ 자신을 괴롭히는 행동을 한 친구의 문제를 공개적으로 해결함으로써 또 다른 피해학생이 발생하지 않도록 예방한다. ④ 여러 친구가 함께 서로 도우면 폭력은 설 자리를 잃는다. ⑤ 자신의 힘으로 해결하고 다른 사람을 도울 수 있음을 확인하여 성장 동력을 회복한다. 이처럼 피해학생이 어떤 선택을 하고, 거기에 관련된 사람들이 어떻게 대처하느냐에 따라 문제 해결 방법은 달라질 수 있다.

피해학생이 부당한 요구나 금품 갈취, 신체적 폭력을 당하게 될 때 어떻게 대처해야 할까?

〈표 6-1〉은 효과적이거나 혹은 비효과적인 대처행동을 정리한 것이다.

〈표 6-1〉 피해학생의 효과적/비효과적인 대처행동

| 단계 | 효과적 개입(성장) | 비효과적 개입(악화) |
| --- | --- | --- |
| 인식 단계<br>(판단적 인식 대 공감적 인식) | 1. 능동적인 행동 표현<br>• 소리치며 도움을 요청한다.<br>– 야! 왜 그래? 때리지 마.<br>– 누가 나 좀 도와줘!<br>• 자리를 피한다. | 1. 두려움으로 인한 경직<br>• 움츠려들고 위축된다.<br>• 애들이 무섭다.<br>• 아무것도 하기 싫다.<br>• 집 밖에 나가려고 하지 않는다.<br>• 학교 가기 싫다. |
| 초기 개입 단계<br>(회피 반응 대 해결 의지) | 2. 부정적 감정 표현하기<br>• 아프잖아.<br>• 장난 아니거든! 그만해.<br>• 나를 때리는 이유가 뭐야?<br>• 나 기분 엄청 나쁘거든 | 2. 표현하지 못하는 분노<br>• 분노가 속에서 끓어올라 자신을 학대한다.<br>– 공격적 인터넷 게임에 몰두<br>– 머리카락을 뽑는다.<br>• 복통, 두통을 호소한다.<br>• 두려움 때문에 밤에 헛소리를 한다. |

| | | |
|---|---|---|
| 중재 단계<br>(무마 반응 대<br>해결 의지) | 3. 개방하기<br>• 주변 친구에게 이야기한다.<br>• 교사에게 털어놓는다.<br>• 부모에게 상황을 알린다.<br>• 비밀보장과 적절한 보호를 요구한다. | 3. 폭발하기<br>• 가족에게 화풀이한다.<br>• 애완견, 약한 친구를 괴롭힌다.<br>• 약한 가족에게 대항한다.<br>• 잔인한 게임을 통해 해소하려 한다. |
| 학습 단계<br>(폭력 수용 대<br>대안 행동<br>학습) | 4. 자존감 유지<br>• 정당하게 맞설 수 있음을 보여준다.<br>– 말로 하자. 나는 맞을 이유가 없어!<br>– 내게 함부로 행동하는 건 용납 못 해.<br>– 다음에 또 그러면 정식으로 신고할거야!<br>• 가해학생에게 사과를 요구한다. | 4. 자존감 상실<br>• 내가 그렇지 뭐. 내가 문제야.<br>• 내 잘못이 커, 맞을 만한 짓을 했어!<br>• 그 아이가 그럴 만했어.<br>• 내가 당하는 건 당연해.<br>• 피해를 모면하려 가해자 집단에 합류한다. |
| 실행 단계<br>(과장 반응 대<br>진정성) | 5. 문제 해결 능력 향상<br>• 내 행동이 문제가 아니다. 괴롭히는 행동이 문제다.<br>• 이 문제는 나를 힘들게 하지만, 적극적으로 해결해야겠다.<br>• 내가 원하는 바를 부모나 교사에게 이야기한다.<br>• 재발 방지를 위해 학급에서 친구들과 토론한다. | 5. 피해의식 일반화<br>• 사람들은 다 폭력적이야.<br>• 저 애도 나를 괴롭히겠지.<br>• 한 공간에 있는 것만으로도 두려워.<br>• 사람을 믿는 게 어렵다. |
| 잠복 단계<br>(후유증 대<br>신 가치 창출) | 6. 성장 동력 회복<br>• 폭력은 정당화될 수 없다.<br>• 나는 이런 문제를 해결할 능력이 충분하다.<br>• 나는 다른 사람도 도와줄 수 있다. | 6. 절망감<br>• 난 할 수 있는 게 하나도 없어.<br>• 날 도와줄 사람은 아무도 없어.<br>• 극단적 행동을 한다.<br>– 등교 거부, 가출, 자살 등 |

## 가해학생 모델

처음에는 장난처럼 시작된 행동이 어느 순간부터 습관처럼 굳어져 가해학생 자신도 무엇이 잘못되었는지 잘 느끼지 못한다. 그렇기 때문에 교사나 부모에게 사실을 말할 때 부인하거나 축소하여 이야기한다. 또 피해학생도 자신에게 별다르게 저항하지 않았다고 느끼기 때문에 죄책감도 적다. 이렇게 반응하는 가해학생에게 진정으로 잘못을 느끼고 사과할 수 있도록 이끌기 위해서 가해학생의 심리적 변화 단계를 알고 자신의 행동에 반성할 기회를 제공하는 개입 전략이 필요하다.

가해학생이 겪는 초기 인식 단계는 미안함 대 영웅심 반응으로 구분할 수 있다. 공감적 인식에 해당되는 것은 미안함 반응으로 자신이 저지른 행동을 인식하고, 이에 대한 미안함을 표현하는 것이다. 판단적 인식은 영웅심 반응으로 자신의 행동이 다른 학생에게 일종의 '힘'을 보여 주었다거나, 자신의 행동을 '멋진' 행동으로 인식하는 것이다. 이런 경우 자신이 한 행동을 영웅시함으로써 상황을 악화시키게 된다.

초기 개입 단계에서 가해학생이 보이는 반응은 시인하기와 두려움 반응이다. 시인하기는 해결 의지 반응으로 자신이 한 행동을 시인하고, 자신의 잘못을 되돌아보는 반응이다. 반면에 두려움 반응은 회피 반응으로 교사나 부모에게 알려질까 봐 두려워 자신의 행동을 덮으려고 하는 것이다.

중재 단계에서 가해학생은 반성하고 알리기 반응 대 변명 반응 가운데 하나를 보인다. 반성하고 알리기 반응은 자신의 상황을 주변에 알리고 반성하는 반면, 무마 반응은 자신의 잘못을 상대의 탓으로 돌리며 변명하는 것이다. 대표적인 무마 반응은 피해학생이 자신을 흉봤다거나 다른 학생도 다 그렇게 한다는 식의 반응이다.

학습 단계는 폭력 상황 즐기기와 사과하기로 나뉜다. 폭력을 수용하는 반응은 자신이 타인을 괴롭히는 상황을 즐기고 자신의 스트레스를 폭력으로 풀기 위해 희생양을 만들어 가는 비효과적 반응이다. 대안 행동 반응은 자신의 잘못을 당당하게 수용하는 자세를 보이며 사과하며 용서를 구한다. 다른 방법으로 갈등을 풀 수 있는 방법을 찾는다.

실행 단계에서는 상습화 과장 반응과 책임지기 진정성 반응이 있다. 과장 반응은 자신의 폭력을 상습화하며 짱이 되고자 노력하며 하루라도 괴롭히지 않는 날이 없는 상태다. 반면, 진정성 반응은 자신의 행동에 책임지는 자세로 반성하고 처벌을 수용하며 진정으로 다르게 행동하기 위해 노력하는 반응을 보인다.

잠복 단계에서는 효과적인 성장 가능 탐색 반응 단계를 보이는 학생인 경우에는 자신의 성장 기회를 탐색하고 타인을 배려하는 방법을 터득하게 된다. 반면 자포자기 반응을 보이는 학생은 자신의 행동을 정당화하고 상습적인 폭력에 빠지는 경우, 책임지는 행동을 배울 기회를 잃게 된다. 타인이 자신을 비난만 하고, 아무도 제대로 잡아 주지 않는다는 시각을 가져 자포자기하는 행동을 보이기도 한다. 조기 학업을 중단하거나 비행의 길로 빠져 법적 심판을 받게 될 수도 있다. 따라서 가해학생을 초기에 성장의 길로 안내하는 도움을 제공하면 우리 사회에 만연한 악을 조기에 차단하는 데 성공할 것이다.

학교폭력이 발생하고 문제가 다 해결된 후에 부모가 가장 염려하는 것은 피해학생이 다시 피해를 당하고, 가해학생이 다시 가해를 하는 것이다. 이런 염려를 해결하기 위해 부모는 피해학생과 가해학생을 강제로 친구가 되도록 하여 문제를 해결하려 한다. 그러나 부모가 나서서 피해학생과 가해학생을 화해시키고 친구로 되돌리려는 노력은 아이에게 고통이 될 수 있다. 왜냐하면 피해학생은 당시의 고통이 떠올라 두렵고, 가해학생은 감시하는 부모 등으로 인해 자기와 행동이나 정서가 맞지 않는 학생들과 친한 척하며 놀아 주는 것이 비겁해서 싫다고 호소하기 때문이다.

이때 강제적으로 친구 사이를 되돌리려고 노력하기보다는 가해학생과 피해학생의 이야기를 듣고 서로가 다른 입장에 있음을 이해시키는 것이 중요하다. 이를 통해 서로가 '다르다'는 것을 인정하고 서로가 있는 그대로 상대를 수용할 수 있도록 해야 한다. 또한 피해학생이 원하는 문제 해결의 방향이 무엇인지를 알고 그에 따라 대처해 나가야 한다.

중학교 1학년인 지용이는 초등학교 때는 친구들에게 괴롭힘을 당했지만, 중학교에 와서는 키가 커지면서 덩치가 커져 학교에서 노는 아이들과 어울리기 시작했다. 지용이는 친구들이 다른 아이들을 괴롭힐 때 처음에는 말렸지만 차츰 함께 괴롭히는 행동을 하기 시작했다. 그러던 중 친구들이 반장을 폭행하는 데 가담하였고, 반장 아이는 4주 진단으로 입원하게 되었다. 하지만 지용이는 친구들이 먼저 때리기 시작했고 자신은 두 대밖에 때리지 않았는데 교내 봉사 처분은 너무하다고 주장했다.

가해학생은 자신의 가해 사실이 알려지게 되어 교사나 부모의 추궁을 받게 되면 사실을 부인하거나 축소하는 경우가 있다.

이럴 때 효과적인 가해학생의 반응을 살펴보자.

- 화를 참지 못하고 친구를 때린 행위에 미안함을 느낀다.

- 괴롭힐 생각은 아니었지만 친구들과 어울려 폭행한 사실을 인정한다.
- 맞은 친구의 입장에서 보면 '한 대라도 아플 텐데.' 라고 하며 다르게 행동했어야 한다며 반성한다.
- 친구에게 사과하고 용서를 구한다.
- 처벌을 수용하고 다시는 안 하겠다는 다짐을 한다.
- 다음에 이런 일이 있으면 말리는 중재자가 되겠다고 하며 폭력은 어떤 형태든지 용납할 수 없다고 맹세한다.

이러한 효과적인 반응으로 이끌기 위해서는 교사나 부모가 가해학생을 대할 때, 심리 변화 단계와 개입 전략을 함께 고려하여 조력해야 한다.

가해학생이 부모나 교사, 피해학생을 대하는 효과적/비효과적 행동을 정리하면 〈표 6-2〉과 같다.

〈표 6-2〉 가해학생의 효과적/비효과적인 심리 반응과 개입 전략 예

| 단계 | 효과적 개입(성장) | 비효과적 개입(악화) |
| --- | --- | --- |
| 인식 단계<br>(판단적 인식 대 공감적 인식) | 1. 미안함<br>• 어, 이럴 생각이 아니었는데…….<br>• 나는 왜 화를 참지 못할까? 좀 참을 걸…….<br>• 많이 아프겠다. 미안하다.<br>• 많이 다치지는 않았을까? | 1. 왜곡된 감정 표현<br>• 센 척하기<br>– 내 말을 안 들으면 본때를 보여줄게<br>– 넌 맞을 짓을 했어.<br>– 내가 세게 보이지 않으면 무시당할거야!<br>• 장난처럼 시작하는 영웅심리<br>• 상대방에 대한 거부감<br>– 잘난 척하는 애들은 때려 줘야 한다.<br>– 너무 나대!, 너무 지질해! |

| | | |
|---|---|---|
| 초기 개입 단계<br>(회피 반응 대 해결 의지) | 2. 사실을 인정하기<br>• 자신의 행동을 있는 그대로 인정한다.<br>– 내 잘못을 인정한다. 후회하고 있어.<br>– 내가 화를 참지 못하는 게 문제야.<br>– 내가 뜻하지 않게 너를 때렸어.<br>– 괴롭힐 생각은 아니었는데 내가 심했어.<br>• 뭐라 변명할 말이 없다. | 2. 두려움<br>• 괜찮겠지? 괜찮을 거야.<br>• 담임에게 이르면 어쩌지?<br>• 부모 귀에 안 들어가야 할 텐데.<br>• 확실하게 입막음을 해 둬야 해. |
| 중재 단계<br>(무마 반응 대 해결 의지) | 3. 반성하기<br>• 난 왜 힘(폭력)으로 해결하려고 했을까!<br>• 다른 방법으로 문제를 해결해야만 했는데.<br>• 내가 왜 그랬을까? 어떻게 하면 좋을까?<br>• 내가 어떻게 책임져야 할까?<br>• 다음부터 조심해야지.<br>• 상대방의 입장에서 생각을 한다. | 3. 정당화시키기<br>• 그 애가 먼저 내 험담을 하고 흉봤어요.<br>• 몇 대 안 때렸는데요.<br>• 다른 애들도 다 괴롭혀요. |
| 학습 단계<br>(폭력 수용 대 대안 행동 학습) | 4. 사과하기<br>• 내가 그랬을 때 정말 많이 힘들었지.<br>• 미안해. 용서해 줄 수 있겠니?<br>• 다시는 이런 일이 없도록 할 거야. | 4. 폭력 상황 즐기기<br>• 친구들이 나의 힘을 인정해 주네!<br>• 심심할 땐 괴롭히는 게 최고야.<br>• 스트레스 확 풀리네!<br>• 우리의 즐거움을 위해 희생양이 필요해. |
| 실행 단계<br>(과장 반응 대 진정성) | 5.책임지기<br>• 이번 일에 대한 책임은 나에게 있다.<br>• 처벌을 수용하겠다. | 5. 상습화<br>• 범죄라는 인식 없이 다른 아이들도 가담하게 한다.<br>• 하루라도 괴롭히지 않으면 안 된다. |

| | • 너의 상처 회복을 위해 노력할게.<br>• 너와 진짜 좋은 친구가 될게. | • 다음 번에는 누굴 괴롭히지?<br>• 돈 빌려 가. 대신 이자 있다.<br>• 안 당하려면 계속해서 짱을 해야지.<br>• 다른 아이 시켜서 우회적으로 괴롭히기. |
|---|---|---|
| 잠복 단계<br>(후유증 대신 가치 창출) | 6. 성장 가능성 탐색<br>• 폭력은 정당화될 수 없다.<br>• 다른 사람을 배려하는 행동을 한다.<br>• 자신의 경험을 바탕으로 하여 중재자가 된다. | 6. 고위험 행동<br>• 비행, 교사, 부모에 대항, 위협행동<br>• 책임 있는 행동을 배울 기회를 상실한다.<br>• 커 갈수록 더 큰 문제에 노출된다.<br>• 학업 중단과 비행으로 이어진다. |

## 피해학생 부모 모델

자녀가 학교폭력을 당하고 있다는 사실을 알게 되면, 피해학생 부모는 어떻게 대처해야 할지 몰라 당혹감을 느끼게 된다. 자녀의 문제를 해결하려 쫓아다니는 과정에서 분노하게 되고 어떻게 해결할 것인가에만 초점을 맞추다 보니, 자녀나 자신이 받는 심리적 고통을 알아차리지 못해 비효과적으로 개입할 수 있다. 따라서 부모는 자신의 심리 상태를 객관적으로 판단하고, 자녀를 중심에 둔 대처를 해야 한다.

〈표 6-3〉의 학교폭력에 대처하는 피해자 부모의 심리 반응과 효과적/비효과적인 개입 전략의 예를 이해한다면, 피해자 부모나 조력자가 사건을 원만하게 해결할 수 있는 자신감을 가지게 될 것이다.

피해학생 부모가 겪는 초기 인식 단계는 정서적 지지 대 무시와 비난으로 나뉜다. 정서적 지지는 피해학생 부모가 폭력사건의 충격으로 당황한 아이를 정서적으로 지지하며 보듬어 주는 단계로, 부모로서 사전에 막아 주지 못한 미안함을 표현하는 것이다. 무시와 비난은 아이가 폭력 상황에 맞서지 못한 행동을 비난하며 무시하라고 반응을 하면서 상황을 악화시키는 것이다. 때로는 부모가 무기력하게 느끼는 경우, 참으라고 하거나 사실 자체를 축소하려는 경향을 보인다.

초기 개입 단계에서 피해학생 부모가 보이는 반응은 보호와 알림 반응과 보복과 처단 반응으로 구분된다. 보호와 알림 반응은 해결 의지 반응으로 자녀에게 사건 해결 의지를 강력하게 표명하면서 자녀의 보호와 해결을 위해 교사에게 도움을 요청하는 반응이다. 반면에 보복과 처단 반응은 회피 반응으로 교사, 가해학생 부모에게 항의하고 가해학생에게는 보복폭행을 하려고 하며, 감정적인 대처를 사용하기 때문에 일이 점점 확대되어 간다.

중재 단계에서 피해학생 부모는 적극적 대처 대 분풀이 반응을 보인다. 전자의 경우는 감정을 가라앉히고 자녀의 상황을 학교에 알리며, 적극적인 해결을 위한 다양한 조치를 취하는 반응이다. 이때 증거를 수집하거나, 상황을 객관적으로 살펴보고자 노력한다. 반면, 무마 반응은 학교의 미온적인 대처에 분노하며 아이와 가족에게 분풀이하는 반응이다. 이때는 자신이 원하는 대로 반응해 주지 않는 교사나 학교, 상대편 부모에게 원망이 더욱 쌓여 간다.

학습 단계는 자존감 회복 대 자존감 상실 반응으로 구분된다. 자존감 회복 반응은 가해학생과 부모에게 당당하게 사과를 요구하고, 재발 방지 약속을 받아 내며, 사건 자체를 통해 새로운 성장의 기회를 만들어 가는 것이다. 자존감 상실 반응은 자신이 노력해도 안 된다는 생각을 하며, 폭력을 수용함으로써 자신을 탓하고 자책하며 누군가 대신 해결해 주기를 바라는 것이다.

실행 단계에서는 새로운 시도 반응과 포기 반응이 있다. 새로운 시도 반응은 주어진 현실 문제를 피하지 않고 적극적으로 해결하려는 모습을 보이며 자녀

양육법에도 변화를 가지는 등 새로운 시도를 하기 위해 노력하는 모습을 보인다. 반면, 과장 반응에 속하는 포기 반응은 그동안의 노력이 소용없다며 포기하고, 더 이상 자신이 할 수 있는 일이 없다고 판단하여 학교를 떠나거나 법적으로 사건을 해결하기 위해 쫓아다니다 지치게 된다.

잠복 단계에서 효과적 반응 단계를 거친 피해학생 부모는 자녀의 성장 가능성을 탐색하고 가족애를 다시 확인하게 된다. 반면, 비효과적인 반응 단계를 거친 피해학생 부모는 자녀의 미래에 대한 불안감과 자신감 상실로 인한 도피를 선택하는 등 깊은 후유증을 안고 살아가게 된다. 이처럼 피해학생 부모가 초기에 선택하는 개입 전략에 따라 결과는 완전히 달라진다.

★ 효과적인 개입 전략

- 위로와 정서적 지지: 자녀의 고통을 어루만져 주어야 한다.
- 해결 의지 표명, 자녀신변 보호: 해결 의지를 표명하여 자녀를 안심시키고, 신변을 보호하기 위해 등·하굣길 동행하기, 위치추적 서비스 받기 등 적극적인 보호를 한다.
- 증거 수집, 알리기: 정서적 안정을 취한 자녀에게서 피해 사실을 입증할 수 있는 자료나 진술을 받고 자녀의 피해를 보거나 증언해 줄 수 있는 사람을 만나 진술을 받고 증거 자료를 수집해야 한다. 수집된 자료를 바탕으로 하여 교사에게 피해 사실을 알리고, 학교 차원의 대처를 요구한다.
- 재발 방지 약속과 사과 받기: 교사에게 자녀의 피해 사실을 알리고, 보복폭행 방지를 위해 교사의 입회하에 가해학생 부모에게서 재발 방지 약속과 사과를 받는다.
- 용서와 피해 극복: 이런 절차를 통해 사건을 원만히 해결했을 때, 보복의

두려움에서 벗어나 상처받은 자녀의 마음이 치료되어 가해학생의 사과를 받아들이고 진정으로 용서할 수 있게 된다.

- 지속적 관찰, 성장 가능성 탐색: 꾸준히 관심 갖고 지켜보며 피해학생이 자존심을 회복하여 성장할 수 있도록 적성과 진로를 탐색한다.

내 자녀나 자녀의 친구에게서 피해 사실을 듣게 된다면 모든 부모는 '내 아이가 이런 일을 당하다니…….' 하며 안타까움과 함께 당혹감을 느낀다. 비껴가기만을 바랐던 일이 내 일이 되고 보면 어떻게 대처할 것인지 막막하기 때문이다. 더욱이 부모만 나선다고 해결될 일이 아니고, 학교와 교사 그리고 가해학생 부모를 만나 해결해야 하기 때문에 더욱 힘들게 느껴진다.

더구나 피해 사실을 듣고 교사가 별일 아니라는 반응을 보이고 가해학생 부모가 '내 놓은 자식이니 맘대로 하라.' 는 식의 반응을 보이는 것은 더욱 상황을 감당하기 힘들게 한다. 피해학생 부모는 피해 사실을 알게 되었을 때 어떤 절차와 대처를 해야 하는지를 알고 있으면 교사의 도움을 이끌어 내어 함께 자녀 문제를 신속하게 해결할 수 있다.

다음은 피해학생 부모가 어떤 절차와 기술이 필요한지 모르고 대처해서 낭패를 본 사례다. 이를 통해 피해학생 부모가 어떻게 대처해야 할지를 살펴보도록 하자.

피해학생 부모는 아이에게 멍과 상처가 있는 것을 확인하고 그것이 같이 어울리던 친구들의 소행이라는 사실을 알게 되었다. 그런데 부모는 보복이 두려워서 교사에게 알리지도 못하고, 자녀에게 '가해학생과 어울리지 말고 피하라.' 고 할 뿐 별다른 개입을 하지 못했다. 그 결과 피해학생은 점점 고통에 빠져들었고 엄마도 죄책감에 힘들어하다 결국 자녀를 전학시켰다. 하지만 전학 간 학교에서 다시 집단 괴롭힘을 당하게 되어 자녀뿐만 아니라 부모도 정신과 치료를 받게 되었다.

학교폭력 사건이 발생하면 피해학생 부모는 당황할 수밖에 없다. 보복의 두려움 때문에 회피하다가 일을 키우거나, 교사를 믿고 사건 해결을 위해 찾아갔는데 오히려 교사가 회피하는 모습을 보고 더욱 분노하여 일을 그르치게 된다. 이때 부모는 분노의 감정을 가라앉힌 후 보복을 차단하고, 사건 해결을 위해서는 교사의 협력이 있어야 함을 알아야 한다. 교실에서 같은 반 친구로부터 폭행을 당해 왔던 경우이기에, 교사에게 도움을 요청하여 교사의 적극적인 개입을 이끌어 내야 한다.

피해학생 부모가 합리적이고 효과적으로 폭력사건에 대처해야 하는 것은 피해에 대한 처벌이 아니라, 피해학생의 분노와 심리적 외상을 치유하고 성장의 기회를 만들어야 하기 때문이다. 또한 자칫 피해학생이 스스로를 피해학생으로 낙인찍어 영원히 피해학생이라는 의식에 빠져들지 않도록 건강한 자생력을 길러줘야 한다. 이를 위해 피해학생 부모는 다음과 같은 역량을 키워야 한다.

- 자신의 문제를 해결 가능한 문제로 만들어 해결하려는 대처 능력 육성
- 용서와 관용을 베푸는 성숙한 자세 육성
- 다양한 가치 속에서 공존하며 살아가는 능력 육성
- 스스로 해낼 수 있는 책임을 맡아 칭찬받는 경험을 통해 자신감 회복

실제로 폭력사건이 터지면 보복이 무서워 회피할 수도 있고 자식이 당한 만

큼 되갚아 주려는 생각으로 법적 처벌을 알아볼 수 있다. 반면, 교사에게 사실을 알리고 자녀의 피해 사실을 입증할 자료를 모아 사과와 재발 방지를 요구할 수도 있다. 이처럼 부모가 아는 만큼 효과적인 대처가 가능하다.

피해학생 부모가 학교폭력에 어떻게 대처하는지를 효과적/비효과적 대처 행동과 주의 사항을 간단히 정리해 보면 〈표 6-3〉과 같다.

〈표 6-3〉 피해학생 부모의 심리 반응과 효과적/비효과적인 개입 전략 예

| 단계 | 효과적 개입(성장) | 비효과적 개입(악화) |
|---|---|---|
| 인식 단계<br>(판단적 인식 대 공감적 인식) | 1. 정서적 지지<br>• 얼마나 힘들었니?<br>• 부모인 우리가 네가 그런 일을 당하는지도 모르고 야단만 쳤네!<br>• 널 지켜 주지 못해 정말 미안하구나.<br>• 이제 우리가 알았으니 걱정하지 마.<br>• 너를 반드시 지켜 줄게.<br>• 반드시 해결해서 더 이상 이런 일이 없도록 할 거야. | 1. 무시와 비난<br>• 네가 가만 있으니까 맞는 거야.<br>• 뭐! 누가 때렸다고…… 그런 애들을 가만히 두냐 맞장이라도 떠야지!<br>• 네가 그런 애들이랑 어울리니까 맞고 다니지.<br>• 싸우면 똑같은 사람 돼, 싸우지 마.<br>• 그러는 애들 무시해 버려. 그럼 널 안 건드릴 거야.<br>• 참아라, 때린 사람은 발을 오그리고 자도, 맞는 사람은 발을 펴고 산다. |
| 초기 개입 단계<br>(회피 반응 대 해결 의지) | 2. 보호와 알림<br>• 학교에서 우리 아이가 이런 일을 당하고 있다는 사실을 선생님께 알린다.<br>• 아이의 보호를 위해 도움을 요청한다.<br>• 학교가 끝나면 교문 앞에서 아이를 기다려 준다. | 2. 보복과 처단<br>• 엄마가 당장 해결할 게 누구야?<br>• 애 교육 좀 똑바로 하세요(가해학생 부모에게 항의)!<br>• 너도 똑같이 한 번 맞아 볼래(가해학생 폭행)!<br>• 애가 저 지경이 되도록 그동안 뭐 하신 거예요(교사와 학교의 책임 묻기). |

| | | |
|---|---|---|
| | • 선생님께 가해학생 부모에게 알릴 것을 부탁하고 어떻게 해결할지 상의한다. | |
| 중재 단계<br>(무마 반응 대 해결 의지) | 3. 적극적 대처<br>• 증거 자료를 확보한다.<br>• 네가 맞는 것을 본 사람이 있니?<br>• 너를 도와줄 친구는 누구일까?<br>• 가해학생과 너무 가까이 두지 않게 보호해 줄 것을 요구한다.<br>• 재발 방지를 위한 약속을 받는다. | 3. 분풀이<br>• 아이와 가족에게 화풀이한다.<br>• 누굴 닮아 저 모양인지 몰라.<br>• 지금 당신은 잠이 와! 애가 저 지경인데…….<br>• 억울해! 학교는 가해학생 편만 들고…….<br>• 언론이나 인터넷에 폭로해야지. |
| 학습 단계<br>(폭력 수용 대 대안 행동 학습) | 4 자존감 회복<br>• 가해학생의 공개적 사과<br>• 이번 일로 네가 성장하는 데 큰 힘이 될 거라고 믿어!<br>• 힘든 문제였지만 해결할 수 있다는 것을 배우는 기회로 삼자. | 4. 자존감 상실<br>• 내가 잘못 살았어!<br>• 자식 정말 잘못 키웠어!<br>• 내가 하는 일이 왜 항상 이럴까?<br>• 이 일은 내가 해결하기에는 너무 벅차.<br>• 누가 좀 대신 해결해 주면 좋겠다. |
| 실행 단계<br>(과장 반응 대 진정성) | 5. 새로운 시도<br>• 부모의 존재감 재확인<br>– 피하지 않고 적극적으로 부딪혀 해결하는 모습을 보인다.<br>– 아이에 대한 양육법을 변화한다.<br>– 부모가 다르게 행동하는 시범을 보인다,<br>• 아이의 자신감을 심어 주기 위해 교사에게 도움을 요청한다. | 5. 포기<br>• 이사하고 전학가야지.<br>• 해도 안 되는 걸 어떡하지.<br>• 할 만큼 했어.<br>• 그냥 조용히 살자.<br>• 주변에서 누군가 선동하며 법적 해결을 부추기거나, 혼자 할 힘이 없어 의지하다 더 큰 상처만 남는다. |
| 잠복 단계<br>(후유증 대 신가치 창출) | 6. 성장 가능성 탐색<br>• 앞으로 어떤 난관에 부딪혀도 잘할 수 있을 거야. | 6. 불안과 좌절감<br>• 보복당하면 어쩌지?<br>• 아이를 내 맘대로 할 수가 없어요 (자녀에게 무시당함.). |

| | | |
|---|---|---|
| | • 앞으로 너의 문제를 함께 해결할 수 있으면 좋겠어.<br>• 소중한 가족의 사랑을 확인한다.<br>• 아이의 적성과 진로를 탐색한다. | • 부모가 돼서 할 수 있는 일이 없어(자신의 무능함을 비관).<br>• 앞으로 아이가 잘못되면 어떡하지(전학, 학년 진급 시, 자녀의 미래에 대한 불안감).<br>• 흔적 없이 사라져야지(아이의 이름을 바꾸고 다른 지방이나 외국으로 떠남). |

## 가해학생 부모 모델

가해학생 부모는 자녀의 가해 사실을 교사나 피해학생 부모에게서 듣게 되는데, 자신이 알고 있는 것이 사실인지를 자녀에게 확인하려 한다. 하지만 가해학생은 부모에게 야단맞는 것이 두려워 사실을 부인한다. 가해학생 부모는 자녀의 말만 믿고 자녀의 가해 사실을 부인하면서 피해학생의 책임으로 돌리려는 이기적인 행동을 한다. 이런 부모의 행동으로 자녀는 자신의 잘못을 반성하고 새로운 행동을 배울 기회를 잃게 된다.

부모가 자녀의 올바른 성장을 원한다면 사건을 처음 접하게 될 때, 나타나는 심리적 변화 과정을 살펴봐야 한다. 가해학생 부모나 조력자가 이미 발생한 학교폭력에 효과적으로 개입하여 가해학생에게 자신의 행동에 책임지는 자세를 길러 준다면 이러한 경험은 반성을 통해 새로운 성장의 계기로 활용될 수 있다.

가해학생 부모가 겪는 초기 인식 단계는 공감적 인식과 판단적 인식으로 구분된다. 공감적 인식은 자신의 아이가 폭력사건을 저질렀다는 충격으로 당황스럽긴 하지만, 자녀의 행동을 수용하는 자세를 보여 주는 것이다. 판단적 인식은 아이가 폭력을 행사했다는 사실을 믿을 수 없다며 당혹감만을 보인다.

초기 개입 단계에서 가해학생 부모가 보이는 반응은 사실 확인하기다. 학교폭력과 관련된 정확한 사실을 교사와 주변 친구를 만나 확인한다. 자녀 및 친구를 안정시켜 사실을 말할 수 있도록 유도한다. 반면에 사실 부인하기 반응을 보이는 가해학생 부모는 자녀의 가해 사실을 부인하고, 문제의 원인을 피해학생에게 돌리며 오히려 자신의 자녀가 피해자라 주장한다.

중재 단계에서 가해학생 부모는 잘못 인정하기 반응 대 자녀행동 정당화 반응을 보인다. 전자의 경우는 부모가 자녀의 잘못을 인정하며 적극적인 해결을 위해 노력한다. 상대 부모와 학생의 마음을 이해하려고 애쓰며, 자녀의 행동에 잘못된 부분이 있음을 지적한다. 반면, 자녀행동 정당화 반응은 자녀의 행동을 정당화하며 '장난으로 한 행동' 을 심각하게 만든다고 왜곡하는 것이다. 심지어는 '그럴 수 있는 행동' 을 가지고 지나친 반응을 보인다고 생각한다.

학습 단계는 공격하기 반응과 해결 지향적 행동 반응으로 나뉜다. 공격하기 반응은 자신의 아이가 실제로는 피해학생이라고 항의하는 것이다. 심지어 '보상 때문에 별일 아닌 것을 확대한다.' 며 마음대로 하라고 버틴다. 해결 지향적 행동은 아이를 동반하여 피해학생과 부모에게 사과하고 피해학생을 위로하며, 재발 방지 약속을 통해 사건 해결을 위해 노력하는 반응이다.

실행 단계에서는 걱정과 두려움 반응과 화해 및 피해 지원 반응이 있다. 전자는 피해학생의 상태가 악화되어 사건이 확대되고, 자녀가 법적 처벌을 받게 될까 봐 두려워하는 반응이다. 반면, 진정성 반응은 교내 처벌을 수용하고 피해학생 지원과 화해를 위해 힘쓰는 모습을 보이는 것이다.

잠복 단계에서 효과적 반응 단계를 거친 가해학생 부모는 자녀의 충분한 반성을 돕기 위해 자발적인 봉사활동을 함께하며 책임과 관용의 자세를 배울 기회를 제공한다. 반면, 비효과적인 반응 단계를 거친 가해학생 부모는 자녀의 미래에 대한 불안감과 자신의 무능감에 자포자기하는 심정이 되어 자녀가 범죄자의 길로 들어설까 봐 노심초사하게 된다. 이처럼 가해학생 부모가 초기에 선택하는 개입 전략은 자녀의 미래를 바꾸는 결정적인 계기가 된다.

가해학생 부모는 아이의 자존심이 아니라 부모 자신의 자존심 때문에 사과하는 것을 어려워한다. 어떤 부모는 자신이 대신 사과를 하지만 자녀에게 그 모습을 보여 주기를 거부하는 부모도 있다. 자녀에게 부끄러운 모습을 보여 주기 싫다는 것이다. 사과하는 데 있어 당사자인 가해학생을 빼놓고 부모만 피해학생에게 사과하는 태도는 자녀가 반성할 수 있는 기회를 부모가 빼앗는 것이다. 자기 아이 기는 죽이기 싫다며 자신이 모든 책임을 다하겠다는 태도는 결국 자녀를 잘못된 길로 가게 하는 것이다.

어떤 부모는 '맞지 말고 차라리 때려라. 내가 다 책임질게.' 라며 자신의 권위를 내세우는 경우가 있는데, 이는 아이들로 하여금 사고를 저지르고도 책임지지 않는 습관을 가지게 하며 부모가 따라다니며 사고를 처리하는 결과를 낳을 수 있다. 자신의 위신을 세우고 권위를 내세우려다 자식의 앞길을 가로막는 것이다. 오히려 부모의 권위는 자신의 행동에 책임지는 자세로 당당하게 사과하고 용서를 구하는 용기를 보일 때 만들어진다. 따라서 자녀의 장래를 위하고 진정한 자존심을 회복하기 위해서는 다음과 같이 사과하는 자세를 가지도록 한다.

- 자녀에게 자신의 행동에 책임지는 자세를 가르친다.
- 처벌을 피하기 위한 것이 아니라, 범죄자의 길로 가는 것을 예방하는 차원

에서 잘못을 반성할 수 있는 기회를 제공한다. 초등학생 때부터 상습적인 가해학생 중에는 성인 범죄자가 된 경우가 많다.

- 폭력에 동조하며 공범의 길로 갔을 때 일시적인 승리감이나 만족은 누릴 수 있지만 건강한 자신의 성장을 촉진할 수 없다.
- 진정한 사과 행동과 자신의 행동에 책임지는 자세의 필요성을 인식시킨다.

이상의 원칙을 지킬 때, 가해학생은 책임지는 행동과 관용적인 자세를 배울 수 있다. 부모는 사실을 확인하고 자녀의 잘못을 인정하고 사과하는 행동을 선택하여 자녀의 올바른 성장을 도와야 할 것이다. 다음의 사례를 살펴보자.

중학교 2학년 여학생인 주화는 3학년 선배들에게 폭행과 협박을 당하고 금품을 갈취당한 지 1년쯤 되었다. 처음에는 자신의 용돈을 주거나 부모의 지갑에 손을 대서 충당했지만 차츰 1학년에게 돈을 빌려오거나 갈취하여 이를 충당하였다. 피해자의 신고로 이 사실이 알려지자 학교폭력자치위원회에서는 주화에게는 반성문을 쓰게 하였고 3학년 학생은 전학 조치를 취했다. 그런데 가해학생 부모는 이 결정에 불만을 토로하며 '우리 아이도 피해자' 인데 처벌을 받았다며 억울해했다.

이 사례에서 보듯이 부모가 무조건적으로 감싸 주는 사랑은 때론 아이를 잘못된 길로 인도하는 고장 난 내비게이션과 같다. 아이들은 부모의 행동을 보고 자신의 다음 행동을 결정한다. 늘 자신의 행위를 감싸 주고 다 해결해 주는 부모에게서 아이는 자신의 행동이 허용된다고 생각한다. 따라서 자녀는 계속 사고를 치고 다니고 엄마는 쫓아다니며 해결하느라 힘겨운 과정을 반복하게 된다. 심지어는 '엄마를 걸고 한판 붙자며 의기양양해하기까지 한다. 자녀를 올바르게 인도하고 싶다면 자식에 대한 냉정함을 잃지 말고 현명하게 대처해야 한다.

교사나 피해학생 부모에게서 자녀의 가해 사실을 알게 될 때 부모의 심정은 피해학생 부모와 다를 바 없이 당혹스럽다. 자녀가 학교에 잘 적응하고 모범적인 생활을 하는 줄로 믿었는데 다른 아이를 괴롭히고 때린다는 사실은 어느 부모나 받아들이기 힘들다. 사실을 전해들은 직후 대부분의 부모는 자녀에게 이를 확인하고자 한다. 확인할 때의 심정은 아니기를 간절히 바라는 마음이 크며, 자녀가 부인할 때 '그럼 그렇지' 하며 안도한다.

하지만 막상 교사와 피해학생 부모를 만났을 때 보게 되는 증거 자료는 자녀의 폭행 사실을 확인시켜 주어 절망감을 느끼게 된다. 자녀에 대한 분노로 자녀에게 체벌을 가하거나 폭언, 협박 등을 하며 폭력적으로 대응하기도 한다. 다음은 가해학생 부모가 학교폭력에 대처하는 절차와 기술을 알지 못해 생긴 파국적인 사례다.

고등학교 2학년인 찬이는 방학식을 한 후 청소시간에 반장을 운동장 뒤편으로 불러내 때렸다. 반장은 하필 눈 주변을 맞아 안구 뼈가 부러지고, 복시현상이 나타나 입원했다. 담임이 찬이 부모에게 전화를 했고, 이 사실을 안 아버지는 찬이를 앞세우고 병원을 찾아갔다. 하지만 찬이 아버지는 "이 놈은 내놓은 자식이니 영창에 처넣든지, 퇴학을 시키든지 알아서 하라."며 화를 내고 나가 버렸다. 이 일로 찬이는 아버지에게 쇠파이프로 맞았고 담임에게도 맞았다. 병실에서 한없이 눈물을 흘리는 찬이의 모습에 피해학생과 그 부모가 더 가슴 아파했다.

자녀가 다른 학생을 괴롭히고 때렸다는 사실을 알고, '내 자식이 아니다.' 라며 부인하고 지나친 감정적 반응을 보이는 것이 과연 적절한 대처일까? 앞의 사례에서 보듯 가해학생은 부모에게서 버림을 받고, 교사에게서는 문제아로 찍혀 학교생활을 제대로 할 수 없는 지경으로까지 내몰렸다. 폭력은 나쁜 것이다. 하지만 나쁜 짓에 대한 반성할 기회를 주지 않는 부모의 매정한 처사가 자녀를 더 큰 폭력으로 내몰 수 있다. 단 한 사람의 따뜻한 손길이 아이를 변화시킬 수 있다는 서로에 대한 믿음이 절실히 요구된다.

★ 효과적 반응

- 자녀의 가해 사실을 수용하기: 자녀가 어떤 마음으로 그런 행동을 했는지, 그 행동 후 어떤 생각을 갖고 있는지를 묻고 자녀의 행동을 받아들여야 한다.
- 사실 확인하기: 자녀의 행동을 교사와 친구들에게서 확인한다.
- 잘못 인정하기: 자녀 관리를 제대로 하지 못한 자신의 잘못을 인정하고 자녀의 잘못을 시인한다.
- 피해학생에게 사과와 재발 방지 약속: 사실 확인 후 교사에게 피해학생의 상황을 묻고, 사과와 재발 방지 약속을 한다.
- 피해학생 회복 우선 지원: 화해를 한 경우라도 지속적으로 자녀를 관찰하고, 자녀가 자기행동의 결과에 대해 책임질 수 있도록 처벌을 수용하는 자세를 보여 주어야 한다. 피해학생의 신체적 외상 치료뿐만 아니라 정신적 외상 치료에도 관심을 갖고 경제적으로 지원한다. 만약 경제적으로 정말 어렵다면 피해학생 부모의 분노가 가라앉도록 진심으로 미안한 마음을 전달하고, 자신의 형편이 허락하는 대로 정성을 다해 자녀의 회복을

돕는다면 피해학생 부모의 분노가 가라앉아 용서하게 된다.

- 성장의 기회로 만들기: 자녀와 부모 관계, 자녀와 친구 관계의 회복을 위해 노력한다. 이렇게 문제를 해결하는 과정을 통해 자녀가 책임지는 자세를 배우고, 자신과 타인을 수용하는 관용적인 행동을 배워 성장할 수 있는 기회로 만든다.

이렇듯 학교폭력 발생 시 효과적인 개입은 성장의 기회로 전환된다. 〈표 6-4〉는 학교폭력에 대처하는 가해학생 부모의 효과적/비효과적 대처 행동과 주의사항을 정리한 것이다.

〈표 6-4〉 가해학생 부모의 효과적/비효과적인 심리 반응과 개입 전략 예

| 단계 | 효과적 개입(성장) | 비효과적 개입(악화) |
|---|---|---|
| 인식 단계<br>(판단적 인식 대 공감적 인식) | 1. 수용하기<br>• 우리 아이가 그랬을 수도 있어.<br>• 우리 아이가 거짓말을 할 수도 있지<br>• 놀랍고 당황스럽지만 수용한다. | 1. 당혹감<br>• 믿을 수가 없어.<br>• 설마, 우리 애가 그럴 리가 없어…….<br>• 뭔가 잘못 알았겠지.<br>• 우리 애가 뒤집어 쓴 건 아닐까? |
| 초기 개입 단계<br>(회피 반응 대 해결 의지) | 2. 사실 확인하기<br>• 자녀에게 확인한다.<br>– 무슨 일이 있었는지 말해 줄래?<br>– 그때 누구와 함께 있었지?<br>– 그래서 넌 어떻게 했지?<br>– 이 일을 잘 해결하기 위해서 네가 솔직하게 얘기해 주기 바란다.<br>• 학급 친구와 선생님께 확인한다. | 2. 사실 부인하기<br>• 증거 있어요? 때린 것 봤어요?<br>• 상대가 원인 제공을 했겠지.<br>• 내 아이는 그런 애가 아니다. 내가 제일 잘 알아! 그럴 만한 이유가 있을 거야.<br>• 우리 아이는 착하고 모범생인데 그런 행동을 했다는 것을 믿을 수 없어.<br>• 아이에게 물었더니 그런 일 없다고 한다. |

| | | |
|---|---|---|
| 중재 단계<br>(무마 반응 대<br>해결 의지) | 3. 잘못 인정하기<br>• 자녀의 잘못을 인정한다.<br>– 우리 아이가 심했어.<br>– 내가 모르는 모습이 있었구나.<br>– 그동안 자녀의 행동을 잘 살펴보지 못한 것이 후회스럽다.<br>• 그 아이는 얼마나 상처 입었을까 살핀다." | 3. 자녀 행동 정당화<br>• 애들은 싸우면서 크는 거다.<br>• 그냥 장난치다가 그런 것이라던데…….<br>• 애들끼리 싸울 수도 있는 것 가지고 지나치게 반응하는 것 아니냐.<br>• 아이의 말만 듣고 자녀의 변명을 옹호해 준다. |
| 학습 단계<br>(폭력 수용 대<br>대안 행동 학습) | 4. 화해를 통한 해결<br>• 아이와 사건에 대해 이야기를 나눈다.<br>• 교사 입회하에 피해학생 부모를 만난다.<br>• 아이와 함께 피해학생에게 사과한다.<br>• 다시는 이런 일이 발생하지 않도록 재발 방지를 약속한다. | 4. 공격하기<br>• 돈 때문에 그런 것 아니냐.<br>• 당신 행동을 보니까 그 부모에 그 자식이네요.<br>• 들어보니까 맞을 만하던데.<br>• 모두 다 그 애가 문제 있다고 하더라.<br>• 오히려 우리 애가 피해자다.<br>• 내놓은 아이거든요, 맘대로 하세요. |
| 실행 단계<br>(과장 반응 대<br>진정성) | 5. 화해와 피해 지원<br>• 다시는 이런 일이 일어나지 않도록 학교에서 정한 처벌을 기꺼이 받는다.<br>• 자녀와 대화 시간을 늘린다.<br>• 자녀의 학교생활과 친구관계에 관심을 기울인다.<br>• 피해학생의 회복을 지원한다. | 5. 걱정과 두려움<br>• 반복되는 아이의 사고를 감당하기 벅차다.<br>• 아이를 뒤따르며 사고 처리를 한다.<br>• 피해학생의 상태가 악화되어 사건이 커질까 봐 걱정된다.<br>• 보복과 법적 처벌이 두렵다. |
| 잠복 단계<br>(후유증 대<br>신 가치 창출) | 6. 성장과 관계회복<br>• 아이의 충분한 반성을 돕기 위한 자발적인 봉사활동을 하도록 유도한다.<br>• 전문적 상담을 통해 행동개선을 위한 방법을 찾는다. | 6. 불안과 무기력<br>• 자녀에 대한 통제감 상실<br>– 자식에게 무시당한다.<br>– 나는 무능하고 할 수 있는 일이 없다.<br>• 아이가 범죄자의 길로 갈까봐 두렵 |

| | | |
|---|---|---|
| | • 아이의 성장을 위해 책임과 관용의 자세를 배울 기회를 제공한다.<br>• 가족의 유대감을 향상하고 관계를 재정립한다. | 지만, 이끌어 줄 수 있는 방법이 없다.<br>• 아이의 미래가 불안하다. |

## 교사 모델

자신이 맡고 있는 교실에서 학교폭력이 발생하게 되면 대부분의 교사는 '무엇인가 해야지' 라고 생각은 하지만, 개입 전략을 모르거나, 자신의 심리적 반응에 대해서는 주의를 기울이지 않는다. 시간 경과에 따라 자신이 어떤 심리상태에서 어떤 식의 개입 전략을 사용하는지 의식하지 못하는 경우가 대부분이다.

교사가 심리적으로 위축되어 사건을 주도적으로 해결하겠다는 의지를 갖지 않을 경우, 생각처럼 잘 해결되지는 않는다. 교사는 자신의 심리 반응을 이해하고 시점에 따라 효과적인 개입 전략을 사용하고 있는지, 비효과적인 개입 전략을 사용하고 있는지를 살핀 후 대처해야 한다. 이때 교사가 자신의 심리 반응과 개입 단계를 이해하고 피해학생, 가해학생, 피해학생 부모, 가해학생 부모의 심리 반응과 개입 단계를 함께 이해한다면 효율적으로 대처할 수 있다.

교사가 겪는 초기 인식 단계는 판단적 인식과 공감적 인식으로 구분된다. 판단적 인식은 이런 문제를 야기한 것에 대한 원망과 자기 충격에 휩싸여 피해학생에 대한 배려를 할 수 없는 상태다. 이런 일이 학급에서 발생한 것에 대하여 원망 혹은 불편한 감정을 느낀다. 반면, 공감적 인식은 피해학생의 아픔을 이해하고 보호해 주지 못한 것에 미안함을 표현한다.

초기 개입 단계에서 교사가 보이는 반응은 해결 의지 반응과 회피 반응으로 구분된다. 사건 해결 의지를 강력하게 표명하고 잘못한 아이는 반드시 처벌한다는 교사의 반응은 아이들의 신뢰를 얻게 만들고 이후 교실에서 교사가 주도권을 가지고 교실 상황을 운영하는 데 도움을 준다. 반면에 피해학생에게 원인을 추궁하거나 잘못이 있다는 식의 회피 반응은 폭력이 난무하는 교실 상황으로 악화시킬 수 있다.

중재 단계에서 교사는 공론화 반응과 무마 반응을 보인다. 공론화 반응은 피해를 인정하고 교실 내 무기명 설문을 통해 사실관계를 파악하고 피해-가해학생 부모에게 이를 알려 해결책을 찾아가는 반응이다. 반면, 무마 반응은 별일 아닌 것으로 덮거나 아이들끼리 사과하고 넘어가길 바라는 것이다.

학습 단계는 폭력 수용 반응과 대안 행동 반응으로 나뉜다. 교사는 자녀들 간의 단순한 싸움을 부모가 나서서 커졌다며 폭력을 수용하는 자세를 보인다. 반면, 대안 행동 반응은 피해학생 중심으로 해결하며 교사가 양쪽 부모를 만나 화해를 요청하는 것이다.

실행 단계에서는 과장 반응과 진정성 반응이 있다. 과장 반응은 문제가 되는 피해학생만 없으면 된다는 분위기로 전학을 요구하기도 하며, 교실에서 빈번히 발생하는 폭력을 묵인하는 것이다. 반면, 진정성 반응은 사과와 용서의 교실 구축을 위해 다시 친구로 돌아가 서로를 이해하고 배려하는 따뜻한 교실 분위기를 만드는 것이다.

잠복 단계에서 효과적 반응 단계를 거친 교사는 자신의 명예와 권위를 회복하고 학급 운영에서 자신감을 갖는다. 반면 비효과적인 반응 단계를 거친 교사는 학급 운영권이 학급 짱에게 넘어가는 것을 묵인하고, 법적 소송 및 피해학생 자살 등으로 인해 자책감과 죄의식에 빠진다. 이처럼 교사가 초기에 선택하는 개입 전략에 따라 학생과 학부모, 교사 자신의 미래가 결정된다.

학교폭력이 발생하면 교사는 평소 믿고 있던 아이들이 보이지 않는 곳에서 폭력을 행사했다는 사실에 실망하며, 그동안 학급 운영을 제대로 하지 못하고 있었다는 자괴감에 빠져든다. 이러한 상황에서 대처기술이 부족한 교사는 가해학생 부모가 마치 피해학생에게 문제가 있어 사건이 발생한 것처럼 몰아가는 것에 난처해하면서도 사건을 빨리 수습하기 위해 객관적으로 파악하여 대처하지 못하고 감정적으로 대응하게 되는 실수를 범한다.

가해학생 부모가 자녀의 잘못된 행동을 인정하지 않고, 오히려 무례하게 나오면 피해학생 부모도 화가 나고 흥분하게 되어 교사에게 항의를 하게 되고, 이에 교사도 당황하게 된다. 교사가 양쪽 부모의 감정을 진정시키고 해결의 주도권을 쥐기보다는 자기방어적인 태도를 취해 피해학생 부모에게 비난받는 난처한 상황에 빠지게 된다. 이로 인해 사건은 확대되고 피해학생의 고통은 증가되나, 아무도 아이들이 당하는 2차 피해에 관심을 가지지 않는다. 그러다가 학부모 간의 자존심 싸움으로 번져 서로의 책임을 묻는 법적 소송을 진행하게 된다. 하지만 승자가 없는 싸움에서 상처뿐인 영광을 얻게 된다. 조금만 현명하게 대처하면 모두의 상처를 최소화하고, 빠른 시간 안에 회복할 수 있는 전화위복의 계기가 될 수 있다.

다음의 사례는 교사가 학교폭력 사실을 인지하고 그 해결 절차와 기술 없이 대처하여 보복폭행으로 이어진 사례다.

> 중학교 1학년인 미래는 반 친구들에게 나댄다는 이유로 교실에서 집단폭행을 당했다. 처음에는 뺨을 때리다가 미래가 넘어지자 가해학생들이 발

로 차고 밟기까지 했다. 교실 안에 서 있던 반장이 급히 담임선생님에게 알려 가해학생들은 반성문을 쓰고 마무리되었다. 하지만 일주일 후 다시 미래는 두 번째 집단폭행을 당했다. 이때도 교사는 피해학생 부모나 가해학생 부모에게 이 사실을 알리지 않았고 반성문을 쓰는 것으로 사건을 마무리했다. 이후에도 가해학생의 계속되는 따돌림과 괴롭힘이 있었지만, 교사는 미처 이 사실을 알지 못했다. 세 번째 폭행이 있은 후 같은 반 친구가 미래 부모에게 이 사실을 알려 부모가 학교에 문제를 제기하게 되었다.

이 사례의 경우 교사는 폭력사건을 확인한 후 증거를 확보하고 피해-가해학생 부모에게 이 사실을 알려야 했다. 양쪽 부모와 함께 재발 방지에 대해 논의한 후, 가해학생 부모에게서 재발 방지 각서를 받고 아이의 관리 감독을 철저히 해 줄 것을 당부해야 보복폭행을 막을 수 있다. 그런데 반성문을 쓰고 아이들이 '미안하다'는 사과를 했다는 것만으로 사건을 마무리 지어 2차, 3차 폭행과 따돌림으로 이어지게 되었다.

★ 폭력 사안 발생 시 교사의 대처법

- 공감적 인식: 가장 먼저 사건 당사자의 고통을 인식하고 정서적 지지와 위로를 통해 안정을 시킨다.
- 해결 의지 표명: 반드시 책임지고 해결하겠다는 강력한 의지를 표명해야 피해자는 불안감을 넘어서 교사를 믿고 신뢰하게 된다.
- 공론화: 학교에서 정기적으로 실시하는 학교폭력 무기명 설문조사의 형태를 빌려 학급에서 발생하고 있는 문제를 파악하고 아이들이 눈치 채지 않게 가해학생, 피해학생, 반 친구들의 진술을 통해 정확한 사실을 확보

한 후에 양쪽 부모에게 사실을 알린다.

- 화해와 중재: 피해학생 부모에게는 위로와 함께 사실에 근거해서 사건을 확실하게 해결하겠다고 안심시키고, 당혹해하는 가해학생 부모에게는 감정적인 대응보다 잘 해결하기 위해 노력하고 있다는 점을 알림으로써 양쪽 부모를 모두 진정시킨다. 객관적인 사실을 바탕으로 하여 아이를 잘 지도하기 위한 과정으로 사과, 반성, 처벌, 치료비 지원, 재발 방지 약속 등의 절차를 안내한다.
- 사과와 용서: 용서와 화해를 통해 원만한 친구관계로 돌아가 다시 학교생활을 잘할 수 있도록 아이를 중심으로 해결하는 성숙한 자세를 보이고자 부모를 설득하고 동의를 이끌어 내야 한다. 피해학생 부모의 요구를 파악하고 피해학생의 자존심 회복과 더 이상의 보복은 없을 것이라는 확신을 주어 양쪽이 원만한 합의에 이르도록 안내한다. 사태 해결을 위한 가해학생 부모의 적극적인 사과와 해결 의지가 있다면 재발 방지 각서가 필요치 않다. 하지만 가해학생 부모가 자녀의 잘못을 인정하지 않을 때는 증거를 제시하고 재발 방지 약속을 받아 둔다. 이때 다른 학생을 시켜서 괴롭히는 것까지 포함하여 책임질 것을 요구한다. 만약 수용하지 않을 경우는 가해학생이 받게 될 법적 · 사회적 불이익을 알려 준다. 자녀의 장래를 생각해 반성의 기회를 함께 만들어 갈 수 있도록 인도한다.
- 명예 회복: 학급에서 교육을 실시하여 가해학생은 자신의 행동에 책임과 반성을, 피해학생은 자존심 회복과 용서를, 학생들은 폭력의 나쁜 점을 배우는 계기가 된다. 용서와 화해를 통해 다시 친구로 돌아갈 수 있도록 교실 분위기를 쇄신한 교사는 학급운영의 자신감을 갖게 되고 부모의 신뢰를 회복하는 계기가 될 수 있다.

실제로 폭력이 발생하면 어떤 기준으로 해결해야 할지 난처한 경우가 많다. 앞의 6단계 개입 전략은 문제 해결의 수순에 따라 효과적으로 개입할 수 있는 절차를 제시한 것이다. 많은 교사가 이러한 개입 전략을 모르기 때문에 학교폭력의 또 다른 피해학생이 되는 안타까운 일이 발생하는 것이다.

〈표 6-5〉는 학교폭력에 대처하는 교사의 효과적/비효과적 대처 행동과 주의사항을 정리한 것이다.

〈표 6-5〉 교사의 심리 반응과 효과적/비효과적인 개입 전략 예

| 단계 | 효과적 개입(성장) | 비효과적 개입(악화) |
| --- | --- | --- |
| 인식 단계<br>(판단적 인식 대 공감적 인식) | 1. 공감, 위로<br>• 피해학생에 대한 개입<br>– 많이 아팠지, 많이 힘들었겠네!<br>– 선생님이 보호해 주지 못해서 미안하구나.<br>– 그동안 얼마나 힘들었니.<br>– 네가 이런 고통을 당하고 있는지 몰랐구나!<br>• 가해학생에 대한 개입<br>– 네가 그런 아이가 아니라고 알고 있는데 놀랐다. 너 요즘 힘든 일 있니?<br>– 네가 학교에서 여러 가지 일을 겪고 있는 것 같구나.<br>– 차근차근 이야기를 하고 싶구나. | 1. 충격, 원망<br>• 또 터졌어!<br>• 조용히 넘어가길 바랐는데…….<br>• 재는 저럴 줄 알았어.<br>• 왜 하필 우리 반이야. |
| 초기 개입 단계<br>(회피 반응 대 해결 의지) | 2. 해결 의지 표명<br>• 피해학생에 대한 개입<br>– 걱정하지 마. 더 이상의 폭력은 없을 거야! | 2. 형식적 대응<br>• 피상적 사실 관계만 확인<br>– 왜 그랬는데, 이유가 뭐야! 맞을 만했겠지. |

| | | |
|---|---|---|
| | - 잘못한 애들은 응당 벌을 받게 될 거야. 널 꼭 지켜 줄게<br>• 가해학생에 대한 개입<br>- 이 문제는 덮고 갈 일은 아니야.<br>- 제대로 해결할 수 있도록 같이 노력하자.<br>- 이번 기회를 통해 너에게도 뭔가 배우는 것이 있었으면 좋겠구나. | - 너에게도 문제가 있는 것 아냐?<br>- 아무 잘못도 안 했는데 맞았단 말이지?<br>- 사실대로 말해라.<br>• 왜 여태까지 아무 말도 안 하고 있었지? |
| 중재 단계<br>(무마 반응 대 해결 의지) | 3. 공론화<br>• 교실에서 학교폭력에 대해 공개적으로 논의한다.<br>- 오늘 우리에게 진짜 중대한 문제가 일어났어, 오늘 이 문제에 대해 우리가 진심으로 이야기를 나눠 보자.<br>- 새로운 교훈을 얻는 시간임을 알린다.<br>• 가해학생 주변을 탐색하고 피해학생이 더 큰 피해를 당하지 않도록 주의를 기울인다.<br>• 부모에게 알린다. | 3. 무마<br>• 이제 내가 알았으니 됐어. 조심해!<br>• 별것도 아닌 것을 가지고 유난 떠는구나.<br>• 친구끼리 악수하고 사과하고 끝내라.<br>• 이 문제로 더 이상 떠들거나 문제 삼지 마라.<br>• 한 번만 더 이런 일이 있으면 진짜 혼난다! |
| 학습 단계<br>(폭력 수용 대 대안 행동 학습) | 4. 화해와 중재<br>• 교사가 주축이 되어 증거 자료를 중심으로 공정한 화해를 진행한다.<br>• 피해-가해학생 부모와 교사가 함께 해결방안을 찾는다.<br>• 폭력은 모른 척할 수는 없다.<br>• 피해학생 중심으로 해결을 시도한다.<br>- 피해학생의 말을 인정하기 | 4. 축소와 왜곡<br>• 단순한 애들 싸움인데 부모가 나서서 일을 확대하는 거다.<br>• 저절로 친구로 돌아갈 건데 부모의 감정싸움으로 일이 커진다.<br>• 피해학생 부모가 돈 때문에 저렇게 난리 친다.<br>• 가해학생 중심으로 해결을 시도한다. |

| | | |
|---|---|---|
| 실행 단계<br>(과장 반응 대 진정성) | 5. 사과와 용서의 교실 구축<br>• 행동 결과를 책임지는 성숙한 자세<br>– 진심 어린 사과<br>– 공개적 재발 방지 약속<br>– 피해학생의 자존심 회복을 돕는다.<br>• 피해학생이 더 이상의 피해를 당하지 않도록 따뜻하게 배려하고, 용서와 화해를 통해 교실 분위기를 쇄신한다. | 5. 책임 회피<br>• 문제가 되는 피해자만 없으면 된다.<br>• 애들은 싸우면서 크는 거야.<br>• 어떻게 내가 다 말려 줄 수 있겠는가?<br>• 교실 내에서 빈번하게 발생하는 폭력을 묵인한다. |
| 잠복 단계<br>(후유증 대 신 가치 창출 | 6. 명예 회복<br>• 상호 신뢰하는 학급 문화 창출<br>– 아이들은 교사를 신뢰하고 존경한다.<br>– 다시 친구로 돌아가 서로를 이해하고 배려하는 따뜻한 교실 분위기를 만든다.<br>– 교사의 권위를 회복하고 학급운영의 자신감을 갖는다.<br>• 학급 전체 교육을 통해 아이들이 폭력의 나쁜 점을 깨우치게 된다.<br>• 부모의 신뢰를 얻어 교육자로서 명예를 회복한다. | 6. 무능감<br>• 우리 반은 왜 이렇게 문제아가 많을까?<br>• 학급운영에 대한 자신감을 상실한다.<br>• 학급 내 폭력에 대한 무력감<br>• 매 맞고 밀려나느니 때리고 영웅이 되는 가해학생 천국으로 방치된다.<br>• 학급 운영권이 학급 짱에게 넘어가는 것을 묵인한다.<br>• 법적 소송, 피해학생 자살 등이 발생 시 자책감과 죄책감을 갖게 된다. |

## 주변 친구 모델

학교폭력이 발생하는 곳은 교실, 화장실, 운동장, 복도 등 대부분 학생의 왕래가 많은 곳이다. 그런데 왜 교사나 학교는 학교폭력 사실을 잘 알지 못할까?

보는 사람은 많은데 아무도 교사에게 알려 주지 않고, 또 왜 말리지 않고 구경만 하는 것일까? 교실에서 폭력이 일어나고 있다는 사실을 반 전체 아이들은 알지만 교사는 모른다. 왜 그럴까?

주변의 학생들이 교사에게 폭력 사실을 알리지 않는 것은 '학습의 결과'다. 학교폭력 신고함에 신고했는데도 학교에서 교사가 제대로 대처를 하지 않을 때 '신고해도 소용없다.'고 느끼게 된다. 또 쪽지로 피해 사실을 이야기했는데, 가해학생과 피해학생을 불러 사실 확인을 할 경우 보복폭행을 당할 수도 있기 때문이다. 또 부모에게 알렸더니 "너마저 왕따당할라. 그런 애들이랑 놀지 마."라며 무시했기 때문이다.

이처럼 학교폭력 발생 시 피해학생에 대한 비밀보장과 신변 보호를 고려하지 않고 어른 입장에서 처리하여 더 큰 피해가 발생하는 것을 본 주변 학생은, 오히려 신고해서 도움을 청하기보다 자신의 생존을 위해 가해학생 무리에 합류하거나 모르는 척하는 방법을 선택한다. 이러한 주변 학생의 심리 반응과 효과적/비효과적인 개입 전략을 살펴보자.

주변 학생이 겪는 초기 인식 단계는 공감적 인식과 판단적 인식으로 구분된다. 공감적 인식은 피해학생의 입장을 이해하고 다른 친구와 힘을 합해 말린다. 판단적 인식은 사건을 호기심으로 바라보거나 무관심하거나 피한다.

초기 개입 단계에서 주변 학생의 반응은 해결 의지 반응과 회피 반응으로 구분된다. 해결 의지 반응은 사건 해결을 위해 부모, 교사에게 알리고 위험한 경우 경찰에 신고하는 것이다. 반면에 회피 반응은 자신이 타격 대상이 되는 것에 대한 두려움으로 회피하는 모습을 보이는 것이다.

중재 단계에서 주변 학생은 공론화 반응과 무마 반응을 보인다. 공론화 반응은 폭력의 심각성을 바로 알고 가해행동은 반드시 처벌받는다는 것을 이해하는 것이다. 반면, 무마 반응은 폭력을 부추기거나 피해학생의 잘못을 탓하며, 피해학생과 어울리면 자신도 당할 수 있다는 두려움을 갖는 것이다.

학습 단계는 폭력 수용 반응과 대안 행동 반응으로 나뉜다. 폭력 수용 반응은 주변 학생은 가해학생을 영웅시하며 가해행동을 따라 하고, 피해학생이 되기 싫어 가해학생 무리에 합류하는 태도를 보이는 것이다. 반면, 대안 행동 반응은 피해자를 위로하고 감싸 주며 보호하는 태도를 보이는 것이다.

실행 단계에서는 과장 반응과 진정성 반응이 있다. 과장 반응은 가해자의 행동 대원이 되어 가해학생이 시키는 대로 하는 것이다. 반면, 진정성 반응은 피해-가해학생의 화해를 유도하고 서로의 좋은 점을 칭찬하며 단점은 고칠 수 있도록 돕는 것이다.

잠복 단계에서는 효과적 반응 단계를 거친 학생은 친구의 소중함을 깨닫고 서로를 배려하는 자세를 키운다. 반면 비효과적인 반응 단계를 거친 학생은 친구를 괴롭히는 것에 대한 죄책감이 크지만, 보복의 두려움 때문에 벗어나지 못한다. 이처럼 주변 학생의 올바른 반응을 위해서는 이미 발생한 폭력에 대한 성인의 초기 개입 전략이 중요하다.

"지나가는데 때리고 있더라고요. 뭐, 저랑 상관도 없는데 굳이 누군가에게 말해 봤자 고자질쟁이라고 놀림이나 당하죠."라고 말하는 주변 친구에게 "너도 피해를 당하게 될까 봐 두려웠겠구나. 그래서 누군가에게 알리거나 말리기가 힘들었겠다."라며 공감해 준다. 그러나 당하고 있는 친구의 입장에서는 친구들이 둘러싸서 구경하는 것만으로도 위협감을 느끼게 되는데 이런 행위는 무언의 동조 행위임을 알려 준다. 이러다 보면 본인도 피해학생이 될 수 있으므로 친구에게 도움의 손길을 직간접적으로 내밀 수 있게 도와준다. 집단폭력 현장에서는 직접 말리는 일은 삼가고 교사나 부모에게 알려서 위험에 빠진 친구를 돕는 것이 폭력에서 서로를 지키는 길임을 일깨워 준다.

〈표 6-6〉 주변 친구의 심리반응과 효과적/비효과적인 개입 전략 예

| 단계 | 효과적 개입(성장) | 비효과적 개입(악화) |
|---|---|---|
| 인식 단계<br>(판단적 인식 대 공감적 인식) | 1. 말리기<br>• 친구한테 그러지 마, 쟤가 싫다고 하잖아.<br>• 친구들 보는데 부끄럽지 않니?<br>• 넌 장난이지만 쟨 얼마나 힘들겠니?<br>• 입장 바꿔 생각해 보자.<br>• 친구들끼리 다른 방법으로 해결해 보자.<br>• 친구들과 힘을 합쳐 말린다. | 1. 사태 관망<br>• 호기심으로 쳐다본다.<br>• 놀라서 피한다.<br>• 모르는 척 무시한다. |
| 초기 개입 단계<br>(회피 반응 대 해결 의지) | 2. 알리기<br>• 비밀쪽지로 도움을 청한다.<br>• 부모와 교사에게 알린다.<br>• 117 등에 신고한다. | 2. 두려움<br>• 함께 있었다고 불이익이 오지 않을까?<br>• 나에게 불똥이 튀는 것 아냐?<br>• 선생님, 부모님께 알려야 하나?<br>• 알리면 내가 공격 대상이 되지 않을까?<br>• 알리면 해결될까? 알려도 해결 안 될 거야!<br>• 고자질쟁이로 몰리면 어쩌지?<br>• 내가 아니어서 다행이야! |
| 중재 단계<br>(무마 반응 대 해결 의지) | 3. 폭력의 심각성 바로 알기<br>• 폭력을 방치하면 나도 피해를 당할 수 있다.<br>• 가해행동은 반드시 처벌을 받는다.<br>• 폭력은 어떤 이유로도 정당화 될 수 없다. | 3. 폭력 인정<br>• 피해학생과 어울리면 나도 당할지 몰라.<br>• 폭력현장을 둘러싸고 부추긴다.<br>• 차라리 맞는 것보다 때리는 게 낫다.<br>• 피해학생이 맞을 만했어. |

| | | |
|---|---|---|
| 학습 단계<br>(폭력 수용 대 대안 행동 학습) | 4. 피해학생 감싸주기<br>• 고통을 이해하고 위로한다.<br>– 외롭고 힘들었지? 너무 고통스러웠지?<br>• 함께 어울리고 보호해 준다.<br>– 내가 친구해 줄게.<br>– 나와 함께 집에 가자. 점심 같이 먹을래? | 4. 가해행동에 동조<br>• 피해학생이 되기 싫어 가해자 무리에 합류한다.<br>• 영웅으로 보이는 가해학생을 따라 한다.<br>• 피해학생에 대한 폭력을 정당화 한다. |
| 실행 단계<br>(과장 반응 대 진정성) | 5. 화해, 중재 역할하기<br>• 서로의 오해를 풀게 돕는다.<br>• 피해-가해학생 화해를 유도한다.<br>• 서로의 장점을 인정하고 단점을 지적해 고칠 수 있도록 돕는다. | 5. 공범자 되기<br>• 집단 괴롭힘에 동참한다.<br>• 가해학생이 시키는 대로 행동한다.<br>• 행동대원으로 인정받아 우쭐해 진다. |
| 잠복 단계<br>(후유증 대 신 가치 창출 | 6. 우정 나누기<br>• 친구의 소중함을 깨닫는다.<br>• 자신과 친구를 보호하는 능력을 향상시킨다.<br>• 친구를 배려하는 마음을 키운다. | 6. 불안감, 죄책감<br>• 보복이 두려워 빠져나올 수 없다.<br>• 처벌에 대한 불안감을 느낀다.<br>• 친구가 크게 다칠까 봐 걱정한다.<br>• 친구를 괴롭히는 것에 대해 미안함과 죄책감을 느낀다.<br>• 진정한 우정관계를 경험할 수 없게 된다. |

## 피해학생 주변 친인척 모델

자녀가 학교폭력 피해를 당하고 있다는 사실을 듣고, 피해학생 부모는 당혹감을 느끼며 어떻게 대처할지 몰라 당황한다. 이때 가장 편하게 이야기할 수 있는 사람은 주변에 있는 친인척이다. 하지만 이들도 학교폭력 문제를 해결해 본 경험이 없기 때문에 피해학생 부모와 비슷한 감정을 느끼게 된다. 위로와 정보를 제공해 주기도 하지만 같이 흥분하고 분노하여 감정적으로 대처하게 만들기도 한다.

사공이 많으면 배가 산으로 가듯 경험과 대처 방법을 잘 모르면 문제가 해결되기보다 더 꼬일 수 있다. 따라서 주변의 친인척에게 받을 수 있는 도움의 한계를 정한 후 효과적인 대처로 이끌기 위해 주변 친인척의 효과적/비효과적 심리 반응과 개입 전략을 살펴보자.

주변 친인척이 겪는 초기 인식 단계는 공감적 인식과 판단적 인식으로 구분된다. 공감적 인식은 갑작스러운 사고 소식에 놀란 피해학생과 부모의 아픔을 이해하고 위로한다. 판단적 인식은 오히려 더 흥분하며 감정을 부추긴다.

초기 개입 단계에서 주변 친척의 반응은 해결 의지 반응과 회피 반응으로 구분된다. 해결 의지 반응은 사건 해결을 위해 피해학생 부모의 흥분을 가라앉히고, 이성적인 대처를 돕는 것이다. 반면 회피 반응은 자신이 앞장서 분노를 표출하거나 피해학생 부모와 함께 학교로 항의 방문하여 사건을 확대시키는 것이다.

중재 단계에서 주변 친척은 공론화 반응과 무마 반응을 보인다. 공론화 반응은 피해 사실을 입증할 만한 증거 자료를 확보하는 것인 반면, 무마 반응은 주위의 이목을 살피며 사건에 휘말릴까 하는 두려움에 슬그머니 빠지며 쉽게 포기하는 것이다.

학습 단계는 폭력 수용 반응과 대안 행동 반응으로 나뉜다. 폭력 수용 반응은 자신들의 힘으로는 해결되지 않으니 법적으로 해결하려고 하는 것이다. 반면, 대안 행동 반응은 증거 자료를 제시하며 일처리를 돕는 것이다. 자녀의 장래를 위해 화해와 중재를 위한 노력을 기울인다.

실행 단계에서는 과장 반응과 진정성 반응이 있다. 과장 반응은 지친 친인척이 오히려 피해학생 부모에게 적당히 하자며 오히려 비난하기 시작하는 것이다. 반면, 진정성 반응을 하는 친인척은 함께 해결하는 동안 새로운 성장 기회를 찾을 것이라고 용기와 희망을 주며 자녀가 부모의 고마움을 알 거라고 위로하며 원만한 해결을 돕는다.

잠복 단계에서는 효과적 반응 단계를 거친 주변 친인척은 가족애와 형제애를 확인하며, 서로의 소중함을 깨닫게 되는 계기가 된다. 반면, 비효과적인 반응 단계를 거친 피해학생 부모는 주변 친인척과 서로 서운한 감정을 가지며 분란과 해체를 통해 고립된다. 이처럼 주변의 도움이 효과적으로 개입되려면 정확한 개입 전략을 알아야 피해를 최소화하고 지지와 지원을 최대화할 수 있다.

친인척이 더 흥분하여 “가해학생을 가만히 놔두냐! 처벌해야지! 같이 가서 본때를 보여 주자! 처음부터 세게 나가야 뒷소리하지 못한다. 그 부모 밑에 그 자식이지 뭐.” 하면서 피해학생 부모의 분노를 부추기면 결과적으로 일이 더 확대된다. 이때 친인척은 피해학생 부모에게 “힘들겠다. 아이 생각해서 정신을 바짝 차려야겠네. 학교폭력 예방교육을 들었는데 먼저 자료를 수집해야 한다는데……. 내가 도와줄게.”라고 이성적으로 반응해야 한다. 이처럼 주변 사람도 효과적으로 대응할 수 있는 전략을 알려 주어야 한다. 당사자의 흥분을 가라앉히고 피해학생을 중심에 두고 대처하는 것이 아이의 상처를 줄이면서 원만한 해결로 이르게 된다는 인식을 가져야 한다.

〈표 6-7〉 주변 친인척의 심리 반응과 효과적/비효과적인 개입 전략 예

| 단계 | 효과적 개입(성장) | 비효과적 개입(악화) |
|---|---|---|
| 인식 단계<br>(판단적 인식 대 공감적 인식) | 1. 공감하기<br>• 얼마나 놀랐니? 많이 힘들지?<br>• 남 일 같지 않구나<br>• 나도 마음이 아프다. | 1. 흥분<br>• 무슨 이런 것들이 다 있어!<br>• 감정 부추기기<br>• 상황을 확대시키기<br>• 가해자와 학교 비난하기 |
| 초기 개입 단계<br>(회피 반응 대 해결 의지) | 2. 이성적 행동<br>• 피해학생 부모의 감정을 가라앉힌다.<br>• 가해학생 폭행을 차단한다.<br>• 과격한 행동을 자제시킨다.<br>• 이성적으로 상황을 판단하도록 조언한다. | 2. 분노 표출<br>• 저런 것들을 그냥 놔두냐?<br>• 본때를 보여 주자.<br>• 그냥 두면 우습게 본다.<br>• 돈으로 압박을 줘야 돼.<br>• 학교로 항의 방문한다. |
| 중재 단계<br>(무마 반응 대 해결 의지) | 3. 사실 조사<br>• 피해 사실을 확인하기 위해 증인을 만난다.<br>• 증거 자료를 수집하기 위해 함께 다닌다.<br>• 병원 진료기록을 확보한다. | 3. 슬그머니 포기<br>• 쉽게 지친다.<br>• 같이 하던 행동을 포기한다.<br>• 슬그머니 빠져 버린다. |
| 학습 단계<br>(폭력 수용 대 대안 행동 학습) | 4. 사건 해결<br>• 증거 자료를 제시하면 사건 해결을 돕는다.<br>• 화해와 중재를 위해 노력한다.<br>• 당황해하는 부모를 도와 현명한 일 처리를 돕는다. | 4. 설득<br>• 시끄럽게 해 봤자 우리만 손해다.<br>• 우리 힘으로는 안 되겠다.<br>• 변호사에게 맡겨서 돈으로 해결하자. |
| 실행 단계<br>(과장 반응 대 진정성) | 5. 정서적 지지<br>• 함께한다는 믿음을 준다.<br>• 이번 일을 통해 아이가 성장하는 계기가 될 거야.<br>• 아이가 부모의 고마움을 깨닫게 될 거야. | 5. 비난<br>• 야 지겹지도 않나?<br>• 어지간히 해라.<br>• 그러다 애가 친구 사이에서 고립된다.<br>• 같이 자식 키우면서 동네에서 욕한다. |

| 잠복 단계 (후유증 대신 가치 창출) | 6. 가족애, 형제애 확인<br>• 언제나 가족이 함께해 줄게.<br>• 가족이 단합하는 계기가 된다.<br>• 가족의 소중함을 일깨운 계기가 된다. | 6. 분란, 해체<br>• 친인척 간에 분란이 일어난다.<br>• 형제도 다 필요 없다고 서운해한다.<br>• 친인척에게서 고립된다. |
|---|---|---|

## 지역사회 모델

학교에서 발생한 사건은 아이들의 입을 타고 가정으로 전달된다. 이때 해당 학교에 다니는 부모가 어떻게 반응하느냐에 따라 그 지역의 문화가 만들어지고 자녀에게 영향을 미친다. '별일 있겠어! 애들은 싸우면서 큰다는데.' 하고 반응하는 부모의 모습을 보고 자란 자녀는 때리는 일을 아무렇지 않게 여기고, 맞은 아이를 별일도 아닌데 엄살떠는 아이로 받아들인다. '이런 일로 소란스럽게 해 우리 동네 집값 떨어진다.' 고 반응하는 부모는 자녀의 안전보다는 돈이 더 중요하다고 가르치는 결과를 낳는다. 부모가 '피해자가 맞을 만했겠지.' 라고 무심히 내뱉는 한마디는 자녀에게 폭력의 빌미를 제공한다. 또한 '괜히 그런 애들이랑 놀다가 너까지 당하지 말라.' 고 단속할 때 자녀는 다른 학생들을 따돌릴 이유를 얻게 된다.

이렇듯 지역사회에서 발생한 학교폭력에 어떻게 반응하느냐는 지역사회 풍토에 영향을 미치게 되고, 학교폭력의 악순환 고리를 단단하게 결속한다. 따라서 학교폭력의 선순환 고리를 만들고 건강한 지역사회 문화를 만들기 위해 지역사회 구성원의 효과적/비효과적인 심리 반응과 개입 전략을 이해하고 다 함께 폭력을 근절하려는 인식을 가져야 한다.

지역사회에서 폭력을 처음 접하는 초기 인식 단계는 공감적 인식과 판단적 인식으로 구분된다. 공감적 인식은 피해학생과 부모의 아픔을 이해하고 안타까운 마음을 표현하는 것이다. 판단적 인식은 사건 발생에 연루된 사람들을 비난하며 지역망신으로 집값 떨어질까 염려하는 것이다.

초기 개입 단계에서 지역사회의 반응은 해결 의지 반응과 회피 반응으로 구분된다. 해결 의지 반응을 보이는 경우는 자신에게도 일어날 수 있는 일이라 여기며 도울 방법을 찾고 잘 해결되길 바란다. 반면에 회피 반응을 쓰는 경우, 자신의 아이가 당하지 않은 사실에 안도감을 표하며 저런 애들이랑 어울리지 말라고 단속한다.

중재 단계에서 지역사회는 공론화 반응과 무마 반응을 보인다. 공론화 반응은 피해학생에게 도움을 주며 피해학생의 치유와 가해학생의 선도에 힘쓰는 것이다. 반면, 무마 반응은 동네 소문이 부풀려진 거라며 감추려는 반응을 보이는 것이다.

학습 단계는 폭력 수용 반응과 대안 행동 반응으로 나뉜다. 지역사회는 종종 아이들은 싸우며 자란다며 폭력을 방조하는 폭력 수용 반응을 보인다. 반면, 대안 행동 반응은 아이들 싸움이라도 폭력은 절대 안 된다며 적극적인 폭력 예방활동에 동참하는 반응이다.

실행 단계에서는 과장 반응과 진정성 반응이 있다. 과장 반응을 보이는 지역사회는 폭력을 방조하고 폭력에 무방비하여 폭력을 양산하며 우범 지역으로 낙인찍힌다. 반면, 진정성 반응을 하는 지역사회는 자신을 보호하는 방어기술을 알고, 타인을 배려하는 아이로 키우며 폭력 근절에 동참한다.

잠복 단계에서는 효과적 반응 단계를 거친 지역사회는 폭력 감시활동을 강화하고, 우리 아이로 돌보는 따뜻한 지역사회 문화를 형성해 살기 좋은 모범

지역으로 발전한다. 반면, 비효과적인 반응 단계를 거친 지역사회는 폭력이 조직화되며, 자녀를 문밖에 내보내기 힘든 불안정한 지역사회로 전락한다. 우리의 자녀를 위협하는 폭력의 문제를 지역사회가 함께 해결하려는 의지를 보인다면, 훨씬 따뜻한 지역공동체를 만들 수 있을 것이다.

많은 경우, 자신이 직접 당하지 않은 폭력사건에 대해 말하기를 "누구네 집 자녀가 집단폭행을 당했대! 다 똑같은 애들이지 뭐! 피해학생에게 그럴 만한 원인이 있었겠지. 가해학생 부모가 하는 거 좀 봐. 그 부모에 그 자식이지. 걔 평소에 하고 다니는 거 봐서 사고 칠 줄 알았어! 어디 불안해서 애들 내보내겠어! 이러다가 우리 동네 우범 지역으로 낙인찍혀 집값 떨어지는 거 아냐. 소문나기 전에 걔들 얼른 이 동네 떠나서 조용해졌으면 좋겠다."라고 말한다. 이런 사람은 자신에게는 이런 일이 결코 일어나지 않을 것이라는 막연한 신념을 가지고 있다.

이때 조력자는 "동네에서 이런 일이 생겨 불안하고 염려되시죠. 우리 아이가 휘말리지 않은 건 다행인데, 동네가 우범 지역이 될까 봐 염려도 되시고……. 하지만 피해학생 부모는 어떤 심정일까요? 이미 학교폭력은 불의의 교통사고처럼 누구에게나 일어날 수 있다는데……. 만약 내 아이에게 이런 일이 일어난다면 얼마나 힘들지……."라며 자신에게도 일어날 수 있는 사고임을 깨닫게 도와 우리 지역 자녀들을 올바른 길로 인도하는 부모의 성숙한 대처법을 일깨운다. 자신의 자녀를 지키기 위해 지역의 문제아를 내치는 것이 아니라 안타까워하며 서로 돕고자 애쓰는 부모의 모습을 보고 자녀들은 올바르게 자란다. 따라서 우리는 우리 자녀가 어울려 사는 따뜻한 지역공동체를 만드는 일에 함께하는 노력을 기울여야 한다.

이상과 같이 대응 주체별 심리적 변화 과정에 따른 효과적/비효과적 반응과 이를 적용한 예시에서 보듯이, 학교폭력에 연관된 관련자들이 비효과적인 반응으로 일관하게 된다면 종국에는 모두가 피해학생이 되고 가해학생이 된다. 하지만 효과적인 반응의 단계를 밟게 된다면 모두가 승리자와 조력자가 되는 것을 확인할 수 있다. 또한 문제 해결의 방법과 전략을 이해하는 사람은 해결하고자 노력하지만, 문제 해결의 방법과 전략을 모르는 사람은 피하려고만 하는 것을 볼 수 있다.

따라서 학교폭력의 대응 주체별 효과적/비효과적 심리 반응을 이해하여 정확하게 대처할 때, 우리 자녀를 안전하게 다닐 수 있는 학교환경을 조성하고, 책임지고 용서할 줄 아는 성숙한 문화를 구축할 수 있다.

# 7 중재와 분쟁의 개입 전략

지금까지 논의한 사항은 학교폭력 초기 단계에서 학급 내 교사와 부모, 학생이 함께 문제를 해결할 수 있는 모델을 살펴보았다. 이 모델에서 비효과적인 개입의 결과는 학급의 범주를 넘어서는 일련의 학교 내 중재와 행정적 혹은 법적인 분쟁을 일으킨다. 이 시점에서 적절한 개입 전략은 폭력사건으로 인한 신체적 · 정신적 · 물질적 피해를 최소화하는 데 도움을 줄 수 있다.

## 학교폭력 발생 중기의 대응: 중재를 중심으로

학교폭력 발생 중기는 일반적으로 사건 발생 후 1개월까지를 말하며, 이는 학급 내에서 문제가 해결되지 않아 자치위원회가 개최되어 해결되는 기간이다. 그리고 경찰서로 넘어가서 법적 분쟁으로 확대되기 전 단계이며, 학교 차원에서 중재가 개시되는 기간이다.

이 시기는 학생 상호 간에 일어나는 현상에 대해 외부 개입으로 확산되기 직전 단계로, 학생의 신변 보호와 적절한 문제 해결의 모범을 보여 준다는 점에서 매우 중요한 기간이다. 특히 이 시기에는 2차 피해와 보복폭행이 이루어지지 않게 주의해야 한다.

### 교사-학부모 협력 중재의 중요성

사건이 발생한 후 학교 측이 적극적인 중재 노력을 기울일 경우, 사건 당사자와 부모의 진심 어린 사과와 용서가 이루어져 모두가 원만한 학교생활을 계속하게 된다. 하지만 학교나 부모의 중재 노력이 무산되어 법적 절차를 밟게 되면 당사자는 심리적으로 위축되고 부모는 생계에 부담을 느끼며 사건 해결을 위해 쫓아다니는 가운데, 아이의 심리적 상처는 더욱 커지고 가정경제의 파탄과 함께 가족해체까지 가는 경우가 많다.

실제로 학생과 부모를 보호하고 교육적으로 선도할 수 있는 유일한 권한을 가지고 있는 것은 학교다. 학부모도 교사에 대한 신뢰를 가지고 아이들을 맡기고 싶어 한다. 교사가 학교폭력을 단호하게 해결하려는 의지를 표명한다면 학부모는 안도감을 가지게 될 것이다. 하지만 대처기술을 몰라 회피하거나 잘못 대처할 경우 교사의 권위가 실추하는 결과를 초래한다. 학교폭력에 대해 잘 인식하지 못하고 있는 부모를 대신해 현명하게 폭력에 대처하고 화해와 용서의 기술을 가르쳐 준다면 부모의 진심 어린 존경과 신뢰를 받아 교사의 권위도 회복될 수 있다.

교사는 해결 의지와 함께 사건 진행 절차에 따른 해결 방법에도 주의를 기울여야 한다. 특히 감정적으로 첨예하게 대치되는 경우, 교사가 가해학생의 부모를 다그쳐 사과하라고 하거나, 분노한 피해학생 부모에게 서둘러 용서를 하라고 하면, 양쪽 부모 모두에게서 원망을 들을 수 있다.

따라서 교사는 학부모에게는 협력을 요청해야 한다. 가해학생 부모에게는 '아이의 장래를 위해 먼저 고개를 숙이고 사과하여 용서를 구하자.' 고 조언해준다. 피해학생 부모에게는 '분노를 가라앉히고 사과를 받아들여 아이의 자존심을 회복하고 다시 친구관계로 돌아가게 돕는 것이 무엇보다 중요하지 않겠느냐.' 고 조언한다. 서로 사과하고 용서하는 학부모의 모습이 진정 자녀가 배워야 할 행동임을 인식시킨다.

따라서 우리 아이들에게 가장 큰 관심과 애정을 기울일 수 있는 학부모와 교사가 협력하여 대처할 때, 학교폭력으로 인한 아이들의 피해를 최소화하고 부모와 교사 간의 신뢰도 회복할 수 있다.

## 학교폭력 자치위원회에서 사건 처리 시 주의할 사항

**학교폭력 사건 신고** 학교폭력 사건의 피해학생, 목격한 학생, 피해학생 부모 등이 발생한 사건에 대해 학교에 신고할 수 있다. 일차적으로는 학교에 신고하고 자치위원회 소집을 요청한다. 학교에서는 보복 방지를 위해 피해학생과 가해학생을 노출시키지 않은 상태에서 사건 해결을 진행한다. 경찰에 고소, 고발을 먼저 하는 경우에는 학교에서 개입하기 어렵기 때문에 자세한 조사, 가해학생 처벌, 피해학생 보호를 통한 재발 방지가 이루어지기 어려울 수도 있다.

**학교폭력 사건의 진위조사** 학교폭력 사건이 발생하여 사건의 진실을 밝히고자 하는 경우, 증거 불충분으로 피해학생은 있는데 가해학생은 없는 경우가 종종 발생한다. 이때 피해 당사자와 부모는 억울함과 분노감으로 언론에 제보하여 사건을 크게 확대하는 경우가 있다. 언론을 통해 학교와 교육청을 공격하며 사건을 은폐, 왜곡한다고 주장하고 학교의 관리소홀 책임을 묻는 힘겨운 싸움이 시작된다. 사건을 신속하게 해결하고 원만한 합의에 이르기 위해서는 사건의 진실을 입증할 만한 증거 확보가 무엇보다 중요하다.

- 피해자 측의 증거 확보: 피해자가 당한 사건의 개요를 기록하고 관련 학생의 이름을 기록한다. 기록이 어려우면 말한 내용을 녹음한다. 사건 발생 당일 주변에 목격자를 확인하고 만나서 사건에 대한 도움을 요청하고 본대로 말해 줄 것을 부탁하여 서면기록에 서명을 하거나 말한 내용을 녹음한다.
- 학교 측의 증거 확보: 학교에서 증거 확보를 위해 조사를 진행할 때 주의를 기울여야 한다. 사건 조사 과정에서 보복폭행이 일어나거나 보복의 두려움 때문에 사건의 진위가 왜곡되기도 한다. 특히, 피해학생 주변 인물에게 직접 묻는 실수를 범해서는 안 된다. 집단 폭행, 집단 괴롭힘 사건의 경우 피해학생의 주변 인물이 사건의 가해학생인 경우가 많다. 이 경우 해당 학생은 오히려 피해학생을 가해학생으로 몰거나 쌍방 폭행으로 몰아가기도 한다. 또한 주변 친구들이 가해학생의 보복이 두려워 말을 하지 못하는 경우가 발생한다. 따라서 사건의 가해학생과 피해학생 모두를 보호하는 차원에서 비밀을 유지한 상태에서 일차적으로 학급이나 학교 단위로 무기명 설문을 통해 피해학생과 가해학생을 확인하고 주변 인물의 가담 정도

를 파악한다. 가장 주의를 기울여야 할 부분은 가해학생과 피해학생을 부주의하게 삼자대면하는 경우다. 이는 비효과적으로 문제를 노출시켜 피해학생에게 극단적인 결과를 초래할 수 있기 때문에 절대 금지해야 한다. 가해학생의 경우 이미 피해학생에게 협박과 폭행을 가한 상태이고, 피해학생은 극도의 공포를 느끼고 있을 가능성이 높기 때문이다. 이 경우에는 가해학생과 피해학생을 따로 불러 피해학생 진술을 확보하고, 가해학생에게도 사실을 확인하고 진술서를 확보해야 한다. 피해학생이 심리적으로 불안정할 경우는 상담전문가의 상담 결과를 첨부한다. 증인이나 주변 가담자도 따로 불러 조사를 거쳐 진술서를 확보한다.

- 조사 결과 통보: 조사 결과를 1차로 통보할 때는 피해학생과 가해학생 부모에게 학교에서 조사한 결과를 통보한다. 이 시기에는 가해학생과 피해학생 부모를 따로 만나는 것이 더욱 효과적이다.* 이때 가해학생 부모를 먼저 만나는데, 주의할 사항은 죄인 취급을 하며 너무 몰아부칠 경우, 분노를 사게 되어 사건 해결에 어려움이 따를 수 있다. 가해학생 부모도 많이 놀라고 당황한 상태이기 때문에 원만한 해결을 위해 학교에서 최대한 노력을 기울이고 있음을 알리고 진정시킨다. 사실 조사를 통해 확보된 증거를 제시하며 가해 사실을 인정하게 하고 원만한 합의를 위해 진심 어린 사과와 용서를 구하는 자세로 피해학생 치료에 적극 지원하도록 당부한다. 보복을 방지하기 위해 재발 방지 각서를 받아 둔다. 만약 가해학생 부

* 조사 결과를 통보하고 나서 화해와 중계를 시도할 때는 교사의 입회하에 양측 부모를 함께 만난다. 초기부터 양측 부모를 같은 자리에 동석시키는 것은 대응이 심해질 수 있다.

모가 사실을 인정하지 않을 경우는 학생이 받게 될 법적 처벌과 불이익에 대해 알려 준다. 그리고 가해학생의 법적 처벌을 막고 학교 내에서 반성의 기회를 제공하는 처벌을 통해 가해학생 선도에 힘쓰는 학교의 방침을 이해시킨다. 피해학생 부모에게는 위로와 정서적인 지지를 통해 안심시키고 피해학생이 더 이상 상처받지 않도록 적극적으로 해결하려는 의지를 보여 준다. 확보된 관련자의 진술을 바탕으로 사건의 해결을 위해 부모의 요구 사항과 처리 방향을 확인하고 기록한다.

### 자치위원회의 소집

초기 단계에 원만한 화해가 이루어지지 않아 분쟁조정을 신청한 경우에는 신청한 날로부터 5일 이내로 조정을 시작해야 한다. 사건의 진위를 파악하고 즉시 자치위원회를 소집해 분쟁조정에 임해야 한다. 조사 처리 과정에서 가해학생 부모의 사과와 합의가 이루어지면 조기에 사건이 해결되어 자치위원회의 심의를 거치지 않고 종결할 수 있다. 이때 재발을 막고 부모의 책임 있는 관리를 위해 가해학생 부모에게 재발 방지 각서를 받아 두고 피해학생 부모에게 합의한 사항을 서면으로 기록하여 보관한다. 또한 자치위원회의 활성화를 위해 자치위원회를 분기별 1회 이상 개최한다.

### 자치위원회 개최 및 심의

- 관련자에게 개최 일시 장소 통보
- 자치위원회 진행: 자치위원회의 역할 안내 → 사건의 개요와 조사 내용 보

고 → 피해학생 진술과 소명 자료 제출 → 가해학생 진술과 소명 자료 제출 → 질의응답 → 피해학생 보호조치 심의 → 가해학생 선도 조치 심의 → 분쟁조정사항 심의 → 합의사항 도출 → 사과문, 재발 방지 각서, 합의서의 내용을 확인한 후 서명 → 중재조정 결과 보고 → 사건의 중재 결과 통보

자치위원회를 개최하여 진행할 때 가해학생 부모와 피해학생 부모를 합의에 이르게 하는 중재자의 역할이 중요하다. 가능하다면 학부모가 학교폭력의 중재기술을 익혀 중재 역할을 하는 것이 원만한 결과에 이르기 쉽다. 아이들의 장래를 위하는 같은 부모의 마음에서 원만한 화해를 이끌어 내 법적 분쟁으로 가는 길을 막고 아이들이 빨리 학교생활에 적응하도록 돕는 것이 피해를 줄이는 방법이다. 성인의 성숙한 대처를 통해 아이는 반성의 기회를 가지고 자신의 행동에 책임지는 자세를 기를 수 있다.

### 피해학생 보호조치

사건 발생 직후부터 자치위원회가 개최될 때까지 피해학생의 신변 보호를 위해 가해학생과 격리하고 사안에 따라 신변 보호 서비스를 받을 수 있게 연계한다. 심리적으로 이상 징후가 발견될 경우는 전문가와 연계하거나, 청소년 상담기관에 연계하여 상담을 받을 수 있도록 조치한다. 자치위원회의 요청에 따른 피해학생 보호조치를 피해학생 부모의 동의를 얻어 학교장이 조치한다.

**심리상담 및 조언** 피해학생은 불안과 두려움으로 인해 또래관계에서 위축되고, 자존감이 낮아지며 우울이나 두통, 복통과 같은 신체적인 증상을 보인

다. 또 심한 경우 일시적으로 정신착란 증세를 보이기도 한다. 피해학생이 자기주장이나 스트레스 대처 기술, 자존감을 향상할 수 있도록 조력하고, 심리검사와 평가를 통해 현재 피해자의 심리 상태를 고려한다. 심한 경우 정신과적 치료를 하기도 하는데, 이때에는 무조건 정신과 병원을 방문할 것이 아니라, 상담소에서 심리평가를 거친 후 가는 것이 좋다. 정신과 진료기록으로 인해 보장성보험에 가입하기 어려운 상황이 발생하기 때문이다.

**일시보호** 보복에 대한 두려움, 지속적인 괴롭힘 때문에 등교를 거부하는 경우에는 집이나 학교상담실, 보건실 등에서 보호한다. 많은 경우 학교에 가지 않고 집에서 지내며, 이들 대부분은 대인공포증으로 집 밖 출입도 힘들다. 대인공포 반응을 보이는 피해학생을 무조건 학교로 보내는 것은 위험하다. 그러나 학교나 집이 아닌 일시보호소의 경우, 학교폭력 피해자뿐만 아니라 위기청소년의 일시쉼터로서 피해학생이 휴식을 취할 수 있는 안전한 환경이 아니다. 아직까지 피해학생이 심리적 안정을 취하고 생활할 수 있는 공간이나 시설이 없다.

실례로 학교폭력의 두려움 때문에 가출한 학생이 친구 집을 떠돌다가 결국 갈 곳이 마땅치 않아 죽음을 선택한 안타까운 경우도 있다. 학교폭력 피해청소년이 안전하게 머무를 수 있는 피해학생지원센터가 있었더라면 피해학생의 극단적인 선택을 막고 그들이 심리적 안정을 취한 후 가정으로 안전하게 돌아갈 수 있었을 것이라는 아쉬움이 남는다.

**치료 및 치료를 위한 요양** 학교폭력 피해로 심신 치료를 위해 의료기관이나 요양기관에서 일정 기간 치료를 받을 수 있다. 이때 치료비는 가해학생 부모가 부담하고, 치료 기간이 명시된 진단서를 제출하면 출석 인정이 가능하다. 시험에 응시하지 못할 경우 성적으로 불이익을 받지 않도록 지난 성적을 100% 인정한다.

피해학생들의 신속한 치료를 지원하고 치료비 보상문제로 야기될 수 있는 가해학생-피해학생 학부모 간 분쟁을 미연에 방지하고자, 학교폭력 피해학생 선치료비 지원 - 후처리 시스템을 마련한다. 학교폭력대책 자치위원회에서 조치가 결정된 학교폭력 사안에 대해서는 가해학생 측의 경제적 사정과 관계없이 학교안전공제회가 피해학생의 심리상담 · 일시보호 · 치료를 위한 요양에 소요된 비용을 우선 부담한 후 가해학생 부모에게 구상권을 행사하게 된다.

**학급 교체** 피해학생이 지속적인 폭력에 시달릴 것을 두려워할 경우 학교 내 희망하는 다른 학급으로 옮겨 가해학생과 분리하는 조치를 취할 수 있다. 피해학생이 옮긴 학급에서 또 다른 피해가 일어나지 않도록 적극적인 주의가 필요하며, 교사는 학교폭력 재발 방지를 위한 학급 분위기를 형성하기 위해 학교폭력 예방교육과 상담을 함께 실시한다.

**그 밖의 보호조치** 등 · 하굣길 신변보호 지원, 치료를 위한 의료기관에 인도, 수사기관의 조사 및 법원의 증인신문에 동행, 법률구조기관 등에 필요한 협조와 지원 요청 등을 할 수 있다. 이때 피해학생의 사실 조사가 반복되지 않도록 서면기록과 녹음자료를 함께 준비하면 피해학생의 고통을 최소화할 수 있다.

## 가해학생에 대한 조치

자치위원회에서 가해학생의 선도와 교육을 위해 일정한 조치를 심의하고 가해학생과 보호자의 의견을 취합하여 학교장에게 조치를 요청할 수 있다. 학교장이 가해학생에 대한 조치를 취한 경우는 부모에게 통지해야 한다.

**서면 사과** 피해학생이 받은 상처와 고통을 헤아려 사과하고, 자신의 잘못에 대한 용서를 구하는 절차다. 가해학생의 사과는 피해학생의 자존감을 회복하도록 돕고, 가해학생에게 반성의 계기를 만들어 재발하지 않도록 돕는다.

**피해학생 및 신고 · 고발 학생에 대한 접촉 및 협박 금지** 피해학생과 가해학생의 분리를 통해 피해학생 및 신고 · 고발 학생에게 접근을 막고 더 이상의 폭력이나 보복을 막아 주기 위한 조치다. 주로 쉬는 시간과 점심시간에 피해학생을 접촉하기 때문에 이 시간의 관리가 중요하다. 피해학생과 접촉하지 못하도록 쉬는 시간과 점심시간을 학생부실이나 교무실에서 보내도록 하는 것도 한 방법이다.

**학급 교체** 가해학생을 피해학생에게서 격리시키기 위하여 같은 학교 내의 다른 학급으로 옮기는 조치다. 이때 다른 아이들을 시켜서 괴롭히는 일을 방지해야 2차 피해를 막을 수 있다.

**전학 조치** 가해학생을 피해학생에게서 격리시키고 보복폭력을 방지하기 위해 가해학생의 소속을 다른 학교로 옮기는 조치다. 학교폭력대책 자치위원회에서 가해학생에 대한 전학조치를 내린 경우, 지역교육장(초 · 중학교) 또는 교육감(고등학교)은 학교구 또는 행정구역과 관계없이 피해학생 보호에 충분한 거리를 두어 전학 조치해야 한다.

**학교에서의 봉사** 반성의 기회를 주기 위한 교내 봉사가 충분한 효과를 거두기 위해서는 학교폭력 담당교사의 적극적인 의지가 필요하다. 교내 봉사의 경우 '처벌'로 인식되기보다 '귀찮은 일'로 인식되어 그 실효성이 떨어진다. 따라서 봉사 내용이나 시간, 그리고 봉사하는 동안의 활동을 지켜보는 것도 필요하다. 또 처벌을 수행하는 학생의 태도에 따라 보상의 방법을 적절히 활용하는 것도 보복폭력을 막고, 반성의 기회로 삼을 수 있다. 실례로 ○○ 중학교 학생부장 선생님의 경우, 쉬는 시간과 점심시간에 가해학생에게 학교폭력추방 캠페인 활동을 시키고, 잘 이행했을 때에는 아이들과 문화공연을 가는 등 관심을 가짐으로써 가해학생의 폭력 성향을 다소 누그러뜨릴 수 있었다.

**사회봉사** 사회봉사는 자신의 행동을 반성할 수 있는 기회로 활용되어야 한다. 가해학생이 봉사의 의미를 인식하고, 자신보다 약하거나 어려운 처지의 다른 사람을 돌보는 것은 긍정적인 경험이다. 이러한 경험을 통해 자신과 부모와 친구, 그리고 주변 환경에 대해 배운다. 가급적 보호자와 함께 봉사하면서 부모와 긴밀한 관계를 형성하고, 나와 다른 사람에 대한 배려를 배울 수 있는 기회가 되도록 한다.

**특별교육 이수 또는 심리치료** 가해학생도 심리치유가 필요하다. 피해학생이 가해학생으로 변하기도 하고, 부모에게서 가정폭력을 당한 아이들도 있다. 가해학생은 공격성과 분노뿐 아니라 불안과 우울 같은 심리적인 이상으로 인해 문제 행동을 보이기도 한다. 이러한 심리 상태를 파악하고 심리치료와 교육을 병행할 때 가해행동은 줄어든다. 가해학생의 심리적 변화를 촉진시키기 위해 부모의 역할이 중요하기 때문에 부모도 함께 교육을 받는 것이 좋다. 시 · 도교육감은 Wee 스쿨, 청소년 비행예방센터(법무부), 시 · 도 학생교육원(수련원), 민간기관, 직업훈련기관 등을 활용하여 가해학생 재활 프로그램을 필수 운영한다.

재활치료기간 및 프로그램은 학교폭력 사안의 경중 및 가해학생의 상황을 고려하여 결정하되, 특히 전학조치를 받은 학생은 전학을 실시하기 이전에 반드시 재활 프로그램을 이수해야 한다. 재활 프로그램에는 특별 진로(직업)교육도 포함하여 가해학생들이 자신의 꿈을 찾아 새로운 길을 모색할 수 있도록 지원한다.

**출석 정지** 학교에서 할 수 있는 처벌의 하나로 가해학생에게 출석 정지를 명한다. 가해학생이 피해학생 또는 신고한 학생에게 보복행위를 하거나, 장애학생에 대한 폭력을 행사하는 경우 엄정하게 징계 조치한다. 피해학생 보호에 필요한 기간 동안 가해학생에 대한 출석 정지 제한을 두지 않음에 따라, 유급도 가능할 수 있다. 출석 정지 기간 동안 반성할 수 있도록 하고 피해학생과 한시적으로 격리시켜 보호하기 위한 조치다. 출석 정지 기간은 자치위원회의 심의를 거쳐 학교의 장이 정하며, 출석 정지 기간 동안 가정학습을 지원하거나 교육에 필요한 조치를 해야 한다. 출석 정지 학생은 무단결석으로 처리되어 출결 사항에서 불이익을 받는다. 출석 정지 기간에 또 다른 비행이 발생되지 않게 청소년기관이나 관련 프로그램에 연계할 수 있도록 한다.

**퇴학 처분** 학생의 신분을 강제로 상실시키는 조치로 의무교육기간 중의 학생에게는 적용할 수 없다. 현행 고등학생에 한해서 적용이 가능하며, 퇴학 처분을 할 때에는 학생 및 보호자와 진로상담을 하고 지역사회의 보호망을 최대한 활용하여 대안학교 또는 직업교육훈련기관 등을 알선하는 데 노력을 기울여야 한다.

**재심의 청구** 기존의 가해학생의 전학 및 퇴학조치에 한정되었던 재심청구를 피해학생에 대해서도 허용함으로써 피해학생의 보호를 더욱 강화한다.

## 효과적 중재를 위한 대응 전략

중재자가 사건을 원만하게 해결하기 위해서는, 첫째 부모의 성향을 파악하고, 둘째 부모가 무엇을 원하는지 파악하는 것이 급선무다. 사고는 아이들이 일으켰지만 해결은 부모가 해야 한다. 부모에게 아이를 우선으로 생각하고, 같이 자식을 키우는 입장에서 함께 해결하자는 방안을 제시하고, 피해학생 및 가해학생 부모의 심정을 깊이 있게 공감해 주어야 한다. 이 절에서는 부모의 감정적 대처를 사전에 예방하고 아이의 장래를 위해 현명하게 대처하는 효과적 중재를 어떻게 진행하는지를 소개한다.

효과적 중재는 우선 상담하는 부모의 성향을 파악하는 것이다. 부모의 성향을 이해할 때 효과적 조력 방법도 결정된다. 피해학생 부모와 가해학생 부모를 직접 면담한 현장경험에 기초해 부모 유형별 중재 전략을 살펴본다.

### 피해학생 부모의 성향과 중재 전략

유형 2, 3과 같은 피해학생 부모가 가장 두려워하는 것은 보복에 대한 두려움과 가해학생 부모가 피해학생 가정의 문제를 걸고 넘어져서 오히려 상처를 받지 않을까 하고 두려워한다. 실제로 가해학생 부모는 거의 대부분이 피해학생 가정의 문제로 원인으로 돌리는 행동을 하기도 한다. 이럴 땐 피해학생의 두려운 마음을 감싸 주고 감정을 가라앉혀 피해학생 중심으로 해결하려는 의지를 보이고 신뢰감을 심어 주는 것이 중요하다.

### 가해자 부모의 성향과 중재 전략

증거 자료를 확보하지 못한 경우 화해와 중재를 이끌어 내기가 힘들다. 사건 발생 즉시 증거 자료를 확보한 후 해결 의지를 확실히 보인 다음, 주도권을 가지고 중재로 이끌어 내도록 한다. 교사의 언어 기술 부족으로 양쪽 부모의 분노를 사 사건을 확대시키는 경우가 있으므로 감정을 사지 않도록 조심해야 한다.

## 사건 유형별 대처 포인트

### 사건 발생 시 교사의 심리와 반응

부모의 심리를 이해하지 못하면 사건이 확대된다. 교사는 일단 사건이 발생하면 가정교육의 문제점을 먼저 지적한다. 피해자 부모에 대해서는 사건을 지나치게 확대해서 반응한다고 생각한다. 또래 간 흔히 있을 수 있는 사소한 일로 쉽게 해결할 수 있는데 부모가 예민하게 반응해서 사건을 크게 확대시킨다. 그러다 보니 아이들이 친구 간의 관계 형성 능력이 떨어지며 부모에게 지나치게 의존적이 되며 친구들과 적응력이 떨어져 친구들과 잘 어울리지도 못한다. 결국은 원인 제공을 피해자가 한다고 생각한다.

가해자 부모에 대해서는 사실을 인정하지 않고 사과할 줄 모른다고 생각한다. 또래 간 흔히 있을 수 있는 상황이라 변명하며 사실에 대해 미안해하거나 사과하지 않는 점이 문제다. 그러다 보니 아이들이 자신의 잘못을 반성할 기회를 잃게 되어 반복된 잘못을 저지르게 된다. 가해학생 부모에 대한 교사의 반응은 불쾌한 어투로 가해학생의 잘못을 비난하고 가해학생을 문제 학생으로 취급한다. 자신의 아이가 피해를 당할 경우는 절대 용서하지 않고 끝까지 물고 늘어져 아주 힘들게 하며 사건화 시키는 부모도 있기 때문에 가해학생 부모가 알아서 해결할 것을 요구한다.

## 사건 발생 시 부모의 심리와 반응

부모들은 사건이 발생하면 당황하면서도 별일 아닐 거라 생각하며 내 아이 입장에서 먼저 생각한다. 그러면서 교사들이 알아서 해결할 것이라 생각하는데 교사가 잘못 반응하게 되면 방어심리가 작용해 변명거리를 찾게 된다.

**피해학생 부모의 심리와 반응** 학교폭력이란 학창시절 친구 간에 있을 수도 있는 일이라 생각한다. 다시는 이런 일이 발생하지 않도록 가해학생을 따끔하게 혼내고 공개 사과를 통해 아이의 자존심을 세워 주고 부모가 당당하게 사건을 해결하는 모습을 보여 주고 싶어 한다. 하지만 생각대로 진행되지 않는다.

자식에게 부모로서의 위신이 안 선다고 생각하여 처벌을 하거나 법적 소송을 해서라도 부모의 당당한 모습을 보여 주고 싶어 한다. 자식이 자신을 믿고 의지하기를 바라는 마음이 크다. 자신의 아이가 당당하지 못하고 기죽어 지내며 눈치 보는 것 같아 속이 상하고 또래 친구에게 당했다는 게 자존심이 상하고 그냥 넘어가면 계속 끌려 다닐 거라 생각한다.

가해학생과 친하게 노는 게 오히려 더 속상하다. 차라리 가해학생을 공격하고 분노를 터트리면 덜 속상할 것 같다. 가해학생이 임시모면책으로 아이를 불러내는 것 같아 지능적인 아이로 보이며, 이로 인해 불안하고 피해학생은 비굴하게 따라 다니는 것으로 여겨진다. 한편으로는 두려움에 끌려 다니는 건 아닌지 화가 치밀어 오른다.

화가 나 아이에게 비난과 원망을 퍼부으니 아이는 더 어긋나는 행동을 하게 되어 속이 탄다. 아이들을 제대로 지켜 내지 못한 교사에게 원망이 쏟아진다. 교사가 관심도 없고 대책도 없다고 속상해 한다. 교사가 하는 말이 모두 서운하게 들린다. 가해학생의 전학과 강력한 처벌을 원한다.

가해학생과 가해학생 부모가 무릎을 꿇고 용서를 구함으로써 아이의 자존심도 회복하고 자신의 위신을 세우고 싶어 한다. 가해학생이 반성하고 공개적으로 잘못을 빌어 자신의 아이가 보복의 위험에서 벗어날 수 있게 하고, 피해자의 문제가 아니라서 가해학생에게 잘못이 있다는 것을 알리고 싶어 한다. 하지만 원하는 대로 진행되지 않을 경우, 교사가 사건을 확대시키지 않으려고 가해자 편에 선다고 생각한다.

**가해학생 부모의 심리와 반응** 처음엔 당황하고 안절부절못하다가 곧 변명거리를 찾는다. 가해학생의 변명을 인정해 주며 은연중 왜곡시켜 변명거리를 더 보충해 준다. 주위 사람들에게 피해학생을 비방하며 자신의 변명거리를 만들어 낸다. 피해학생, 피해학생의 부모, 피해학생 가정의 문제점을 들춰내며 다른 아이들에게도 따돌림을 당하고 있다고 비방을 한다. 하지만 자신의 아이에 대해 잘 모르고 있는 것 같은 불안감과 아이의 장래에 대한 걱정도 한다.

처벌받을 것에 대한 두려움과 문제아로 낙인찍힐까 두려워하며 피해학생 측에 밀리면 아이의 입지가 좁아진다고 생각하고 피해학생이 원인을 제공했다고 문제를 피해학생에게 돌리려 한다. 아이에게 보호막을 쳐 주다가도 울컥 화가 치밀어 폭언과 비난을 퍼붓기도 한다. 피해학생과 어울려 다니다 또 다시 상처를 입힐까 두려워 분리를 하고 싶은데 같이 어울려 다니니 속이 탄다.

교사가 어느 편에 서 있는가 파악하고 상황에 맞게 대응하려고 한다. 교사가 우리 아이를 지나치게 죄인 취급한다고 생각한다.

## 모범생에게 특혜가 주어지는 교실

**사건 발생 시 교사의 생각과 반응** 교사는 신뢰할 수 있는 모범생 위주로 학급을 운영한다. 피해학생이 모범생이었을 경우에 대해서는 상대방의 문제가 더 크다고 생각하고 가해학생의 행동을 통제해야 한다고 생각한다.

모든 면에서 완벽하고 특출한 점과 공부를 잘하는 모범생은 늘 관심과 칭찬을 받기 때문에 아이들에게 질투의 대상이 된다. 아이들과의 사교적인 활동을 할 시간이 부족하여 아이들에게 따돌림의 대상이 되기 쉽다.

이러한 생각을 하는 교사는 아이들 간의 문제점을 찾아내어 해결하려는 노력이 부족하게 되고, 모범생에 대한 특혜를 주며 그 아이는 문제 없다고 생각하여 행동한다. 다른 아이들의 입장을 이해하지 못하고 통제하려고 한 것이 사건을 오히려 확대하게 된 원인이다.

**피해학생 부모의 심리와 반응** 모범생을 둔 부모는 아이가 우월하면 나도 우월하다고 생각한다. 공부가 인생의 전부라고 생각하기에 모든 특혜와 대우가 따라야 하며 자랑삼고 싶어진다. 친구들이 괴롭히는 이유는 질투심이라고 생각하며 그런 아이들과 어울리는 것도 싫고 주변에 있는 것조차 싫다. 아이 앞에서 가해학생과 그 가정을 비난하여 아이의 자존심을 세우고 우월감을 갖도록 하고 싶어진다.

피해학생 부모의 반응은 상대를 얕잡아 보기에, 맞서 싸우는 대신 교사에게 해결을 맡긴다. 교사가 제대로 대처하지 못했을 때 비난하고 책임을 추궁한다. 우리 아이는 모두에게 인정받고 있기에 가해학생의 사과를 받는 절차는 필요없다고 생각한다. 가해학생과 분리되었으면 하는 생각으로 가해학생을 다른 곳으로 전학시키길 원한다. 한편으로는 가해학생의 보복을 두려워하기에 자신들의 아이를 특별보호조치해야 한다고 생각한다.

**가해학생 부모의 심리와 반응** 부모의 무조건적인 지지와 교사의 편애로 인해 피해학생이 오만하고 건방지며 이기적이라 모든 친구에게 배척당한다고 생각한다. 피해학생이 안하무인으로 행동하니 감정이 예민한 시기의 자녀가 불의를 참지 못했다고 생각하며 가해학생의 변명을 인정한다. 원인 제공은 피해학생이 했다고 주장하며 자기 자녀가 주도한 것이 아니라 친구들에게 현혹되어 가담한 것이라 생각하여 주동한 친구들을 원망한다.

가해학생 부모의 반응은 피해학생 부모의 당당함에 위축되고 자존심도 상한다. 미안한 감정보다는 피해학생 부모의 교육방식을 비난하게 된다. 상대가 모범생이란 것 때문에 주위의 비난을 받을까 염려된다. 교사가 공부 잘하는 피해학생 편에 설 것이라 생각하고 아이가 교사의 눈에 벗어나 학교생활이 힘들어질 것이라 걱정한다. 그러다 아이가 적응을 하지 못하고 학교에서 겉돌며 나쁜 아이들과 어울려 다닐까 염려된다.

## 가해학생 처벌이 너무 미약한 현실

**사건 발생 시 교사의 생각과 반응** 교사들은 학교에서 체벌도 금지되어 있고 강제 전학도 어려워 어떤 조치도 취할 길이 없기 때문에 한계를 느낀다. 지속적인 폭력을 일삼는 가해학생에 대한 적절한 처벌이 이루어지지 않고 피해학생에게는 별다른 보호조치가 없어 사건이 확대되는 경우, 교사는 양측 부모들끼리 해결할 수밖에 없다고 생각한다. 사법기관에 넘겨진 사건의 경우에는 법적 조치에 따라 학교에서도 조치를 취하겠다고 반응한다.

**사건 발생 초기, 피해학생 부모의 심리와 반응** 대부분의 피해학생은 자신이 괴롭힘을 당하면 전학가기를 희망한다. 하지만 부모는 다른 학교에서 적응하기 힘들기 때문에 전학을 가기보다는 교실로 돌아가 친구들과 잘 어울릴 수 있기를 희망한다. 아이가 학교에서 보호되고 더 이상 폭력이 발생하지 않도록 적절한 조치가 취해지길 바란다.

그러나 가해학생에 대한 적절한 조치가 없어 지속적인 괴롭힘이 이루어질 때 피해학생 부모는 가해학생의 전학을 요구하게 된다. 학교에서 강제 전학을 거부하는 가해학생에게 강제성을 띤 전학 조치는 의무교육 기간 중에는 취할 수 없다고 하면 피해학생 부모는 학교가 핑계를 댄다고 생각한다. 결국 피해학생이 다시 가해학생이 되고 나면 초기에 적절한 조치를 취하지 못한 학교를 원망하며 교사의 책임으로 돌린다.

**사건 발생 초기, 가해학생 부모의 심리와 반응** 우리 아이가 한 일은 장난일 뿐이고, 지금 우리 아이가 당한 일도 하나의 폭행이다. 가해학생 부모가 자신들도 피해자라고 주장하면서 오히려 분노하고 반성하지 않는 부모들이라며 절대 용서하지 않겠다는 반응을 보인다.

### 피해자가 지나치게 보상을 요구하는 경우

시간이 흐를수록 상태는 더욱 악화되고 소송으로 이어지는 경우가 대부분이다.

**피해학생 부모의 심리와 반응** 피해학생 부모는 가해학생 부모가 사과도 안 하고 당당할 때 분노하게 된다. 또한 가해학생 처벌이 미약하다는 사실을 알고 당황해한다. 학교와 가해학생 부모가 자신을 무시해서 그런 행동을 한다는 주위의 부추김에 더 강한 행동을 취하게 된다. 가해학생에게 우리 아이가 고통을 받은 만큼 되돌려 주고 싶으나 주어지는 벌이 거의 없다는 사실을 알고 돈으로라도 고통을 주겠다는 생각으로 돈을 요구한다.

**가해학생 부모의 심리와 반응** 가해학생 부모는 아이에게 처벌이 주어질까 무척 고심한다. 합의를 보려고 쫓아다니나 피해학생 부모가 완강히 버티면 결국 팽팽한 신경전으로 가게 된다. 고발이 이루어진 경우, 어차피 기록에 남을 것이란 생각에 화해 요청이 와도 그때는 응하지 않는 경우가 대부분이다. 합의금 대신 공탁금을 걸고 강하게 맞선다.

**법적 소송 진행 시의 불이익** 사실 소송으로 들어가게 되면 현실적으로 유리하지만은 않다는 것을 피해학생 부모에게 알려 주어야 한다. 소송은 오랜 기간이 걸리며 판결이 나도 병원비도 못 미치는 적자 소송인 경우가 대부분이며 피해학생이 조사 과정에서 수차례 사고 당시의 상황을 재현함으로써 정신적인 고통이 엄청나게 크다는 것을 알려 주어야 한다.

가해학생 부모에게는 법적 처벌 기록이 평생 남아 불이익이 따르며, 가해학생 부모가 경제적인 능력이 없어 판결된 금액을 지급하지 못할 경우, 가해학생이 성인이 된 후에 갚아야 하며 지급일까지 높은 이자를 감당해야 함을 알려준다. 소송 진행 과정에서 가해학생도 정신적인 고통을 당하게 된다는 것을 알려 준다.

## 피해를 당할 소지가 있다

**피해학생 부모의 심리와 반응** 자기의 아이가 나약해서 피해를 당할 소지가 있다는 것을 안다. 그러기에 더욱 불안하고 안타깝다. 친구들을 설득해 함께 어우러지게 해 주고 싶은 마음이다. 늘 아이의 생활에 개입해 이끌어 주려하며 보호하려고 한다.

부모가 가해학생을 찾아가 야단을 치면 아이들이 순순히 받아들일 거라고 생각한다. 한편으론 가해학생의 힘을 두려워하며 같이 잘 지내게 해 주려 한다. 친구들이 지켜보면서도 말리지 않았다는 사실에 더 화가 난다. 교사의 위로와 보호를 받고 싶은데 자신의 아이에게 문제가 있다고 하니 교사에 대한 믿음의 상실로 인해 분노가 폭발한다.

부모의 직접적인 개입은 아이에게 자신감을 잃게 만들고 친구들과 더 어우러지지 못하게 만든다. 부모의 채근에 거짓말을 하고 자신의 피해 사실을 감추게 된다. 자기가 피해자라는 것을 인정하고 싶지 않는 피해학생은 친구들에게 가해학생과 놀고 있다고 알리고 싶어 더 적극적으로 어울리려고 한다.

**피해학생에 대한 사회의 잘못된 인식** 피해학생에게 어떤 문제가 있어서 따돌림이나 폭력을 당한다고 대부분 생각한다. 어떤 경우에는 단지 키가 크다는 이유로 따돌림을 당하기도 했으며, 조금 더 내성적인 성격이나 외모 등이 폭력의 이유가 되는 경우도 있다.

따돌림이나 폭력의 피해학생가 되었다면 피해학생가 가지고 있는 문제라기보다는 가해학생이 피해학생에게서 따돌림이나 폭력의 구실을 찾아낸 것이다. 설사 피해학생에게 문제가 있더라도 따돌림이나 폭력 행위는 정당화될 수 없다. 피해학생에게 문제가 있다는 말이 피해학생 부모의 감정을 사게 되어 큰 사건으로 확대되기도 한다.

앞에서 보듯이 폭력에 대해 무지한 부모들이 현명하게 폭력에 대처할 수 있는 기술을 알고 정확하게 대처한다면 자녀들로부터 신뢰를 회복하게 된다. 이로써 자녀들이 보복의 두려움에서 벗어나 부모에게 도움을 요청하여 폭력의 악순환에서 벗어날 수 있다. 또한 교사는 확고한 해결 의지와 함께 사건 진행 절차에 따른 해결 방법에 주의를 기울여야 한다. 특히 감정적으로 첨예하게 대치되는 경우, 교사가 가해학생 부모를 다그쳐 사과하라고 하고 분노한 피해학생 부모에게 서둘러 용서를 하라고 하면, 양쪽 부모로부터 원성을 살 수 있다.

원만한 해결을 위해 교사는 학부모에게 협력을 요청해야 한다. 가해학생 부모에게는 아이의 장래를 위해 먼저 고개 숙이고, 사과하고 용서를 구하자고 조언해 준다. 피해학생 부모에게는 분노를 가라앉히고 사과를 받아들여 아이의 자존심을 회복하고 다시 친구관계로 돌아가게 돕는 것이 무엇보다 중요하지 않느냐고 조언한다. 서로 사과하고 용서하는 부모의 모습이 진정 자녀들이 배워야 할 행동임을 인식시킨다. 따라서 우리 아이들에게 가장 큰 관심과 애정을 기울일 수 있는 부모와 교사가 협력하여 대처할 때 학교폭력으로 인한 아이들의 피해를 최소화하고 부모와 교사 간의 신뢰도 회복할 수 있다.

## 법정 분쟁 시 대처법: 화해 및 조정을 중심으로

학교폭력이 발생하고 초기 대처에 성공하면 교사와 학부모의 신뢰가 회복되고 서로가 협조하는 분위기를 만들어 아이들의 학교생활을 긍정적인 방향으로 이끌어 낼 수 있다. 하지만 초기 단계에 적절한 대처기술이 없어 원만한 합의에 이르지 못하거나 사안이 큰 경우에 학교폭력 자치위원회가 열리게 되면, 서로의 이해가 상충되어 첨예하게 부딪히게 된다. 결국 외부 중재기관에 의뢰하여 화해와 중재를 요청하거나 경찰에 고발하여 법적 소송의 단계를 밟는다.

법적 분쟁으로 가지 않는 것이 화해와 중재의 목적이다. 하지만 이미 법적 분쟁으로 들어간 경우에는 학교폭력 관련 법률전문가의 도움을 받아서 진행해야 한다. 법적 절차로의 진행을 막고 학부모와 교사가 한마음이 되어 변화를 이끌고자 한다면 이 매뉴얼이 진정으로 도움이 될 것이다.

사건을 원만하게 해결할 수 있는 열쇠는 양쪽 부모가 쥐고 있다. 가해학생 부모는 사실을 확인한 후 가해학생의 잘못을 사과하고 재발 방지와 치료비 지원 약속을 하면 일이 원만하게 해결되는 경우가 많다. 피해학생 부모도 사실 확인을 통해 가해학생의 사과를 받아들이고 치료비 선에서 합의할 경우 일은 빨리 끝난다. 하지만 이러한 절차를 거부하는 경우, 분노한 피해학생 가족이 경찰에 고발하면서 법정으로 가게 된다. 이 경우에 학교는 사건에서 손을 떼게 된다.

많은 피해학생이 법적 다툼에서 분명한 증거를 제시하거나 피해를 입증하지 못해 더 큰 상처와 경제적 손실을 보기도 한다. 민 · 형사 소송에서 피해보상금을 받는 경우는 피해 사실을 증명할 명확한 증거가 있을 때만 가능하다. 실제로 증거가 있다면 법적 분쟁으로 가기 전 단계에서 합의를 이끌어 낼 수 있다. 법률전문가의 도움을 받아 법적 예고조치장을 보내 법적 절차를 예고하게 되면 가해학생 부모가 합의해 올 수도 있다.

실제로 법적 싸움에서 승소하는 경우는 신체적 폭력으로 증거가 명확하고 증인이 분명하게 존재할 때 가능하다. 하지만 따돌림과 같이 장기간 지속되며 집단적으로 괴롭히는 경우에는 증거 확보가 어려워 피해는 심각한데도 아무런 보상을 받지 못하는 억울한 경우가 발생한다.

이러한 경우 피해학생은 심리적으로 위축되어 학교생활에 어려움을 호소하게 되고, 전학을 가더라도 왕따의 꼬리표가 따라다녀 또다시 폭력의 희생자가 된다. 시간이 갈수록 심각하게 드러나는 학교폭력의 문제를 해결하기 위해서는, 다 같이 자식 키우는 입장에서 우리 아이들을 함께 지키고 애정 어린 시선으로 관심 있게 본다면 현명한 해결 방안을 찾을 수 있을 것이다.

작은 폭력이 발생했을 때, 폭력 문제에 확고하게 대처하는 모습을 보임으로써 부모와 교사가 아이들의 신뢰를 회복하고, 아이들이 초기에 도움을 요청할 수 있게 해 피해를 줄일 수 있다. 교사와 학부모가 서로 신뢰하고 아이들이 보내는 사소한 신호도 놓치지 않고 적절한 때에 개입해 준다면, 아이들이 학교폭력의 공포에서 벗어나 자신의 꿈을 마음껏 펼칠 수 있을 것이다.

★ 학교폭력 관련자 중 한쪽만 편들어 중재에 실패한 사례

- ○○○지역, 전교생 68명인 학교에서 발생한 사건
  - 가해학생: 할머니에게서 자람, 부모 맞벌이, 소아우울증, 학생 폭행
  - 학교: 가해학생에 대한 법적 권한 없어 내버려 둘 수밖에 없다.
  - 피해학생: 학교에서 조치해 달라 요청. 언론공개해서 폐교 문제 삼겠다.
  - 학교: 학부모를 선동해서 학교 폐교 위기 오면 어떡하나!
  - 67명의 학부모: 피해학생 문제로 진정서 제출, 동네에서 밀어내기

- 효과적인 중재를 위한 개입 전략
  - 학교: 고통당하는 피해학생 입장을 이해시키고 학교폭력은 범죄행위란 사실을 명확히 알려 주어야 한다. 당연시하고 묵인하여 방치하면 피해자는 대량으로 속출된다. 영화, 모방범죄, 인터넷게임, 폭력물에 대한 모방은 범죄임을 철저히 교육시키고, 적절한 처벌을 가해 범죄임을 각인시킨다.

# 법적 분쟁 방지를 위한 각각의 역할

## 학부모의 역할

많은 학부모가 학교폭력 대처기술을 잘 알지 못한다. 갑작스러운 사건으로 당황한 부모들은 서로의 감정에 빠져 아이들의 장래를 위해 어떤 행동이 도움이 되는지 간과하는 경우가 발생한다. 더구나 주변에서 조언하는 사람 대부분이 소송으로 유도하는 경우도 많다. 하지만 소송 과정에서 피해학생이 받을 고통에 대해서는 생각하지 않는다.

그 결과, 아이의 심리적 상처의 골이 깊어져 결국 피해학생 부모의 자책과 후회를 낳게 된다. 가해학생 또한 법적 절차가 진행될수록 심리적 압박과 자기 변명에 익숙해져 건강한 사회인으로 자라기가 어려워진다. 이처럼 자식의 장래를 우선으로 해야 하는 부모의 입장에서 현명한 사건 해결을 위해 법적 소송은 피해야 한다. 이에 법적 소송이 진행될 경우 얻게 되는 불이익을 살펴보고 나아가 화해의 길을 제시한다.

**가해학생 부모의 역할** 자녀가 미성년자일 경우 소송비와 병원비는 부모가 물어내야 한다. 자기는 아무것도 없으니까 마음대로 하라며 큰소리를 치는 가해학생 부모는 결국 자녀의 장래를 망치게 되는데, 부모가 능력이 없어 지급을 못할 경우 가해학생이 성인이 된 후에 책임이 따르게 된다. 소송으로 들어가면 의료보험에 해당이 되지 않아서 비용 발생이 크며, 판결을 받은 날부터 지급하는 날까지 높은 이자율이 붙어 평생을 빚에 허덕이는 일이 발생할 수 있다. 자녀의 장래를 위해서라도 무조건적으로 사과를 통해 화해 요청을 이루어 내야 한다.

**피해학생 부모의 역할** 재판의 판결금이 나와도 모든 비용을 제외하고 나면 병원비도 모자라는 경우가 대부분이다. 재판이 진행되면 가해학생 부모는 자신들의 책임을 조금이라도 벗고 피해학생의 과실을 인정받고자 피해학생 집안의 병력이나 가정사를 들춰내 흠집 내기에 들어가는데, 그로 인한 심적 고통은 매우 크다.

만약 교사가 이런 내용을 조언한다면 부모들이 오해를 하여 상대편 입장에 섰다고 양쪽 부모 모두 분노하는 경우가 대부분이다. 이 경우 공감대를 가진 부모들이 중재와 화해자로 나서 조언한다면 효과적일 수 있다. 양쪽 부모의 감정을 조절하고, 자식들의 장래를 위해 부모가 한발씩 양보할 수 있도록 진심으로 화해를 유도한다. 가해학생 부모는 진심 어린 사과를, 피해학생 부모는 용서를 통해 서로의 아픔을 달래고 아이들이 학교에서 다시 친구관계로 돌아갈 수 있도록 최선의 노력을 다하여 이끌어 준다.

## 교사의 역할

**증거 자료 확보** 교사는 학급에서 전체 학생을 대상으로 비공개 설문을 통해 피해-가해 상황과 관련인에 대한 설문조사를 실시한다. 이때 설문에는 피해학생과 가해학생 확인하기, 다른 학생에게 피해-가해 상황 확인하기, 피해학생의 피해 사실 기록하기, 가해학생의 자기 진술서 쓰기 등의 상황을 포함시킨다.

증거 자료는 서면과 녹취를 같이 준비한다. 녹취 시 본인의 목소리가 같이

들어갈 경우는 법적 분쟁에 휘말리지 않는다. 폭행사건의 경우 피해 사진 자료와 진단서 등을 준비한다. 객관적인 증거 자료를 확보하면 부모 상담 시 교사와 당사자 학부모 간의 감정적인 충돌을 막을 수 있다. 또한 가해학생 부모의 사과와 피해학생 부모가 용서를 이끌어 내는 데 도움이 된다.

★ 증거 자료 채택 방법

- 피해학생에게 그간에 괴롭힘을 당해 왔던 내용과 사건 당일의 내용을 이야기하도록 하여 이를 모두 기록한다.
- 증인(주변 학생)을 당일로 만나 당시 상황과 그동안의 괴롭힘 상황을 조사 기록한다(서면기록, 녹음).
- 가해학생을 당일로 만나 당시 상황을 조사 기록한다(서면기록, 녹음).
- 3일 이상 지나면 사건이 전혀 다르게 왜곡될 수 있으니 신속하게 처리한다.
- 피해학생, 가해학생, 증인(주변 학생)을 따로 분리하여 조사한다.

**피해-가해학생 학부모 면담** 피해-가해학생 학부모 면담 시 다음 사항을 고려한다. 우선 「학교폭력예방 및 대책에 관한 법률」에 근거한 처벌 규정과 피해 보호 관련 안내를 해 준다. 그리고 가해학생 부모에게 재발 방지 각서를 받고 피해학생에 대한 진심 어린 사과를 유도한다. 또한 피해학생 부모에게 객관적으로 조사한 피해 사실을 제시하고 가해학생의 사과를 수용한다.

**재발 방지 각서 내용** 추후 발생할 수 있는 또 다른 문제를 예방하기 위해서 재발 방지 각서를 받기도 한다. 이러한 각서를 받는 이유는 보복행위를 방지하고 가해학생의 처벌을 원치 않기 때문이다. 가해학생 부모가 진심으로 뉘우치고 용서를 구하는 경우 재발 방지 각서를 굳이 받을 필요가 없다.

★ 재발 방지 각서에 포함시켜야 할 내용

- 재발 시 모든 책임을 진다.
- 다른 아이들을 시켜서 발생시킨 사건까지 책임을 진다.
- 부모의 자필 서명을 받는다.

★ 교사가 알아야 할 법률 상식

- 사건 조기 발견 시에는 이러한 방법으로 적절히 상황에 맞게 활용한다.
- 가해학생 부모의 사과가 이루어지지 않을 경우, 최후의 방법으로 법적 예고 조치장을 보내 화해의 자리에 나올 수 있게 유도할 수 있다. 법적 소송은 학생들의 다툼을 어른들이 현명하게 대처해 수습해야 하는데, 서로 간의 자존심을 내세우다 어른 싸움으로 커져 학생은 물론 부모와 학교, 교사와 다른 아이들까지 모두가 피해를 받는 사건으로 확대된다. 따라서 법적 소송을 막기 위한 최후의 방법을 알아 둔다.

## 학교의 역할

정확한 사실 조사를 바탕으로 하여 원만한 중재와 화해를 이끌어 내는 기술을 알고 현명하게 대처해야 한다. 피해-가해학생 부모의 자존심을 건드리지 않고 대화하는 기술이 필요하다. 사건이 발생하면 양쪽 부모 모두 당황한 상태에서 학교에서 일방적으로 몰아부치면 감정적으로 일이 더 확대되게 된다. 또한 사건 발생 시 피해-가해학생 부모끼리 만나서 해결하라고 미루게 되면 오히려 큰 상황으로 발전할 수 있다. 따라서 학교가 노력하는 자세를 보일 때 학부모의 신뢰를 얻어 원만하게 해결될 수 있다.

### 지역사회의 역할

「학교폭력예방 및 대책에 관한 법률」 제4조에 의하면 "국가 및 지방자치 단체는 학교폭력을 예방하고 근절하기 위하여 조사 · 연구 · 교육 · 제도 등 필요한 법적 · 제도적 장치를 마련하여야 한다."라고 규정하고 있다. 학교폭력이 용납되지 않는 지역사회를 창출하기 위한 캠페인, 피해자에 대한 지원 정책, 지역사회 네트워크를 통한 직간접적 폭력 예방 활동 등이 제공되어야 할 것이다. 지역사회는 학교폭력 예방과 대처기술에 대한 교육을 확대하여 지역의 청소년폭력에 대한 대처 능력을 향상시키고 사건이 발생했을 경우 지역사회의 이기에서 벗어나 공정한 해결 방법으로 화해와 중재를 이끌어 내야 한다.

## 사건 전 과정에서 학부모와 교사의 역할

사건이 종결된 이후에 아이들이 선택하는 행동은 성인의 폭력 대응 태도에 좌우된다. 가해학생이 처벌을 받지 않고 피해학생이 보호를 받지 못하는 분위기 속에서는 폭력이 증가된다. 사건이 끝난 후 반드시 지켜야 할 것은 피해학생 보호와 가해학생 처벌이다. 가해학생이 학교에서 단호한 처벌을 받는 경우, 아이들은 학교폭력의 심각성을 인식하고 좀 더 신중한 태도를 보인다. 아울러 피해학생을 보호하는 분위기 속에서 또 다른 피해학생이 도움을 요청하게 되는 계기를 만들 수 있다.

학교가 의사표현 훈련, 친구관계의 소중함, 친구 사귀기 기술 등의 집단교육을 실시하여 원만한 친구관계를 유지하도록 도울 때 폭력의 재발을 방지할 수 있다. 다음에서는 학부모와 교사가 사건 초기에서 종결 후까지 아이들의 심리적 상처 회복과 건강한 성장을 위해 노력해야 할 역할을 정리해 본다.

## 피해학생 부모의 역할

**초기** 사건을 확인한 후 자녀에게 충분한 정서적 지지를 한다. 사건 해결을 위해 가해학생과 직접적인 접촉을 피하고 학교에 피해 사실을 알린다. 또한 친구들의 증언을 통해 증거 자료를 확보한다. 교사의 입회하에 가해학생 부모와 만나 재발 방지 약속과 사과를 받은 후 화해한다.

**중기** 초기 단계에서 교사의 입회하에 원만한 화해가 이루어지지 않을 경우, 학교폭력 자치위원회 개최를 요구한다. 자신의 요구 사항을 정리하고 증거 자료와 함께 제출하여 가해학생 부모의 재발 방지 약속을 서면으로 받고 가해학생 처벌과 가해학생과 분리해 줄 것을 요청한다.

**법적 분쟁 시** 학교폭력 자치위원회에서도 원만한 합의에 이르지 못할 경우, 가해학생 부모와 직접 해결을 시도하다가 감정을 산 경우, 경찰에 바로 고발된 경우에는 학교에서 더 이상 개입하기 어렵다. 사전에 증거 자료가 확보되어야 가해학생과 합의가 가능하다. 이때는 전문기관의 법적 중재 도움을 받아서 진행한다.

**사건 해결 후** 사건이 원만하게 해결된 경우 가해학생의 사과를 통해 아이는 자존심을 회복하게 된다. 더 이상의 피해가 없도록 학급에서 책임감 있는 일을 맡아 칭찬과 격려를 통해 피해후유증을 극복한다. 그러나 적절한 사과가 이루어지지 않을 경우 분노가 폭발하여 가족이나 약한 자를 공격하는 경우가 있다. 아이와 부모가 함께 심리치유에 힘쓰며 원만한 친구관계를 형성할 수 있도록 교사에게 도움을 요청하고 관심을 기울인다. 상담기관에서 전문가의 도움을 받는다.

### 가해학생 부모의 역할

**초기** 객관적인 사실을 파악하는 것이 가장 중요하다. 아이의 변명만 믿고 두둔하면 오히려 일을 확대해 모두 피해를 입게 된다. 피해학생에 대한 진심어린 사과를 통해 용서를 구한다. 병원에 동행하여 정확한 피해 사실을 확인하여 피해학생 치료에 힘쓴다.

**중기** 학교의 중재하에 피해학생 부모와 만난다. 따로 만나서 감정적인 대립이 생기면 사건이 확대되기도 한다. 아이를 잘 살펴보고 재발 방지를 위한 철저한 관리를 약속하고 피해학생의 치료비를 책임지는 것으로 하고 학교에서 합의한다. 교내 처벌을 통해 반성의 기회를 제공한다.

**법적 분쟁 시** 가해학생의 변명과 가해학생 부모의 자존심 싸움이 법적 싸움으로 진행되어 아이에게 법적 처벌이 따르고 아이는 평생 그 기록을 안고 간다. 부모는 자식의 장래를 위해 책임지는 자세를 보임으로써 더 이상 폭력을 행사하지 않도록 하는 반성의 기회를 제공해야 한다. 이미 벌어진 법적 절차도 사과와 반성으로 합의를 이끌어 낸다.

**문제 해결 후** 사건이 발생하면 아이를 위해 부모는 사건을 덮고 싶어 한다. 하지만 아이는 그런 부모를 보고 다시 사고를 치고 다닌다. 결국 부모의 눈먼 사랑이 아이를 범죄자의 길로 밀어 넣는 결과를 낳는다. 아이는 자신의 행동이 용서를 빌어야 하는 잘못된 행동인지를 부모의 행동을 보고 배운다. 아이에게 반성의 기회를 제공하고 다시는 반복하지 않도록 엄격하게 관리하는 것이 부모의 참사랑이다. 가해학생의 책임행동과 사회기술훈련을 위해 전문기관에서 실시하는 프로그램에 참여한다. 아이의 장래를 위해 올바른 길로 가고 있는지 지속적인 관심을 기울여야 한다.

## 교사의 역할

**초기** 피해학생의 상처받은 마음을 먼저 위로하고, 문제 해결 의지를 보여 피해자가 안심하고 학교를 다닐 수 있도록 보호한다. 학급에서 무기명으로 피해 사실에 대해 설문조사하고 사실을 확인한 후 가해학생을 피해학생에게 접근할 수 없도록 조치를 취한다. 가해학생 부모에게 확인된 사실을 알린다.

**중기** 교사의 책임하에 가해학생 부모를 만나 재발 방지 약속을 받고 피해학생에 대한 진심 어린 사과가 이루어지도록 힘쓴다. 피해학생 부모의 요구를 확인하고 가해학생 부모의 재발 방지 약속을 확인시켜 가해학생을 용서하고 원만한 화해를 돕는다. 피해학생 보호와 가해학생 처벌을 적절하게 진행한다.

**법적 분쟁 시** 교사가 폭력에 적절한 조치를 취하지 않아 사건이 확대될 때 교사의 관리 소홀로 인한 법적 책임을 묻게 되는 경우가 발생한다. 피해학생과 가해학생 부모 모두에게 공격당하기도 한다. 학교폭력 중재 전문기관의 도움을 요청한다. 소송 시 발생하는 불이익에 대해 충분히 설명하고 아이들을 생각해 서로 사과하고 용서하여 합의할 수 있도록 돕는다.

**문제 해결 후** 피해학생 중심으로 해결한 경우 사건이 원만하게 빨리 끝난다. 학급에서 예방교육을 실시하여 학생들이 학교폭력에 대처하는 능력을 키우고, 폭력은 반드시 처벌을 받는다는 것을 알려 재발 방지에 힘쓴다. 사건이 확대된 경우는 전교생을 대상으로 교육을 실시한다. 폭력에 단호하게 대처하면 아이들에게 충격 요법이 되어 폭력 피해를 줄일 수 있으나, 미온적으로 대처하면 폭력이 더 확대되는 결과를 낳는다. 이에 가해학생 처벌과 피해학생 보호를 정확하게 지키고, 이후 원만한 친구관계를 형성할 수 있도록 사과와 용서가 이루어지는 학급 분위기를 만들어야 한다.

# 8 소년보호 통고제도의 활용

학교폭력 사건을 처리하는 과정에서 가해학생이 경찰에 신고되었을 경우 경찰서에 직접 출두하여 조사를 받게 되고 이에 따른 조사기록 및 처벌기록이 남아 있어 향후 불이익이 따르게 되는 현실을 우려해 볼 때 적절하게 활용해 볼 만한 제도가 통고제도다.

청소년의 올바른 성장을 위한 1차적인 양육과 교육의 책임은 가정과 학교에 있다. 질풍노도의 시기에 있는 청소년이 일탈이나 비행에 빠진 경우에는 가정과 학교에서 내부적인 훈육으로 문제를 해결하는 것이 바람직하다. 그러나 가정과 학교에서 해결하기 어려울 경우 피해자 측의 고소나 고발로 수사기관에서 수사를 받게 하는 것은 청소년에게 상처를 주거나 낙인을 찍는 것이 된다. 그보다는 보호자나 학교장이 법원에 사건을 통고하면, 법원이 심층적인 조사를 통하여 전문가에게 상담을 받게 하거나 치료나 예방을 위한 조치를 취하여 청소년의 성행이나 환경을 교정할 수 있게 된다. 통고에 따른 법원의 심리와 보호처분은 수사나 처벌이 아니라 청소년의 미래를 위한 교육의 연장으로 볼 수 있다.

## 통고란 무엇인가

통고(소년보호재판)는 보호자 또는 학교 · 사회복리시설 · 보호관찰소의 장이 경찰, 검찰 등 수사기관을 거치지 않고 직접 소년보호사건을 법원에 접수시키는 절차다.

통고제도는 비행소년이 현재 수사기관의 수사를 거쳐 법원에 송치될 경우 수사 경력 조회에 그 결과가 남게 되는 부담이 있으나, 통고로 소년 보호 절차가 개시될 경우 법원의 처리 내용이나 결정이 검 · 경찰의 수사 자료에 통보되지 않음으로써 장래의 불이익을 최소화 할 수 있다. 또한 학교로부터 중립적인 법원이 사건을 맡게 되면 객관적인 판단을 기대할 수 있기에, 보호자가 학교당국의 결정에 대해 불만을 가질 우려가 있는 경우라면 더욱 효과적일 수 있고, 법원은 유관기관과의 협력체계하에 전문적이고 실질적인 해결수단을 제공할 수 있다.

소년보호재판 절차에서 피해자 측의 의견진술 및 피해 변상 등에 관한 화해가 가능하며, 경찰 및 검찰 수사 단계를 생략함으로써 절차 지연에 따른 문제를 예방하고 보다 신속한 개입으로 적절한 조치가 가능하다.

# 통고의 대상

통고제도를 이용하는 방법

| 통고 대상자 | | |
|---|---|---|
| 구분 | 대상자 | 나이 |
| 범죄소년 | 죄를 범한 소년 | 14세 이상 19세 미만 |
| 촉법소년 | 형벌 법령에 저촉되는 행위를 한 소년 | 10세 이상 14세 미만 |
| 우범소년 | 아래에 해당하는 사유가 있고 성격이나 환경에 비추어 앞으로 형벌 법령에 저촉되는 행위를 할 우려가 있는 소년<br>• 집단적으로 몰려다니며 주위 사람들에게 불안감을 조성하는 성벽이 있는 것<br>• 정당한 이유 없이 가출하는 것<br>• 술을 마시고 소란을 피우거나 유해 환경에 접하는 성벽이 있는 것 | 10세 이상 19세 미만 |
| 기타 | 소년보호재판으로 송치된 소년이 19세 이상인 경우 관할 지방법원에 대응하는 검사에 송치 결정 또는 법원에 이송 결정을 하여야 하고, 범죄소년이나 촉법소년이 행위 당시 10세 미만이거나 우범소년이 보호처분 당시 10세 미만인 경우에는 심리 불개시 결정을 하여야 한다. | |

## 통고는 구두나 서면으로 할 수 있다.

- 통고는 구두로 할 수 있다. 구두로 통고를 하려면 보호자나 학교장 등이 서울가정법원(동관 755호) 및 해당 지방법원 소년부 또는 형사과에 출석하여 법원사무관 등에게 소년과 보호자의 성명, 생년월일, 주거, 통고자의

성명, 통고하게 된 사유 등을 진술하면 된다.

- 통고는 서면으로 할 수 있다. 서면으로 통고를 하려면 보호자나 학교장 등이 통고서를 작성하여 서울가정법원 또는 해당 지방법원 형사과(소년부)로 우편발송하면 된다.
- 통고서 양식은 대법원 홈페이지(www.scourt.go.kr)에서 내려받기할 수 있다.

예시문>

통 고 서

서울가정법원 소년부 귀중

| 통고인 | 성명 | 김철수 | | | |
|---|---|---|---|---|---|
| | 기관명 | 서울중학교 | | | |
| | 보호소년과의 관계(□에 √ 표시) | ☑ 학교장 | □ 사회복리시설의 장 | □ 보호관찰소장 | □ 보호자 |
| | 전화번호(집 또는 직장) | ( 02 ) 123-4567 | 전화번호(휴대전화) | ( 010 ) 987-6543 | |

위 통고인은 다음과 같이 보호 대상 소년을 발견하였으므로 소년법 제4조 제3항에 따라 귀 법원 소년부에 통고합니다.

| 소년 | 성명 | 홍길동 | 생년월일 | 1996. 5. 5. |
|---|---|---|---|---|
| | 학업(학교, 학년, 반) | 서울중학교 2학년 1반 | | |
| | 주소 | 서울 서초구 서초동 111-1 | | |
| 소년의 보호자 | 성명 | 홍판서 | 소년과의 관계 | 부 |
| | 주소 | 서울 서초구 서초동 111-1 | | |

통고하게 된 사유

○ 통고하게 된 사유의 요지(□에 √ 표시)

| ☑ 범죄를 저지름(14세 이상 19세 미만) | |
|---|---|
| □ 형벌법령에 저촉되는 행위를 함(10세 이상 14세 미만) | |
| □ 형벌법령에 저촉되는 행위를 할 우려가 있음 | □ 집단적으로 몰려다니며 주위에 불안감을 조성하는 성벽(性癖)이 있음 |
| | □ 정당한 이유 없이 가출함 |
| | □ 술을 마시고 소란을 피우거나 유해환경에 접촉하는 성벽(性癖)이 있음 |

○ 통고하게 된 사유의 상세(필요한 경우 별지 활용)

홍길동은 2010. 5. 3. 11:00 서울 서초구 서초동 222-2에 있는 서울중학교 2학년 1반 교실에서 중간고사 시험지를 걷던 중 김철일이 시험지를 늦게 제출한다는 이유로 말다툼을 하다가 주먹으로 김철일의 얼굴을 2대 때렸고, 이로 인하여 김철일은 코뼈가 부러져 2주일 동안 병원에 입원하였다.

2010. 5. 10.

통고인 김철수 (서울중학교장)

통고 사건의 처리 절차

| | |
|---|---|
| 수사 ↓ | (학교폭력 사건이 경찰에 신고되었을 경우)<br>경찰 및 검찰의 수사 |
| 사건접수 ↓ | – 경찰서장의 송치: 촉법소년, 우범소년<br>– 검사의 송치: 범죄 소년(경찰서장 → 검사 → 소년보호사건)<br>– 법원(형사부)의 송치: 범죄 소년<br>(경찰서장 → 검사 → 법원의 형사사건 → 법원의 소년보호사건)<br>– 통고(학교 · 사회복리시설 · 보호관찰소의 장) |
| 조사 ↓ | 소년에 대하여 비행 내용, 생활환경 등 보호의 필요성이 있는지를 조사, 분석한다.<br>– 소년전문조사관의 조사<br>– 소년분류심사원의 심사<br>– 보호관찰소의 결정전 조사 |
| 심리개시 결정 ↓ | 소년부 판사가 조사관의 조사보고 등을 검토하여 사건을 심리할 필요가 있다고 판단할 경우, 심리개시 결정을 하고, 그 사유 등과 심리기일을 소년과 보호자에게 통지한다. |
| 심리 ↓ | 조사된 자료를 기초로 비행 사실 및 보호 처분의 필요성이 있는지 판단한다. 소년은 법원에서 정한 심리기일에 보호자와 함께 출석하여 비공개로 심리를 받게 되고, 판사는 소년의 품행을 교정하기 위하여 각종 조사를 하거나, 심리상담조사, 화해 권고, 1호 처분을 위한 교육 명령과 같은 다양한 제도를 활용하기도 한다. |
| 보호처분 결정 ↓ | 심리 결과 보호처분을 할 필요성이 있는 경우에는 「소년법」 제32조 소정의 보호처분을 하고, 보호처분을 할 수 없거나 할 필요가 없는 사건의 경우에는 불처분 결정을 하며, 주로 심리 당일 보호처분 결정을 하게 된다. |

| 참고 | 보호처분 결정이나 부가 처분, 그 변경 처분 등에 대하여는 사건 본인, 보호자, 보조인 또는 그 법정대리인은 7일 이내에 가정법원에 항고할 수 있다(원심 재판부에 항고장을 제출하여야 한다.). 다만, 항고에는 결정의 집행을 정지시키는 효력이 없다. |
|---|---|

보호처분의 종류

| | 보호처분의 종류 | 기간/시간 | 대상 연령 |
|---|---|---|---|
| 1호 | 보호자 또는 보호자를 대신하여 소년을 보호할 수 있는 자에게 감호 위탁 | 6개월<br>(6개월 연장 가능) | 10세 이상 |
| 2호 | 수강명령 | 100시간 이내 | 12세 이상 |
| 3호 | 사회봉사 명령 | 200시간 이내 | 14세 이상 |
| 4호 | 보호관찰관의 단기 보호관찰 | 1년 | 10세 이상 |
| 5호 | 보호관찰관의 장기 보호관찰 | 2년<br>(1년 연장 가능) | 10세 이상 |
| 6호 | 아동복지법상의 아동복지시설이나 그 외 소년보호시설에 감호 위탁 | 6개월<br>(6개월 연장 가능) | 10세 이상 |
| 7호 | 병원, 요양소 또는 보호소년 등의 처우에 관한 법률상의 소년의료보호시설에 위탁 | 6개월<br>(6개월 연장 가능) | 10세 이상 |
| 8호 | 1개월 이내의 소년원 송치 | 1개월 이내 | 10세 이상 |
| 9호 | 단기 소년원 송치 | 6개월 이내 | 10세 이상 |
| 10호 | 장기 소년원 송치 | 2년 이내 | 12세 이상 |

## 통고제도의 실제 사례

### 학교에서의 통고제도 활용의 예

학교에서 해결하기 어려운 경우

지속적인 집단 따돌림 사건

수사 대상이 되어 형사 사건화될 가능성이 높은 사건

가정의 보호력이 미약하고 지속적인 비행을 저지르는 경우

정신장애가 의심되는 경우

### 2011년 2월 이후 소년 제4단독 재판부 처리 사건(서울가정법원)

① 남자 중학생인 소년이 학교에서 친구에게 소액을 갈취하고, 폭행한 사건인데, 학교 내 폭력대책위원회와 선도위원회 등을 통해 사회봉사, 특별교육 등의 조치를 받았음에도, 반성하지 아니하여 교장선생님이 통고하였고, 소년은 이전에도 절도 전력이 있었다.

조사관 조사에 의하면, 보호소년이 억압된 분노감정이 있어 이를 해소하는 것이 필요한 것으로 나타났고, 이에 전문가의 심리상담조사에 회부하여 7회기의 상담을 시행하였으며, 그 후 보호소년이 많이 반성하고 있고, 보호자의 보호 의지와 보호 능력이 있는 점 등을 참작하여 1호 및 4호 처분하였다.

② 남자 중학생인 소년이 학교에서 후배로부터 2회 소액을 갈취한 사건인데, 폭력대책위원회의 징계를 받는 등의 조치를 받은 후 교장선생님이 통고하

였다.

조사관 조사에 의하면, 소년의 어머니는 1급 장애인으로 3년째 병원에 입원 중이고, 아버지는 무위도식하는 사람으로서, 보호소년은 가정 내에서 방치되어 있는 관계로 용돈을 전혀 지급받지 못하여 학교생활 자체가 불가능할 정도로 열악한 상황으로 나타났다. 법정에 출석한 보호소년의 아버지가 앞으로 정기적으로 용돈을 지급하는 등 적극적으로 보호소년을 양육할 것을 약속하였고, 학교 측에서도 보호소년이 가정으로부터 일부라도 용돈을 받는다면 해결될 문제로서 징계처분을 성실히 이행하였다는 사정을 들어 법원에 적극적으로 선처를 구하였으며, 소년이 매우 반성하고 있는 점 등을 참작하여 이번에 한하여 불처분 결정을 하였다.

③ 남자 중학생이 동급생인 피해자에게 교내 · 외에서 소액을 갈취하고, 1회 폭행한 사건인데, 폭력대책자치위원회의 징계를 받은 등의 조치를 받은 후 교장선생님이 통고하였다.

조사관 조사에 의하면, 보호소년은 이미 다른 중학교로 강제 전학된 상태이고, 전학 간 현재의 중학교에서는 특별히 문제없이 생활하고 있으며, 보호자의 보호의지와 보호 능력이 매우 강력하고, 보호소년이 깊이 반성하는 점 등을 참작하여 1호 및 2호 처분(보호관찰소에서 40시간 수강)을 하였다.

④ 남자 고등학생인 아들이 오토바이를 훔쳤다는 내용으로 어머니가 통고한

사건인데, 통고된 비행 사실은 이미 경찰 및 검찰의 수사를 거쳐 서울가정법원에 송치된 사건과 동일한 비행사실로서, 소년의 보호자가 통고제도를 오해하여 법원에 통고서를 작성하여 제출하였다. 이 사건은 심리 불개시 결정하였고, 동일하게 송치된 비행사실에 대하여는 보호소년의 비행전력 등을 참작하여 1호, 3호(사회봉사 40시간), 4호 처분을 하였다.

# 부 록

호소 문제별로 본 지원 전략

학교폭력예방 및 대책에 관한 법률

# 부록 호소 문제별로 본 지원 전략

## 학부모의 주 호소 내용

부록은 학부모와 피해학생, 교사가 가장 많이 호소하는 내용으로 구성하였는데, 이는 학교폭력에 대처하는 주요한 축이 된다. 학교폭력에 대처하는 부모나 교사는 서로가 자신의 입장을 이해해 주었으면 하는 마음을 가진다. 부모는 자녀의 피해가 심각하다고 느끼고 교사가 신속히 대처해 주는 것이 문제 해결 방법이라고 생각하는 반면, 교사는 부모가 별일도 아닌데 과잉 반응을 보인다고 생각한다.

교사나 부모가 같은 상황을 다르게 보고 서로에 대한 편견을 가지며 대처하는 방법도 다르다. 교사나 부모가 학교폭력에 대처하는 궁극적인 목적은 보복 폭행 없이 문제를 해결하는 것이다. 따라서 교사는 부모의 주요 호소 내용을 통해, 부모는 교사의 호소 내용을 통해 서로의 입장을 이해하고 이해의 폭을 넓힌다면, 피해학생은 학교생활을 원만하게 할 수 있게 된다.

호소 내용에 대한 답은 각자 다를 수 있다. 이 상황에 관계하는 사람들 모두처해 있는 상황이 다를 수 있기 때문이다. 하지만 한 가지 공통적인 답은 피해학생을 중심에 놓고 피해학생이 빠르게 일상생활에 복귀하도록 대처하는 것이다.

## 피해 사실을 감추려는 아동

부모나 교사가 피해의 징후를 발견했을 때, 혹은 주변을 통해 피해 사실을 전해 듣고 자녀에게 피해를 입었는지 물었을 때 '그런 적 없다.' 고 하면 어떻게 할까? 이럴 때 부모가 흔히 하는 실수는 자녀의 말만 믿고 대수롭지 않게 넘기는 것이다. 피해학생이 사실을 감추려 하는 이유는 수치심과 죄책감, 그리고 보복의 두려움 때문이다. 한편 자신의 친구들에게서 놀림을 받고, 돈을 빼앗기고, 맞았다는 것에 수치심을 느끼며 자신의 문제로 부모가 신경을 쓰고 속상해할까 봐 미안해한다. 또한 피해를 당한 이유가 자신이 문제가 있어서라고 생각하여 말해 봤자, 부모는 자신을 야단치고 학교에 알려 가해학생으로부터 더 큰 폭력을 당할 것이라고 여긴다. 이때 부모는 이런 생각이 '어리석다' 고 지적할 것이 아니라 자녀가 느끼는 심정을 공감해 주고 정서적으로 지지해 주어야 한다.

피해 학생은 부모가 피해 사실을 물어볼 때 '별일 없었어요.' '그냥 장난하다 다친 거예요.' '넘어졌어요.' '잃어버렸어요.' '그 애랑 친하니까.' '엄마는 알아도 도움이 안 돼.' '아무도 저를 도울 수 없어요.' 등으로 피해 사실을 감추려 한다.

☞ **키포인트** 엄마한테는 말해도 도움이 안 된다고 하며 아이가 두려움 때문에 문제 삼지 말라고 할 때에는 "얘기 좀 하자." "할 이야기 없는데요." "음, 그래 지금은 할 이야기가 없나 보구나. 할 이야기 없는 건 좋은데…… 나중에 할 이야기를 내가 가장 먼저 알았으면 좋겠다."라고 해 준다.

자녀가 "엄마한테 말해도 도움이 안 돼요."라며 반응할 때 "뭔가 많이 두려운 모양이구나! 엄마가 도움이 될 수 있을 거라고 생각하는데 말해 볼래?"라고 반응하면서 아이에게 부모가 도움을 줄 수 있다는 확신이 느껴지도록 말한다. 이때의 분위기는 아이의 말을 그대로 받아들이고, 부모가 자신의 편이라고 느낄 수 있어야 한다.

"엄마가 학교 앞에서 기다려 줄게." 등의 반응을 해 줄 때, 아이는 내적 불안감을 극복하고 자기 마음을 개방한다.

이후에 피해 사실을 교사에게 알리고, 교사와 협력하여 문제를 해결해 나가야 한다. 또한 자녀가 초등학생인 경우 부모와 네트워크를 형성하여 교류하며 서로 돕고, 중학생인 경우 친구를 집으로 초대하여 적극적으로 친구관계를 형성할 수 있도록 하는 것도 좋은 방법이다. 어떤 형태든 부모가 노력을 기울이는 모습을 보며 아이는 자기의 마음을 연다. 아이에게 부모의 해결 의지를 확인시키고 믿음을 심어 주는 것이 중요하다.

## 전학

자녀의 피해 사실을 알고 일을 확대하지 않고 처리하기 원할 때, 학교폭력자치위원회의를 개최했는데도 보복폭행이나 재발의 두려움이 있을 때, 가해학생 부모나 학교 측이 무성의하게 대처할 때, 피해 기간이 장기간이고 다수의 학생이 폭력에 가담했을 때, 또 피해 자녀가 전학을 원하는 경우 등이 있을 때 많은 부모가 전학을 고려한다. 그러나 사람은 누구나 낯선 환경에 대한 두려움이 있다. 더욱이 피해학생이 학교폭력으로 인해 심리적인 고통을 느끼고 있다면 낯선 환경에서 적응하고 생활해 나가는 데에 크게 불안함을 느낄 수 있다.

그렇다면 과연 전학을 가는 것이 좋은가? 전학을 결정할 때도 피해학생을 중심으로 고려해야 한다. 전학을 가서 새로운 환경에 적응하고 지낼 만큼 피해학생에게 심리적 에너지 자원이 있는지 살펴야 한다. 즉, 대인관계에서 적극성, 인내심, 자존감, 스트레스 대처 능력이 있는지 살핀 후 결정해야 한다.

부모가 전학을 원하는 것은 그 상황에서 벗어나려는 회피가 목적일 수 있으며, 자녀가 전학을 원하는 경우는 교사나 학교, 또래에 대한 불신으로 새로운 환경에서 새 출발을 하려는 마음이 크다. 그러나 상황은 자녀가 전학을 원해도 부모가 기피하는 경우, 부모가 전학을 원하지만 자녀가 싫다고 하는 경우 등 다양하다. 전학과 관련한 피해학생과 부모의 심리를 정리해 보면 다음과 같다.

### 전학을 원치 않는 경우

- 두려움: 새로운 상황에 적응해야 한다는 부담감과 두려움으로 인해 전학을 꺼린다. 특히 피해학생이 피해의 원인이 자신에게 있다고 생각하는 경우 자신이 전학을 간다고 할지라도 피해는 계속되고, 새로운 환경에 적응해야 한다는 부담감까지 더해진다. 그나마 알고 있는 친구들까지 잃어야 하는 상황이 생기면서 두려움이 가중된다. 전학을 간 경우에도 자신이 피해학생이었다는 꼬리표가 따라올 것이라는 두려움이 더 크다. 실제 집단

괴롭힘 때문에 이름까지 바꾸고 전학을 갔지만, 새로운 학교에서 처음에는 잘 지내는 듯했으나, 일진을 통해 자신이 피해학생이라는 사실이 알려져 다시 괴롭힘을 당한 사례가 있다.

- 맞섬: 이 경우는 학교에 남아 학교폭력 문제를 해결하고 친구관계를 회복할 수 있다는 의지와 자신감이 있다고 생각될 때다. 또한 전학을 가서 새롭게 시작하려는 용기로 지금-여기에서 상황을 개선하겠다고 생각한다.

전학을 원치 않고 현재 상황에 남아 대처하려고 할 때는 부모나 교사의 도움이 절대적으로 필요하다. 교사가 피해학생의 신변을 보호하고, 부모는 자녀의 학교생활에 관심을 갖고 학부모 활동을 열심히 함으로써 심리적 지원을 한다.

부모가 자녀의 학교생활을 심리적으로 지원하기 위해서는 저학년의 경우 학부모와 유대관계를 돈독히 하는 모임에 참석하고, 그곳에서 자녀에 대한 정보와 다른 학부모와 함께 자녀의 인성을 지도하는 것이 도움이 된다. 고학년이나 청소년의 경우에는 부모끼리의 직접적 교류는 어렵지만, 자녀의 또래관계를 위해 생일파티를 하거나 친구들을 집으로 초대하는 등의 지원이 도움이 된다. 특히 또래 상담자 역할을 해 줄 수 있는 친구를 발굴해 보는 것도 좋다.

### 전학을 원하는 경우

- 회피: 자신이 처한 상황에서 회피하려는 마음이 강하다. 학교나 교사에 대한 불신감으로 현재 상황에서는 어떤 것도 도움이 되지 않는다고 여긴다. 또한 문제가 친구나 교사 때문에 생긴 것이라, 여기저기에 이 상황만 피하면 문제가 없다고 생각할 수 있다. 게다가 상황에 맞설 심리적 에너지가

없거나 피해가 장기간 지속되고, 가해 집단이 클 경우 두려움으로 떠나고 싶어 한다. 이 경우는 피해학생이 아무것도 할 수 없는 무기력한 상태보다는 긍정적이므로 적극 전학을 검토해야 한다. 피해학생이 더 이상 견딜 수 없을 만큼 힘든 상황으로 보이면 전학 후 새로운 환경에 적응할 수 있도록 최대한 배려를 해 주어야 한다. 새로운 친구관계가 잘 이루어질 수 있도록 사회기술, 스트레스 대처, 자기조절훈련 등을 하도록 한다. 중요한 것은 전학과 관련한 모든 과정에서 자녀와 부모가 충분히 대화하고 협력하여 추진하고, 전학을 한 후에도 적응을 잘 하도록 도와야 한다.

- 새 출발: 자신은 변하고 싶어 노력하여도 주위 환경, 학교나 교사, 또래가 우호적이지 않은 경우에 새 출발을 고려하게 된다. 이 경우 새로운 환경에 가면 나는 더 잘할 수 있다고 믿는다. 새 출발을 하려는 목표를 분명히 가지고 노력을 기울일 수 있도록 주위 환경을 만들어 주고 친구관계를 돕는다. 내적인 성장을 위해 감당해야 하는 어려움을 잘 이겨 낼 수 있도록 칭찬과 격려를 아낌없이 쏟아 붓는다.

전학을 결정하기 위해서 부모와 자녀, 교사는 전학의 장단점에 대해 충분히 논의를 해야 한다. 이러한 과정을 통해 피해학생이 전학을 도피 수단이 아닌 새로운 도전으로 받아들이도록 인식시킨다. 부모도 귀찮은 일을 피하는 수단이 아니라 자녀에게 새로운 기회를 제공하고, 자녀와의 관계를 개선할 수 있는 기회로 삼는다. 전학은 다시 되돌릴 수 없는 중요한 사안인 만큼 충분히 숙고하고 검토해 봐야 한다.

## 사과를 하지 않는 가해학생 부모

가해학생 부모가 자녀의 가해 사실을 알면서도 사과하지 않는 것은, 곧 가해 사실을 인정하지 않는 것으로서 이 갈등에서 자신들이 지는 것으로 생각하기 때문이다. 가장 심한 경우는 부모가 자녀를 포기한다며 방임하는 것이다.

사과는 피해학생을 직접 방문하거나 전화로 할 수 있는 것만은 아니다. 피해학생이 가해 사실을 알렸을 때, 가해학생 부모의 첫 반응으로도 사과와 위로의 말은 충분히 가능하다. "우리 애가 그런 짓을 했군요. 많이 놀라셨죠? 같이 자식 키우는 입장에서 뭐라 드릴 말이 없네요."라는 말로 우선 사과를 표할 수 있다. 그러나 많은 가해학생 부모가 마음과는 달리 뜻을 전달하지 못하는 경우가 대부분이다. '말 한마디로 천 냥 빚을 갚는다.'는 속담이 있듯이, 발생 초기에 사과의 시기를 놓쳐 피해학생 부모의 감정을 사게 되고 사건을 확대시키게 된다.

피해학생 부모는 가해학생 측의 사과를 통해 자존심을 회복하고 관대하게 용서를 취하고 싶은 경우가 많다. 하지만 사과가 이루어지지 않아 감정싸움이 일어나고 결과적으로 법정 분쟁으로 번지게 된다. 또한 상한 자존심으로 '왜 맞고 다니니? 바보같이.'라며 자신의 아이를 비난하여 상처를 입힌다. 이는 현재의 상황을 인정하고 문제를 해결하는 전략이 부재하기 때문이다. 이때 피해학생 부모는 어떻게 해야 할지 모르고 무기력감만 느끼게 된다. 애가 맞고 온 것도 속상한데다 아이한테도 부끄럽고 자기한테도 화가 나기 때문이다.

실제로 피해학생 부모는 두려움을 느끼기 때문에 사건을 확대하고 싶어 하지 않는다. 다만, 자신의 아이가 폭력을 당했다는 사실에 죄책감과 수치심을 느끼고 다친 자존심 때문에 힘들어한다. 이때 가해학생의 진심 어린 사과만 이루어진다면 대부분의 피해학생 부모는 가해학생 부모의 입장도 이해하며 조용히 넘어가고 싶어 한다. 자신과 아이의 자존심이 회복되고 피해에 따른 적절한 치료비 정도만 주어진다면 끝내려고 한다.

하지만 가해학생 부모가 사과하지 않을 경우에는 감정적으로 흥분하여 상황이 악화된다. 더구나 믿고 찾아갔던 교사가 일관성 없는 대처를 하게 되면 가해학생과 학교가 피해학생을 궁지로 몰고 있다는 생각이 들어 분개한다.

## 가해학생의 보복에 대한 두려움

피해학생이 괴롭힘을 당하고도 교사나 부모에게 이를 알리지 않는 가장 큰 이유 중에 하나가 '보복이 두려워서'다. 교사나 부모가 잘못 대처했을 때 피해학생은 '고자질쟁이'나 '마마보이'로 낙인찍혀 더 큰 고통을 당하게 되는 것이다. 이를 방지하기 위해서 피해학생과 증언한 학생의 신변보호와 비밀보장이 반드시 이루어져야 한다.

피해학생은 가해학생의 폭력을 교사와 부모, 경찰이 막을 수 없고 학교나 사회도 자신을 보호해 줄 수 없다고 생각한다. 실제 피해학생은 '법보다 주먹이 가깝다.'고 느낀다. 또한 가해학생이 받는 처벌이 미약할 경우 자신의 행동이 잘못되었다는 생각을 하지 않아 다시 폭력행동이 재발하게 된다.

대부분의 피해학생 부모와 학생은 가해학생이 처벌 후 보복폭행을 하지 않을까 두려워한다. 경찰에서 조사를 받고 난 후 별다른 제약 없이 다시 학교를 다니며, 처벌을 받지 않은 것으로 인해 더욱 기고만장하여 또래를 괴롭히는 것을 보았기 때문이다. 이럴 때일수록 피해학생 부모는 자녀에게 두려워하는 모습이 아니라 당당하게 맞설 수 있는 성인임을 보여야 한다.

지금까지의 경험으로 볼 때, 특정 폭력이 사건화되고 부모와 교사 및 전문가가 개입하여 보복 없이 원만하게 해결된 경우가 대부분이다. 부모의 당당함은 추후 자녀가 피해 경험을 극복하고 성숙한 학생으로 거듭나는 데 결정적인 요인이 된다.

사건 발생 시 해결을 위해 반드시 양쪽 부모가 개입해야 하다. 가해학생 부모의 재발 방지 약속은 가해학생과 피해학생을 모두 지킬 수 있는 방법이다. 재발 방지를 약속한 가해학생 부모는 자녀에 대한 관리와 감독을 더욱 철저히 하게 되고, 피해학생과 부모는 이 약속으로 자신감을 되찾고 상처가 치유되는 단초가 되기 때문이다. 또한 피해학생 부모는 교사가 피해학생을 중심으로 중재할 수 있도록 정확한 해결 방법을 요구해야 한다.

## 가해학생 처벌의 정도

형사 처벌을 고려하거나, 가해학생 부모의 사과나 재발 방지 약속이 잘 이루어지지 않을 때, 혹은 자녀의 피해가 심한 경우 피해학생 부모는 가해학생이 어느 정도 처벌을 받는지 알고 싶어 한다. 이는 자녀가 받은 고통을 가해학생도 똑같이 느끼게 하고 싶은 마음도 있고, 또 '처벌'을 통해 가해학생이 두려움을 느끼고 더 이상 폭력을 행사하지 않기를 기대하기 때문이다. 즉, 피해학생 부모는 정확한 사실을 확인하여 재발을 방지함으로써 자녀를 지킬 수 있을 것이라 기대하기 때문이다.

가해학생에 대한 처벌은 형식적인 수준에 그치고, 그나마도 초등학생의 경우(만 10세 미만)는 아무런 처벌 근거가 마련되어 있지 않다. 학교에서 학교폭력자치위원회를 개최하는 경우 「학교폭력예방 및 대책에 관한 법률」에 의해 처벌의 수위를 결정하고, 경찰서에 신고한 경우는 「소년법」과 「형법」의 적용을 받게 된다. 그런데 법적으로 처벌하는 경우에도 2005년도부터 실시한 '청소년 다이버전'의 취지에 따라 엄한 처벌보다 선도에 중심을 둔 온정적 처벌을 하고 있다. 따라서 피해학생 부모가 대처할 때는 이러한 점을 염두에 두어야 한다. 더욱이 재발을 막아 주는 것은 처벌보다 가해학생 부모의 사과와 재발 방지 약속이다. 또한 교사와 학교의 도움이 피해학생의 상처를 최소화하는 방법이 된다.

## 가해학생 부모와의 대면

"가해학생 부모를 만나 직접 사과를 받아야 할까요?"

"혼자는 두려운데 다른 사람을 데려가도 될까요?"

피해학생 부모는 이러한 질문을 많이 한다. 그러나 가해학생 부모와 피해학생 부모끼리 만나는 경우 감정이 앞서 더 큰 상황으로 번지기 쉽다. 따라서 교사의 입회하에 가해학생 부모를 만나도록 한다. 제3자를 동반할 경우 원치 않는 해결책을 제시하게 되어 문제가 확대되기도 한다. 따라서 문제 당사자가 아닌 경우에는 동행하지 않는 것이 좋다.

가장 효과적인 방법은 제3자이면서 권위를 지닌 교사가 중재를 하도록 요청하는 것이다. 이때 교사가 폭력 사실을 알고 있는지, 이에 대한 교사의 해결 의지는 있는지를 확인한 후 교사에게 도움을 요청한다.

## 교사의 대처에 대한 불만족 사례

### 심각성을 모르는 교사

자녀의 피해 사실을 알고 이를 교사에게 알렸는데 아무런 조치가 취해지지 않거나, 계속해서 피해가 발생할 때, 혹은 교사가 별일 아니라며 피해학생과 가해학생을 불러 놓고 사이좋게 지내라며 대수롭지 않게 대처할 때 피해학생 부모는 '교사가 너무 무성의하게 대처하고 자기 자식이라면 그렇게 하지 않았을 것'이라며 분노한다.

> 나는 너무 고통스러운데 선생님은 엄마의 엄살 정도로 여겨서 속상해요. 아이가 힘들어하는 모습을 보면 얼마나 고통스러운데 선생님은 상황을 부풀려서 이야기한다고 하시니 억울하고 분해요. ……보복도 두려운데 제대로 보호가 되지 않는 것 같아 안타까워요.

자녀의 고통을 엄살이나 부풀리기로 이해하는 교사의 태도를 보며 피해학생 부모는 학교나 교사가 자신의 자녀를 보호해 주지 못할 것 같아 두려워한다. 또 자녀가 학교에 가지 못한 채 두려움과 불안을 호소하고, 대인기피로 집 밖을 나서지 못하는 것을 보면서 교사에 대한 분노를 키운다. 이런 억울함과 분노로 인해 피해학생 부모는 심리적으로 위축되고, 자신의 분노를 발산하는 방식으로 초기 대응을 한다. 교사가 무성의하다고 판단되면 피해학생 부모는 가해학생보다 교사를 문제의 원인으로 인식한다. 학교로부터 더 큰 불이익을 당할 것 같아 눈치만 보다가 막상 더 큰 피해를 당하게 되면 학교나 교사를 압박하고 보복하려는 마음에 할 수 있는 모든 극단의 행동을 취한다.

피해학생 부모가 피해 사실을 알려 왔을 때 교사는 부모가 갖고 있는 염려와 두려움을 이해하고 적극 협조하여 문제를 해결하겠다는 의지를 보여 주어야 한다. 피해학생 부모의 마음을 어루만져서 적극적으로 초기 대응을 한다면 문제는 쉽게 해결될 수 있다.

## 적절한 조치 미비로 인한 대형사고 발생

자기 자식 같으면 그렇게 했겠어요? 수차례 얘기했는데도 무시하고 과잉 반응이라는 거예요. 내가 힘이 있었으면 그렇게 대하지 않았겠죠. 교사가 가해학생 부모 편을 드는 것 같아 속상하고 서운해요. 부모가 못나서 학교에서 우리 아이가 그런 대우를 받는 것 같아 아이에게 미안해요.

교사는 왜 부모의 이야기를 무시하고 확대시켜 이야기한다고 생각하는가? 부모의 과보호로 사소한 다툼을 과대평가한다는 생각을 하는가? 피해 사실을 입증할 만한 결정적 단서를 찾지 못해서인가? 일상화된 폭력을 다루는 것이 귀찮아서인가?

교사나 학부모는 폭력 징후가 분명하게 드러나지 않았을 때 이를 부정하는 경향이 있다. 그러므로 피해학생 부모가 직접 사실을 알리고 대처해 줄 것을 요구했음에도 별다른 개입이 이루어지지 않아 큰 사고가 발생한다. 이는 교사가 적절한 개입 방법을 잘 모르므로 문제에서 관심을 돌리거나 회피하기 때문이다.

한편, 교사가 교실에서 학생들을 통제하고 조절할 능력이 부족한 데서 문제가 발생하기도 한다. 이런 경우 교실 운영이 교사와 학생이 함께 참여하여 이루어지는 것이 아니라, 힘 있는 몇몇 학생에 의해 운영되기 때문에 힘 있는 아이들에 의해 폭력의 먹이사슬이 생겨나게 된다. 그러므로 교사가 조기에 폭력 징후를 알아차려 적극적인 해결 의지를 보여야만, 아이들은 자신의 행동을 자제하여 심각한 폭력 문제로까지 가지 않는다.

피해학생 부모는 자녀의 피해 사실과 증거, 그리고 자녀가 어떻게 느끼고 행동하는지를 기록한 자료를 만들어 교사에게 피해 사실을 알려야 한다. 멍이나 생채기 자국을 찍은 사진, 위협적인 쪽지와 문자, 잃어버린 물건, 카페나 블로그에 남겨진 글 등을 모으고, 또 피해를 당한 여러 부모와 함께 문제를 제기한다.

## 학교의 회피적인 태도

> 학교에서 중재를 해 줬으면 하는데 나 몰라라 하니 속이 타는 거예요. 학교에서 일어난 일인데 학교가 해결을 안 해 주니 어떻게 해야 할지 모르겠어요.

쌍방 간의 해결은 어려움이 따르기에 학교가 개입해 해결해 주기를 원한다. 이럴 경우에는 학교에 솔직하게 중재 요청을 하는 것이 좋다. 초기에 원만한 중재가 이루어지지 않을 경우에는 본인이 희망하는 결과를 명확하게 정리하고, 학교자치위원회 개최를 요청하여 더욱 적극적인 중재를 요구한다. 이때 학교에는 기본적인 형식을 갖춘 소명 자료를 준비하여 제출한다. 입증된 근거는 공적 효력을 발휘할 수 있다.

학교에서 교사가 양쪽 부모의 원만한 화해 중재를 이끌어 내며 가능한 한 법적 단계를 거치지 않도록 하는 것이 피해학생과 가해학생 모두에게 도움이 된다. 가해학생이 처벌을 받은 후 재범이 이루어지며, 피해학생이 경찰서로 불려 다니며 느끼는 제2의 피해도 예상되기 때문이다.

## 학교와 교사에 대한 서운함

> "그보다 더한 것도 그냥 넘어갔는데 뭘 그러느냐?" 부모가 자녀의 피해 사실을 알고 대처방안을 논의하기 위해 학교를 찾아갔는데 이런 말을 듣는다면 어떨까. 우리 아이보다 더 큰 피해학생도 있으니까 그냥 참아야 하는 건가. 이런 말 한마디 한마디로 인해 '때리는 시어머니보다 말리는 시누이가 더 밉다.' 는 상황이 되고 만다.

피해학생 부모는 학교와 교사가 가해학생보다 더 밉고, 학교나 교사가 꼭 처벌을 받길 원하게 된다. 또 가해학생 부모는 자녀의 가해 사실을 인정하지 않고, 자녀가 법적 처벌을 받지 않는다는 사실을 알고 법대로 하라며 모르쇠로 일관하고 있는데, 학교마저 이런 말을 한다면 피해학생 부모는 당연히 사건을 축소하고 은폐하려고 학교와 가해학생이 사전에 모의를 했다고 생각하게 된다.

학교나 교사가 학교폭력 자치위원회 개최에 대한 전반적인 지식이 없어 형식만 갖추고 일을 처리해 피해학생 부모의 원성을 사기도 한다.

피해학생 부모는 학교가 공정하고 적절하게 개입하여 자녀가 조기에 상처를 회복할 수 있기를 바란다. 하지만 학교의 형식적인 태도는 학교와 교사 전체에 대한 불신감을 심어 주게 되어 일을 더욱 해결하기가 어려워진다. 따라서 학교는 공정하고 적절한 개입을 하기 위해서 먼저 사실 확인을 한 후 중재와 조정 절차에 들어가야 한다. 중재를 위해 '학교폭력 자치위원회' 개최를 요구할 수 있고 어떤 자료가 필요한지, 또 무엇을 요구할 수 있는지에 관한 정보를 제공해야 한다.

또한 교사는 피해학생을 중심으로 문제를 해결하려는 의지를 보여야 한다. 피해학생 부모가 가해학생에 대한 처벌을 요구할 때 '가해학생도 내 학생들이고…… 나는 그렇게 할 수 없다.'고 하는 것은 피해학생의 고통을 간과한 것이다. 따라서 피해학생이 받은 고통에 대해 충분한 공감과 함께 이를 치유하기 위해 교사가 협력하여 대처하겠다는 의지를 보여 주어야 한다.

## 교사의 주 호소 내용

### 피해 징후와 대처의 어려움

징후는 보이는데 어떻게 관리해야 할지 모르겠어요. 서로 사이좋게 지내라고 타이르지만 학생들은 "나는 재하고 놀기 싫어요. 나는 그 애하고 이야기하기 싫은데 어떻게 해요."라고 해요. 그래도 사이좋게 지내라고 했더니 "집에 가서 엄마에게 이야기하니 싫으면 가까이 하지 말라고 해요."라고 하면서 학생들이 자신의 행동을 당연시하네요.

이 경우 대부분 짐작은 하고 있으나, 구체적인 상황이 포착되지 않을 때다.

이럴 때 교사는 학생지도에 어려움이나 한계를 느끼기 시작한다. 그리고 학생들의 행동을 일종의 심리적 저항이라고 판단하면서 적극적인 개입 노력보다는 적당히 상황을 종료하고자 한다. '그래도 사이좋게 지내라.'는 말이 효과가 없음을 알면서도 달리 방법을 찾지 못한다. 이런 심리 과정을 교사가 이해하지 못하기 때문에 그 상황에 개입하지 못하게 된다. 결과적으로 권위나 교사라는 직분 등의 당위성을 이용해 학생들을 억압하는 비효과적인 방법을 선택하게 된다.

효과적인 방법은 앞서 말한 예방적 방법을 적용해 보거나(관용적/책임적/시각변화) 혹은 그 학생과 더불어 이분법적 구조를 인식하게 하고(사이가 좋음/사이가 좋지 않음) 더욱 적극적으로 학생지도를 할 시점임을 깨달아야 한다.

이 일을 계기로 잠재적인 가해학생의 성품을 성장시키는 기회로 적극 활용하는 계획을 세운다. 실례로 "나는 네가 더 훌륭한 사람이 되길 바라! 그래서 누구하고나 더 잘 지낼 수 있는 기회를 만들었으면 좋겠어." "누구하고도 잘 지낼 수 있는 능력을 키워서 학창시절에 진짜 아름다운 추억을 만들어 보자."

이때 중요한 것은 제거해야 할 부정적 행동이나 그 학생의 인격 전체를 지적하는 것이 아니라, 바라는 행동에 대해 관심을 가져야 한다는 것이다. 교사의 발문은 학생이 원하는 쪽으로 해 줘야 한다. 원하지 않는 방향으로의 발문은 자제해야 한다. '왜 안 될까요'가 아니라 '어떻게 하면 될까요?'라고 되는 방법을 찾는 질문을 하라. 학생들이 폭력을 행하는 것이 우월하게 보이는 것인지, 아닌지? 무엇을 하기 위해서 그 행동을 하는 것인지를 알아야 한다.

명예를 중심으로 하는 학생들한테는 "너 같은 학생이 그런 행동을 하는 게 믿기지 않아. 나는 내심 네가 그 친구를 보호해 줄 것이라 믿었어."라고 말해 주는 것이 좋다.

교사는 학생이 폭력을 가하거나 다른 학생을 괴롭히는 것이 어떠한 욕구의 결핍에서 출발했는지 이해해야 한다. 아이가 자신에게 기대하는 교사의 바람을 이해하고 따르는 것이 자신의 명예회복에 도움이 된다고 판단할 때 아이는 행동을 다르게 바꾼다. 이때 어떻게 하는 것이 자신의 명예를 지키고 친구를 돕는 일인지 알려 준다.

## 피해-가해학생 부모의 난동

교사는 피해-가해학생 부모 서로가 피해자라고 주장하기 때문에 서로의 분노를 가라앉히게 하고, 가해학생 부모에게 잘못을 알 수 있도록 알려 줘야 한다.

> 학교에 오실 때는 분명히 해결하시려고 오셨죠. 그런데 이렇게 하시면 안 되죠. 제게는 이 일을 해결할 힘이 있습니다.

이렇게 문제 해결에 대한 확신과 주도적으로 문제를 해결할 의지가 있음을 보여야 한다. 어떤 경우에든 가해학생 부모나 피해학생 부모가 학교를 찾아오는 것은 사건을 해결하고자 찾아오는 것이다. 대화 과정에서 감정이 격앙되거나 자기 자녀를 보호하기 위해서 과격한 행동을 보일 때가 있다. 때로는 억지를 부리기도 한다. 이때는 학교를 방문한 목적을 분명히 이해시키고 문제를 해결하기 위해 학교에 왔다는 것을 주지시킨다. 다시 말해, 해결에 대한 권한이 교사에게 있음을 알린 후에 양쪽 부모와 자녀에게 도움이 되는 기회로 만들어 갈 것을 권유한다.

## 피해학생 부모의 배타적 태도

사과하는 쪽의 진심이 안 보여요. 자기 변명만 늘어놓고 피해학생에게 문제가 있다는 식으로 이야기를 해요.

이 경우는 상당 부분 가해학생 부모의 사과행동이 피해학생 부모에게 사과행동으로 인식되지 않은 경우가 발생한다. 피해학생 부모가 사과를 받는다는 느낌이 들 때 사과를 했다고 할 수 있다.

흔히 가해학생이 저지르는 실수는 미안하다고 말은 하면서도 자신의 입장을 옹호하기 위해 이런저런 이유를 제시하는 것이다. 이때 피해학생은 상대편이 변명만 하고 있다는 생각이 들어 짜증이 나게 된다. 그 결과 피해학생은 너도 당해 봐야 내 심정을 안다는 전략을 사용하게 된다. 따라서 진정으로 피해학생과 가해학생 모두에게 아픔이 있다는 것을 인식하고, 그 마음을 제대로 전달하는 것이 효과적인 해결 방법이다. 가해학생 측의 진심 어린 사과는 피해학생 측의 자존심 회복에 도움을 주어 서로의 상처를 치료하는 데 도움이 된다.

## 피해학생 부모의 과도한 요구

가해학생과 부모가 사과하고 병원비를 책임지겠다고 했어요. 그런데 피해학생 쪽은 현재 진료비 이외에도 이것저것 핑계를 대고 돈을 요구해요. 보약에 과외비, 그리고 치료하러 다닐 때 드는 교통비까지는 이해하지만, 심리상담 치료비랑 정신적 피해보상비, 그리고 앞으로 있을지 없을지 모르는 후유증 치료비까지도 요구해요. 아니, 자식 다친 것 가지고 한몫 잡으려는 거 아니에요.

피해학생 부모 입장에서는 아이가 받았을 신체적 상처뿐만 아니라 심리적 상처, 그리고 2차, 3차로 입게 될 피해를 생각할 수 있다. 더욱이 자신이 가장 귀하게 여기는 자녀가 고통 때문에 학교폭력을 당하기 이전의 상태로 회복할 수 없다는 불안감을 갖고 있다. 따라서 자녀의 고통을 돈으로 환산하는 것에 부담을 느끼지만, 한편으로는 상대편의 사과하지 않는 태도를 보면 분노가 일어 똑같은 고통을 겪게 해 주고 싶은 마음에서 금전적으로 고통을 주고자 한다.

따라서 돈으로 해결할 수 없는 피해학생의 심리적 상처를 치유하고 내적인 성장을 돕고, 가해학생의 진심 어린 사과가 이루어지도록 도와야 하며, 피해자가 입은 신체적 · 정신적 상처를 치유하기 위한 적절한 성의를 제공하는 등의 성숙한 태도가 필요하다. 마찬가지로 피해학생 부모의 경우 금전적 고통을 주고자 과다한 치료비를 청구하기보다는 자녀가 학교나 일상생활에서 정상적으로 기능할 수 있도록 최선의 치료를 하는 데 관심을 가져야 한다. 따라서 교사는 피해학생을 '돈이 목적이다.' 라는 시각으로 보기보다는 피해학생의 고통을 최소화할 수 있는 방법이 무엇이며, 어떤 치료가 최선인지를 탐색하여 중재하려는 노력을 해야 한다.

피해학생의 심리적 고통을 완화하고 기능을 향상시키기 위한 노력은 보통 피해를 입은 기간에 비해 2~3배의 기간이 필요하다. 5개월 정도 학교폭력을 경험할 경우 이에 대한 심리치료 기간은 1년 이상이 필요할 수 있다. 이는 잠정적인 수치로서 개인차는 있다. 또한 우리나라의 경우 상담치료를 받는 것은 보험 적용이 되지 않아 고가의 비용을 지출해야 한다.

## 가해학생 부모의 불인정

이 경우에는 아이와 부모가 공모를 하게 된다. 무엇 때문에 때렸느냐는 부모의 질문에 '다른 아이들에게 내 흉을 보며 나를 곤란에 빠뜨렸어요. 나도 피해자예요. 억울해요. 그 애는 우리 반에서 문제아란 말이에요.' 라며 폭력행위를 정당화하게 된다.

사실 부모는 자신의 아이가 나쁜 행동을 하게 되면 자기 애는 그럴 리가 없으며 나쁜 친구와 어울려서 그렇게 되었다고 생각한다. 그러나 자식을 인생과 학업에서 모범생으로 키우려면 자신의 행동에 대해 책임지게 하는 방법을 익히게 하는 것이 우선이라는 것을 알아야 한다.

폭력은 어떤 경우에도 폭력이기 때문에 폭력을 사용하지 않고 자기를 표현하는 새로운 방법을 가르쳐야만 한다. 이를 위해서는 원인 제공에 관계없이, 때로는 억울한 상황이라 하더라도 자기의 행동에 책임지는 자세를 배우는 기회를 제공하여, 진정한 모범생으로 키워야 할 것이다.

## 가해학생 부모의 빈정거림

가해자 부모는 미성년자는 처벌이 미약하다는 것을 이미 여러 기관을 통해 확인하고는 자신의 아이가 처벌받지 않을 것이라는 확신을 가진다. 더구나 아이의 행위를 인정하게 되면 오히려 불이익을 당할 거라는 생각에 큰소리부터 치고 본다.

이러한 부모의 태도는 아이가 반성할 기회를 잃게 하여 폭력을 되풀이할 가능성을 높인다. 아이들은 자신의 행동이 장래의 자신의 삶에 어떠한 영향을 끼치는지 알지 못한다. 부모의 무책임한 행동을 보고 배운 대로 또다시 무책임하게 행동하기를 반복한다면, 최악의 경우 전과자의 길로 들어가게 되는 빌미를 제공할 것이다.

따라서 부모는 책임지는 자세로 아이들에게 모범을 보여야 한다. 자신의 행동으로 인해 부모도 고통을 받는다는 것을 깨닫고 자신의 행동에 반성하는 기회를 가질 수 있도록 어른들이 먼저 성숙하게 책임지는 자세를 보여 주도록 도와야 한다.

### 강한 주장으로 인한 중재의 어려움

사망사건의 경우는 가해학생 부모가 진심으로 사죄하는 모습을 보인다. 피해학생 부모도 가해학생의 처벌이 명확한 상황에서 부모의 진심 어린 사과를 받아들이고 용서하는 경우가 대부분이다. 하지만 사소한 싸움의 경우는 부모의 자존심 싸움으로 번지게 되고 결국 화해를 이루지 못하게 되어 소송으로 번진다. 대체로 사망사건과 같이 큰 사건보다는 골절과 같은 작은 사건이 소송으로 발전하는 경우가 더 많다. 피해학생 부모는 자녀가 병원치료 때문에 학교에 나가지 못한 채 고통스러운 수술과 치료를 받는 과정을 지켜보며 고통을 겪는다. 또 폭력 후유증으로 대인관계에서 불안과 공포심을 느끼고, 학교 등교를 거부하거나 우울증과 외상 후 스트레스 장애와 같은 심리치료를 받으며 막막해한다. 반면 가해학생 부모는 피해학생 부모가 별일 아닌 것 가지고 너무 유난을 떨고, 병원치료만 하면 되는 것 아니냐고 하며, 심지어 합의가 잘 이루어지지 않으면 '자식으로 한몫 잡으려 하냐.' 며 막말을 하기도 한다. 결국 고래 싸움에 새우등 터진다고 일이 커지면 아이들에게 더 많은 상처를 주게 된다.

일을 해결하기 위해서는 양쪽 부모를 교사가 따로 만나 부모의 심정을 이해하고, 아이들의 장래를 위해서 사과하고 용서하는 방법을 안내해야 한다. 피해학생은 아이의 상처 치유를 위해 용서하고 가해학생은 아이의 장래를 위해 사과하는 자세를 보여 주어야 한다. 하지만 교사의 말을 잘못 받아들여 한쪽만 편든다고 오해하는 경우가 종종 발생한다. 이때 경험 있는 학부모나 전문가가 중재를 선다면 빠른 시일 내에 문제가 해결되기도 한다.

말 한마디에 상처받기도 하고 상처가 치유되기도 하고, 마음을 어루만질 수 있는 공감 능력과 더불어 해결 절차를 알고 대처하는 것이 서로를 돕는 일이 된다.

## 학교폭력에 대처하는 부모-학교 관계

### 피해학생 부모의 감정 변화와 학교의 관계

학교폭력 사실을 확인하고 난 후 피해학생 부모는 학교에서 어떻게 반응하느냐에 따라 다른 행동을 취한다. 학교의 대처 능력에 따라 다른 결과가 도출되는 것이다. 마찬가지로 피해학생 부모가 어떤 방식으로 학교에 접근을 하느냐에 따라서도 다양한 결과가 나타난다. 학교에서 문제를 해결하려는 부모는 자녀가 학교를 계속 다녀야 하기 때문에 학교의 눈치를 보며 기다리는 수동적인 자세를 취하는 경우가 많다. 반면, 학교를 불신하고 교사가 안일하게 대처한다고 생각하는 부모는 학교 밖에서 해결하려는 경향이 있다. 학교에서 문제를 해결하든 하지 않든 간에 피해 사실을 처음 접했을 때, 부모는 두려움과 막연함과 같은 불안을 느낄 수밖에 없다. 이러한 불안을 극복하고 시간과 심리적 변화에 따른 대처법을 정확히 알게 되면 확신과 자신감을 가지고 교사와 학교, 가해학생 부모와 협력하여 문제를 해결하게 된다. 만약 문제를 해결하는 데 필요한 적절한 대처 방법과 기술을 알지 못한다면 계속해서 당혹감을 느끼고 분노하여 교사나 학교, 가해학생 부모를 공격할 수밖에 없다.

피해학생 부모의 경우 자녀의 피해 사실을 학교에 알리고, 문제를 해결하는 과정에서 정확한 대처법을 모를 때, 답답해하며 여러 가지 감정을 느끼게 된다.

★ 피해학생 부모가 대처법을 모를 때 느끼는 감정

- 두려움: 낯선 상황에서는 누구나 두려움을 느끼고, 어떻게 행동해야 할지 몰라 당황하게 된다.
- 막연함: 두려움과 함께 어떻게 해결해야 할지 몰라 막연함을 느낀다. 누구를 만나고, 어떻게 이야기를 해야 하는지 잘 모르는 상태다. 이때 대부분의 부모는 학교를 찾아간다.
- 신뢰감: 부모는 학교와 교사가 문제를 해결하는 데 도움을 줄 것이라는 믿음이 있다.
- 당혹감: 교사나 학교가 문제를 축소하고 왜곡해서 해석하거나 무시할 때, 학교나 교사에 대한 믿음은 불신으로 바뀌게 된다. 흔히 "애들 간에 흔히 일어날 수 있는 일인데 부모님이 과민반응하시는 것 같아요. 피해학생에게도 문제가 있어요."라고 말하는 교사의 언어기술 부족 때문에 부모는 당혹해한다.

- 분노감: 학교나 교사가 해결 의지를 보이지 않고, 무마하거나 축소하려 할 때, '믿고 맡겼던 학교에서 이런 일이 일어났는데 어떻게 이럴 수 있느냐.' 며 배신감을 느낀다. 이때부터 피해학생 부모는 문제에 이성적으로 대처하기보다 '교사가 그럴 수 있느냐.' 며 감정적으로 대응하기 시작한다. 또한 학교가 문제의 심각성을 너무 모른다고 판단하고 다른 방법을 모색한다.
- 공격: 피해학생 부모가 이성보다는 감정에 앞서 교사와 학교를 대한다. 때로는 교실로 찾아가 교사와 가해학생에게 화를 내며 언성을 높이고, 교장실로 찾아가 항의하고 교육청에 민원을 제기하기도 한다. 심한 경우 가벼운 사안임에도 언론사에 제보하기도 한다.

피해학생 부모가 학교나 교사, 가해학생에 대해 공격적인 방식으로 대처하기 시작하면 결국은 법적 분쟁과 소송, 그리고 교육청 등의 상위 단체에 항의하게 된다. 이렇게 되었을 때 피해학생 부모는 처음에 잘못만 인정하고, 우리 아이에게 배려만 했더라도 일을 크게 만들지 않았을 것이라고 호소한다.

이때 중요한 것은 피해를 당한 자녀에게 '최선의 일' 이 무엇인가를 살펴보는 것이다. 학교나 교사에 대한 서운한 감정에 파묻혀 아이가 당하고 있는 고통을 하루빨리 줄여 주어야 한다는 생각을 하지 못하게 된다. 피해학생 부모가 가장 원하는 것은 자녀가 다시 즐겁게 학교에서 공부하고, 친구를 사귀고 노는 것일 것이다. 이렇듯 자녀가 학교생활에 좀 더 잘 적응하도록 돕는 것이 무엇인가를 생각하고 대처해야 한다.

피해학생이 학교에 잘 적응하도록 돕기 위해서는 반드시 교사와 학교의 협력이 필요하다. 교사가 문제 해결 의지를 갖고 적절하게 대처하며, 학급 분위기를 새롭게 할 수 있도록 교사의 협력을 이끌어 내야 한다. 신뢰와 협력이 바탕이 되어 서로 협력할 때, 피해학생은 빠르게 학교생활에 복귀할 수 있다.

### 가해학생 부모의 감정 변화와 학교의 관계

자녀의 가해 사실을 접하는 가해학생 부모의 공통적인 두려움은 자녀가 받게 될 처벌이다. 가능하면 피하고 싶고 줄여 주고 싶은 것이 부모의 마음이다. 때문에 이 사건을 계기로 더 성장할 수 있게 이끌어 주겠다는 판단을 하기가 어렵다. 그래서 가끔 일을 해결하기 힘든 방향으로 끌고 가기도 한다. 가해학생 부모가 이 사건을 계기로 자녀의 성장을 도모하겠다는 생각을 하게 될 때 당혹감을 극복하고 자녀의 가해 사실을 인정하게 된다. 또 피해학생 측에 진심어린 사과와 용서를 구하게 되고 재발 방지 약속을 하게 되는데, 이러한 과정을 교사와 피해학생 부모의 협력을 통해서 하게 된다. 하지만 가해학생 부모가 부인하고 회피하며, 당장의 문제 해결에만 급급하여 대처한다면, 사건을 확대하고 자녀에게 책임감과 관용 있는 자세를 배울 기회를 빼앗게 된다.

가해학생 부모가 피해 사실을 알고 정확하게 대처하지 않고 교사나 학교, 피해학생 부모와 협력하여 일을 처리하지 않을 때, 다음과 같은 감정 변화를 느낄 수 있다.

★ 가해학생 부모가 피해 사실을 회피할 때 느끼는 감정

- 당혹감: 자녀의 가해 사실에 당황한 부모는 자녀가 자신의 행동에 대해 변명하는 말을 믿는다. 이때 자녀는 부모에게 처벌받을 것이 두려워 자신에게 유리한 진술을 하게 되는데 주로 피해학생이 원인을 제공했다거나

정당방위라거나 장난이었다고 한다.

- 회피와 핑계거리 찾기, 합리화: 가해학생 부모는 어떻게든 회피하고 싶어 하며 필요한 변명거리를 찾는다. 자녀가 그렇게 행동했을 만한 이유를 피해학생에게서 찾기도 하고, 우발적이거나 정당방위 등의 핑계거리를 찾게 된다. 필요한 변명거리를 찾기 위해 여기저기 전화하며 알아본다. 또한 피해학생 부모와 학교가 어떻게 대처하는지를 지켜본다.
- 관망: 정보를 수집하기 위해 법률상담을 받으며 법적인 측면에서 처벌 수위나 불이익의 정도를 파악하고 차후 어떤 문제가 생길지 예상해 본다. 이때 학교나 교사가 피해에 대해 축소, 왜곡, 무시해 주기를 기다린다. 가끔 가해학생 부모가 피해학생 부모에게 직접 연락하여 만나기도 하는데, 이때 가해학생 부모의 행동은 보통 두 가지 정도로 나뉜다. 하나는 '배 째라' 유형으로 자기 자녀는 내놓은 아이니까 자신은 아무것도 해 줄 수 없다고 말한다. 즉, 영창에 넣든지, 퇴학을 시키든지 알아서 하라고 큰소리치는 형이다. 다른 하나는 '읍소' 유형으로 사과와 함께 치료비를 지급하겠다고 제안한다. 이렇게 하는 것이 자녀가 학교나 법적 처벌을 면할 수 있다고 생각하기 때문이다. 그러나 처음에는 이렇게 매달리던 사람들이 나중에 안면몰수하고 치료비 지급 약속을 지키지 않는 경우도 있다.
- 안도감: 만약 교사나 학교가 피해 사실을 축소하고 무시하려 한다면 '손 안 대고 코 풀 수 있는' 기회를 맞게 된다. 핑계거리를 찾고 있던 참에 학교가 입장을 대변해 주게 되어, 가해학생 부모가 사과를 하지 않음으로써 피해자의 분노를 사 사건이 더 크게 확대된다.
- 당연시: "우리 애는 잘못 없거든요. 피해학생이 원인을 제공했다고 학교에서 그러는데 뭐……."라며 피해학생의 잘못이라고 주장한다. 이럴 경우

가해학생이 죄책감과 반성, 책임감 있는 행동을 배울 수 있는 기회가 없어지면서, 결국 가해학생은 계속해서 다른 사람을 괴롭히는 행동을 하게 된다.

- 고통과 명예 실추: 피해학생 부모가 피해 사실을 입증할 수 있는 자료를 갖고, 학교폭력자치위원회에 의뢰하거나 형사고발을 하게 된다. 가해학생 부모는 자녀가 처벌을 받게 될 때서야 자녀의 과실을 인정한다. 이때 자녀나 학교는 법적 처벌을 모면할 수 없고, 부모는 정신적 · 물질적 손해를 입게 된다. 그러나 이보다 더 큰 손실은 이 사건을 계기로 부모-자녀 간의 대화를 통해 얻을 수 있는 교육 효과를 놓치게 된 것이다. 자녀의 가해행동에는 분명하게 이유가 있다. 심심해서 그랬을  수도 있고, 피해학생이 싫어서 그랬을 수도 있고, 의견 대립을 하다가 그랬을 수도 있으며, 갑자기 화가 치솟아 올라 주체할 수 없어서 그랬을 수도 있다. 어떠한 이유든 자녀가 문제에 봉착했을 때 문제를 어떻게 해결하는지를 파악하고 이를 지도할 수 있는 기회를 상실한다. 또한 자녀에게 행동의 결과와 책임, 타인을 배려하는 것을 가르칠 수 있는 기회도 함께 날려 버리게 된다. 즉, 실수를 통해 무언가 배울 수 있는 기회를 잃는 것이다.

사건을 빨리 해결할 카드는 가해학생 부모에게 있다고 해도 과언이 아니다. 가해학생 부모가 자녀의 가해 사실을 인정하고, 교사와 학교, 피해학생 부모와 협력하여 사과와 용서를 구한다면 피해학생 부모와 피해학생의 고통이 경감되어 원만하게 해결하게 된다. 또한 자녀가 자신의 행동에 대해 반성하고, 처벌을 수용하며 책임감 있는 성숙한 자세를 배우고 학교생활도 다시 원만하게 할 수 있다.

## 교사의 대처기술 부족으로 인해 확대된 사례

피해학생 부모와 가해학생 부모는 사실을 인지하고 정확하게 대처하기까지는 다소 시간이 걸린다. 반면에 교사는 사실을 인지하는 순간부터 피해학생과 가해학생, 그리고 학급에 적절한 대처를 해야 한다. 피해 징후가 있는지 살펴야 하고, 이를 인지했다면 지체 없이 단호한 해결 의지를 다져야 한다. 그런데 이런저런 이유로 대처를 미루거나, 혹은 회피하고 싶은 마음에 시간이 지나가길 기다리다가 결국 큰 사건이 터지고 나면 후회를 하게 된다. 최악의 유형으로 '알아서 해결하라.' 며 아예 무시하고, 자신의 직무를 유기하는 교사도 있다. 교과담당교사로서 수업을 진행하고, 학급을 경영하고, 관련 행정 잡무를 하다 보면 요행수를 바라는 마음이 생기기도 한다. 하지만 학교에 있는 동안은 학교와 교사가 자녀의 신변 안전을 보장해 줄 것이라는 절대적 믿음을 갖고 있는 학부모로서는 자녀의 피해 상황에 대해서는 교사의 그 어떤 변명도 용납되지 않는다.

다음은 교사가 잘못 대처하여 일을 확대시킨 사례다. 이를 통해 교사와 부모가 협력하여 대처하는 것이 얼마나 중요한 일인지 살펴보고자 한다.

【사례 1】 귀를 막자: 아이들의 신고를 무시한 사례

1년 동안 거의 매일 교실에서 폭행을 당했는데, 주변 친구들이 담임교사에게 여러 차례 알렸으나 묵살되었다. 결국 피해학생이 두려움 속에 떨다가 정신분열 상태에 이르러서야 부모가 알게 되었다. 그간의 사실을 알게 된 부모가 담임교사에게 항의하였으나 담임교사는 잘못을 인정하지도 사과하지도 않았다. 피해학생 부모는 가해학생보다 교사가 더 밉다며 교사에게 민 · 형사상 책임을 묻기를 원했다. 이후 법적 분쟁이 진행되었다.

【사례 2】 적당히 하자: 정확하게 대처하지 않은 사례

가해학생이 반 친구 6명에게 6개월간 신체 폭력과 금품 갈취를 해 왔다. 이렇게 갈취한 돈을 유흥비로 쓰거나 일진회 선배들에게 상납했다. 사실을 알고 피해학생 부모가 학교로 몰려가 항의하자, 교사가 그동안에 갈취당한 돈을 물어 주고 조용히 덮고 넘어가자며 부모를 설득하였다. 이에 피해학생 부모는 재발하지 않도록 해 달라며 부탁하고 끝을 맺었다. 이후 가해학생은 처벌이 이루어지지 않자 계속해서 폭행과 금품 갈취를 하였고, 피해학생 부모는 교사를 신뢰할 수 없어 스스로가 해결하려 했지만 보복폭행을 당해 큰 사고로 비화되었다.

【사례 3】 알아도 입을 닫는다: 학교나 부모에게 알리지 않은 사례

돈을 빌리고 갚지 않는 방법으로 금품 갈취를 한 가해학생에게 벌을 세우고 체벌을 하였다. 그리고 피해학생을 포함한 반 전체 학생들에게 함구할 것을 지시하고 부모와 학교장에게 알려지지 않도록 조치를 하였다. 그러나 결국 가해학생이 피해학생을 '고자질쟁이'로 낙인찍어, 반 전체를 선동하여 왕따를 시키고 괴롭히다가 피해학생을 폭행하여 부모와 학교가 알게 되었다. 이후 교사는 관리 소홀로 책임을 지게 되었고 가해학생은 퇴학을 당하게 되었다.

【사례 4】 혼자서도 잘해요: 주변의 도움 없이 혼자서 해결하려다 일이 커진 사례

초등학교 6학년 여학생이 괴롭힘을 당하자 담임교사에게 편지를 써서 피해 사실을 알렸다. 그러자 교사는 고민 끝에 반 아이들에게 누가 그랬는지 물어보고 가해학생을 불러다가 야단쳤고, 다음번에 또 그러면 가만두지 않겠다고 했다. 이

에 가해학생이 보복성 폭행을 가했고, 그제야 피해학생 부모에게 알려서 분노를 사고 사건을 키우게 되었다. 피해학생을 보호하는 기본 원칙도 확인하지 않고 경솔하게 대처해, 오히려 보복폭행과 같이 일을 키우게 되었다.

**【사례 5】 애들은 다 그러면서 큰다: 대수롭지 않게 생각하는 사례**

피해학생이 부모에게 따돌림을 호소하자 담임교사에게 이를 알렸다. 이에 교사는 여자 친구 간에 흔히 있을 수 있는 변덕이라며 곧 다시 어울리게 될 거라고 오히려 부모를 별스럽게 여겼다. 교사는 부모에게 애들 말을 그렇게 다 들어주면 오히려 의존성이 생겨 친구들과 어울리기 힘들어진다고 충고까지 하였다. 하지만 피해학생이 따돌림을 견디지 못하고 가출하게 되었다. 그러나 담임교사는 여전히 부모의 과보호로 인한 문제라고 몰아붙여 분노를 사게 되었다.

**【사례 6】 모르쇠로 일관하기: '처음 듣는 소리다' '나는 모르는 일'이라고 변명**

부모가 자녀의 따돌림에 대해 교사에게 알렸으나 '살펴보겠다.' 고 했다. 그러나 며칠 후 연락이 와서 '전혀 그런 일이 없다.' 며 도리어 피해학생이 성격상 문제가 있어 친구들과 어울리지 못한다고 말하였다. 이에 분노한 피해학생 부모가 교육청을 통해 항의하며 문제를 삼자, '전혀 근거가 없는 이야기' 라며 '처음 듣는다' 고 발뺌하였다. 또 오히려 피해학생 부모의 정신에 문제가 있다고 하여 일을 확대시켰다.

**【사례 7】 영웅 만들기: 교사의 권한 일부를 학생에게 이양한 사례**

성적이 좋고 교사 말에 순종하는 학생에게 학급 관리를 맡겼다. 그런데 그 학생은 교사가 준 권한을 마음껏 이용하여 반 친구들에게 군림하였다. 서열을 정하고, 자신에게 충성하는 친구에게는 특혜를 주며, 마음에 안 드는 친구는 약점을 잡아 괴롭혔다. 특히 이들 학생과 교사를 이간질하여 미움을 받도록 하는 등 횡포가 아주 극심했다. 괴로움에 시달리던 피해학생이 교사에게 호소했으나 교사는 믿지 않고 도리어 호통을 쳤고 피해학생은 이를 비관하여 자살을 하였다.

**【사례 8】 가만히 있으면 중간이나 가는 교사: 왕따를 부추기는 언행**

공부를 못하거나 말썽쟁이, 다루기 힘든 아이들을 대할 때 "너는 하는 짓마다 말썽이구나. 네가 하는 짓이 그렇지! 지질이 같은 짓만 골라서 한다. 너는 친구들한테 왕따당하게 생겼다. 네가 그럼 그렇지, 가만히 있으면 중간이나 가지."라며 은근히 따돌림을 부추긴다. 반면에 반장이나 공부를 잘하는 아이 등과 같이 교사 입맛에 맞는 아이들이 말썽을 부리거나 실수를 하게 되면 '원숭이도 나무에서 떨어질 날이 있지, 그럴 수도 있지.' 라며 실수를 너그럽게 넘어가 준다. 공정성을 상실한 교사의 언행으로 인해 학생 간의 괴롭힘과 왕따가 발생하였다.

사례에서 보듯이 교사의 사실을 부인하고 무시하며 왜곡하는 태도, 학생에 대한 비난, 부적절한 대처기술은 사건을 해결하기보다 또 다른 문제를 만들어 낸다. 특히 가정교육이나 피해학생의 잘못으로만 돌리고 학교의 잘못이 없다고 하는 태도는 피해학생 부모의 분노와 불신을 일으켜 오히려 학교와 교사가 공격을 당하거나 큰 사건으로 발전하게 되는 불씨가 된다. 교사의 부주의한 언어 사용과 성의 없는 태도는 피해학생 부모의 감정을 부추기며 일을 크게 만들기도 한다.

또한 사과를 하면 잘못을 인정한다고 생각하거나 목소리가 크면 이긴다는 생각을 가진 가해학생 부모의 행동에 학교가 동조할 경우 사건이 확대되거나 법적 분쟁으로 가는 지름길이 된다. 어느 쪽으로도 치우치지 않고 공명정대하게 부모를 대하며, 확고하게 사건 해결 의지를 갖고 적절한 절차와 기술을 사용해야 한다. 이를 통해 피해학생 부모와 가해학생 부모를 중재하고 화해에 이르도록 할 수 있다. 교사는 양쪽 부모 사이에서 사건 해결의 열쇠를 가진 중재자로서 권위에 기초해 신중하고 현명하게 대처할 수 있는 실질적인 대처기술을 필수적으로 갖추어야 한다. 이러한 기술을 갖출 때 교사는 자존심과 권위를 세울 수 있는 상대방을 설득해 원만한 화해와 중재로 이끌어 나갈 수 있다.

# 부록 학교폭력예방 및 대책에 관한 법률

[시행 2012. 5. 1.] [법률 제1388호, 2012. 3. 21., 일부 개정]

**제1조(목적)** 이 법은 학교폭력의 예방과 대책에 필요한 사항을 규정함으로써 피해학생의 보호, 가해학생의 선도 · 교육 및 피해학생과 가해학생 간의 분쟁조정을 통하여 학생의 인권을 보호하고 학생을 건전한 사회구성원으로 육성함을 목적으로 한다.

**제2조(정의)** 이 법에서 사용하는 용어의 정의는 다음 각 호와 같다.

1. '학교폭력' 이란 학교 내외에서 학생을 대상으로 발생한 상해, 폭행, 감금, 협박, 약취 · 유인, 명예훼손 · 모욕, 공갈, 강요 · 강제적인 심부름 및 성폭력, 따돌림, 사이버 따돌림, 정보통신망을 이용한 음란 · 폭력 정보 등에 의하여 신체 · 정신 또는 재산상의 피해를 수반하는 행위를 말한다.

1의2. '따돌림' 이란 학교 내외에서 2명 이상의 학생들이 특정인이나 특정집단의 학생들을 대상으로 지속적이거나 반복적으로 신체적 또는 심리적 공격을 가하여 상대방이 고통을 느끼도록 하는 일체의 행위를 말한다.

1의3. '사이버 따돌림' 이란 인터넷, 휴대전화 등 정보통신기기를 이용하여 학생들이 특정 학생들을 대상으로 지속적, 반복적으로 심리적 공격을 가하거나, 특정 학생과 관련된 개인정보 또는 허위사실을 유포하여 상대방이 고통을 느끼도록 하는 일체의 행위를 말한다.

2. '학교' 란 「초 · 중등교육법」 제2조에 따른 초등학교 · 중학교 · 고등학교 · 특수학교 및 각종 학교와 같은 법 제61조에 따라 운영하는 학교를 말한다.

3. '가해학생' 이란 가해자 중에서 학교폭력을 행사하거나 그 행위에 가담한 학생을 말한다.

4. '피해학생' 이란 학교폭력으로 인하여 피해를 입은 학생을 말한다.

5. '장애학생' 이란 신체적 · 정신적 · 지적 장애 등으로 「장애인 등에 대한 특수교육법」 제15조에서 규정하는 특수교육을 필요로 하는 학생을 말한다.

**제3조(해석 · 적용의 주의의무)** 이 법을 해석 · 적용함에 있어서 국민의 권리가 부당하게 침해되지 아니하도록 주의하여야 한다.

**제4조(국가 및 지방자치단체의 책무)** ① 국가 및 지방자치단체는 학교폭력을 예방하고 근절하기 위하여 조사 · 연구 · 교육 · 계도 등 필요한 법적 · 제도적 장치를 마련하여야 한다.

② 국가 및 지방자치단체는 청소년 관련 단체 등 민간의 자율적인 학교폭력 예방활동과 피해학생의 보호 및 가해학생의 선도 · 교육 활동을 장려하여야 한다.

③ 국가 및 지방자치단체는 제2항에 따른 청소년 관련 단체 등 민간이 건의한

사항에 대하여는 관련 시책에 반영하도록 노력하여야 한다.

④ 국가 및 지방자치단체는 제1항부터 제3항까지의 규정에 따른 책무를 다하기 위하여 필요한 행정적 · 재정적 지원을 하여야 한다.

**제5조(다른 법률과의 관계)** ① 학교폭력의 규제, 피해학생의 보호 및 가해학생에 대한 조치에 있어서 다른 법률에 특별한 규정이 있는 경우를 제외하고는 이 법을 적용한다.

② 제2조 제1호 중 성폭력은 다른 법률에 규정이 있는 경우에는 이 법을 적용하지 아니한다.

**제6조(기본계획의 수립 등)** ① 교육과학기술부장관은 이 법의 목적을 효율적으로 달성하기 위하여 학교폭력의 예방 및 대책에 관한 정책 목표 · 방향을 설정하고, 이에 따른 학교폭력의 예방 및 대책에 관한 기본계획(이하 '기본계획'이라 한다)을 제7조에 따른 학교폭력대책위원회의 심의를 거쳐 수립 · 시행하여야 한다.

② 기본계획은 다음 각 호의 사항을 포함하여 5년마다 수립하여야 한다. 이 경우 교육과학기술부장관은 관계 중앙행정기관 등의 의견을 수렴하여야 한다.

1. 학교폭력의 근절을 위한 조사 · 연구 · 교육 및 계도
2. 피해학생에 대한 치료 · 재활 등의 지원
3. 학교폭력 관련 행정기관 및 교육기관 상호 간의 협조 · 지원
4. 제14조 제1항에 따른 전문상담교사의 배치 및 이에 대한 행정적 · 재정적 지원

5. 학교폭력의 예방과 피해학생 및 가해학생의 치료 · 교육을 수행하는 청소년 관련 단체(이하 '전문단체' 라 한다) 또는 전문가에 대한 행정적 · 재정적 지원

6. 그 밖에 학교폭력의 예방 및 대책을 위하여 필요한 사항

③ 교육과학기술부장관은 대통령령으로 정하는 바에 따라 특별시 · 광역시 · 특별자치시 · 도 및 특별자치도(이하 '시 · 도' 라 한다) 교육청의 학교폭력 예방 및 대책과 그에 대한 성과를 평가하고, 이를 공표하여야 한다.

**제7조(학교폭력대책위원회의 설치 · 기능)** 학교폭력의 예방 및 대책에 관한 다음 각 호의 사항을 심의하기 위하여 국무총리 소속으로 학교폭력대책위원회(이하 '대책위원회' 라 한다)를 둔다.

1. 학교폭력의 예방 및 대책에 관한 기본계획의 수립 및 시행에 대한 평가
2. 학교폭력과 관련하여 관계 중앙행정기관 및 지방자치단체의 장이 요청하는 사항
3. 학교폭력과 관련하여 교육청, 제9조에 따른 학교폭력대책지역위원회, 제10조의2에 따른 학교폭력대책지역협의회, 제12조에 따른 학교폭력대책자치위원회, 전문단체 및 전문가가 요청하는 사항

**제8조(대책위원회의 구성)** ① 대책위원회는 위원장 2명을 포함하여 20명 이내의 위원으로 구성한다.

② 위원장은 국무총리와 학교폭력 대책에 관한 전문지식과 경험이 풍부한 전문가 중에서 대통령이 위촉하는 사람이 공동으로 되고, 위원장 모두가 부득

이한 사유로 직무를 수행할 수 없을 때에는 국무총리가 지명한 위원이 그 직무를 대행한다.

③ 위원은 다음 각 호의 사람 중에서 대통령령으로 위촉하는 사람으로 한다. 다만, 제1호의 경우에는 당연직 위원으로 한다.

1. 기획재정부장관, 교육과학기술부장관, 법무부장관, 행정안전부장관, 문화체육관광부장관, 보건복지부장관, 여성가족부장관, 방송통신위원회 위원장, 경찰청장
2. 학교폭력 대책에 관한 전문지식과 경험이 풍부한 전문가 중에서 제1호의 위원이 각각 1명씩 추천하는 사람
3. 관계 중앙행정기관에 소속된 3급 공무원 또는 고위공무원단에 속하는 공무원으로서 청소년 또는 의료 관련 업무를 담당하는 사람
4. 대학이나 공인된 연구기관에서 조교수 이상 또는 이에 상당한 직에 있거나 있었던 사람으로서 학교폭력 문제 및 이에 따른 상담 또는 심리에 관하여 전문지식이 있는 사람
5. 판사 · 검사 · 변호사
6. 전문단체에서 청소년보호활동을 5년 이상 전문적으로 담당한 사람
7. 의사의 자격이 있는 사람
8. 학교운영위원회 활동 및 청소년보호활동 경험이 풍부한 학부모

④ 위원장을 포함한 위원의 임기는 2년으로 하되, 1차에 한하여 연임할 수 있다.

⑤ 위원회의 효율적 운영 및 지원을 위하여 간사 1명을 두되, 간사는 교육과학기술부장관이 된다.

⑥ 위원회에 상정할 안건을 미리 검토하는 등 안건 심의를 지원하고, 위원회가

위임한 안건을 심의하기 위하여 대책위원회에 학교폭력대책실무위원회(이하 '실무위원회' 라 한다)를 둔다.

⑦ 그 밖에 대책위원회의 운영과 실무위원회의 구성 · 운영에 필요한 사항은 대통령령으로 정한다.

**제9조(학교폭력대책지역위원회의 설치)** ① 지역의 학교폭력 문제를 해결하기 위하여 시 · 도에 학교폭력대책지역위원회(이하 '지역위원회' 라 한다)를 둔다.

② 특별시장 · 광역시장 · 특별자치시장 · 도지사 및 특별자치도지사는 지역위원회의 운영 및 활동에 관하여 시 · 도의 교육감(이하 '교육감' 이라 한다)과 협의하여야 하며, 그 효율적인 운영을 위하여 실무위원회를 둘 수 있다.

③ 지역위원회는 위원장 1인을 포함한 11인 이내의 위원으로 구성한다.

④ 지역위원회 및 제2항에 따른 실무위원회의 구성 · 운영에 필요한 사항은 대통령령으로 정한다.

**제10조(학교폭력대책지역위원회의 기능 등)** ① 지역위원회는 기본계획에 따라 지역의 학교폭력 예방대책을 매년 수립한다.

② 지역위원회는 해당 지역에서 발생한 학교폭력에 대하여 교육감 및 지방경찰청장에게 관련 자료를 요청할 수 있다.

③ 교육감은 지역위원회의 의견을 들어 제16조 제1항 제1호부터 제3호까지나 제17조 제1항 제5호에 따른 상담 · 치료 및 교육을 담당할 상담 · 치료 · 교육 기관을 지정하여야 한다. 〈개정 2012. 1. 26.〉

④ 교육감은 제3항에 따른 상담 · 치료 · 교육 기관을 지정한 때에는 해당 기관

의 명칭, 소재지, 업무를 인터넷 홈페이지에 게시하고, 그 밖에 다양한 방법으로 학부모에게 알릴 수 있도록 노력하여야 한다.

**제10조의2(학교폭력대책지역협의회의 설치 · 운영)** ① 학교폭력예방 대책을 수립하고 기관별 추진계획 및 상호 협력 · 지원 방안 등을 협의하기 위하여 시 · 군 · 구에 학교폭력대책지역협의회(이하 '지역협의회'라 한다)를 둔다.

② 지역협의회는 위원장 1명을 포함한 20명 내외의 위원으로 구성한다.

③ 그 밖에 지역협의회의 구성 · 운영에 필요한 사항은 대통령령으로 정한다.

**제11조(교육감의 임무)** ① 교육감은 시 · 도 교육청에 학교폭력의 예방과 대책을 담당하는 전담부서를 설치 · 운영하여야 한다.

② 교육감은 관할 구역 안에서 학교폭력이 발생한 때에는 해당 학교의 장 및 관련 학교의 장에게 그 경과 및 결과의 보고를 요구할 수 있다.

③ 교육감은 관할 구역 안의 학교폭력이 관할 구역 외의 학교폭력과 관련이 있는 때에는 그 관할 교육감과 협의하여 적절한 조치를 취하여야 한다.

④ 교육감은 학교의 장으로 하여금 학교폭력의 예방 및 대책에 관한 실시계획을 수립 · 시행하도록 하여야 한다.

⑤ 교육감은 제12조에 따른 자치위원회가 처리한 학교의 학교폭력 빈도를 학교의 장에 대한 업무수행 평가에 부정적 자료로 사용하여서는 아니 된다.

⑥ 교육감은 제17조 제1항 제8호에 따른 전학의 경우 그 실현을 위하여 필요한 조치를 취하여야 하며, 제17조 제1항 제9호에 따른 퇴학처분의 경우 해당 학생의 건전한 성장을 위하여 다른 학교 재입학 등의 적절한 대책을 강구하

여야 한다.

⑦ 교육감은 대책위원회 및 지역위원회에 관할 구역 안의 학교폭력의 실태 및 대책에 관한 사항을 보고하고 공표하여야 한다. 관할 구역 밖의 학교폭력 관련 사항 중 관할 구역 안의 학교와 관련된 경우에도 또한 같다.

⑧ 교육감은 학교폭력의 실태를 파악하고 학교폭력에 대한 효율적인 예방대책을 수립하기 위하여 학교폭력 실태조사를 연 2회 이상 실시하여야 한다.

⑨ 교육감은 학교폭력 등에 관한 조사, 상담, 치유 프로그램 운영 등을 위한 전문기관을 설치 · 운영할 수 있다.

⑩ 교육감은 관할 구역에서 학교폭력이 발생한 때에 해당 학교의 장 또는 소속 교원이 그 경과 및 결과를 보고함에 있어 축소 및 은폐를 시도한 경우에는 「교육공무원법」 제50조 및 「사립학교법」 제62조에 따른 징계위원회에 징계 의결을 요구하여야 한다.

⑪ 교육감은 관할 구역에서 학교폭력의 예방 및 대책 마련에 기여한 바가 큰 학교 또는 소속 교원에게 상훈을 수여하거나 소속 교원의 근무성적 평정에 가산점을 부여할 수 있다.

⑫ 제1항에 따라 설치되는 전담부서의 구성과 제8항에 따라 실시하는 학교폭력 실태조사 및 제9항에 따른 전문기관의 설치에 필요한 사항은 대통령령으로 정한다.

**제11조의2(학교폭력 조사 · 상담 등)** ① 교육감은 학교폭력 예방과 사후조치 등을 위하여 다음 각 호의 조사 · 상담 등을 수행할 수 있다.

1. 학교폭력 피해학생 상담 및 가해학생 조사

2. 필요한 경우 가해학생 학부모 조사

3. 학교폭력 예방 및 대책에 관한 계획의 이행 지도

4. 관할 구역 학교폭력서클 단속

5. 학교폭력 예방을 위하여 민간 기관 및 업소 출입 · 감독

6. 그 밖에 학교폭력 등과 관련하여 필요로 하는 사항

② 교육감은 제1항의 조사 · 상담 등의 업무를 대통령령으로 정하는 기관 또는 단체에 위탁할 수 있다.

③ 교육감 및 제2항에 따른 위탁기관 또는 단체의 장은 제1항에 따른 조사 · 상담 등의 업무를 수행함에 있어 필요한 경우 관계 기관의 장에게 협조를 요청할 수 있다.

④ 제1항에 따라 조사 · 상담 등을 하는 관계 기관의 직원은 그 권한을 표시하는 증표를 소지하고 관계인에게 제시하여야 한다.

⑤ 제1항 제1호 및 제4호의 조사 결과는 학교의 장 및 보호자에게 통보하여야 한다.

**제11조의3(관계 기관과의 협조 등)** ① 교육과학기술부장관, 교육감, 지역교육장, 학교의 장은 학교폭력과 관련한 개인정보 등을 경찰청장, 지방경찰청장, 관할 경찰서장 및 관계 기관의 장에게 요청할 수 있다.

② 제1항의 규정에 의하여 정보제공을 요청받은 경찰청장, 지방경찰청장, 관할 경찰서장 및 관계 기관의 장은 특별한 사정이 없으면 이에 응하여야 한다.

③ 제1항 및 제2항에 따른 관계 기관과의 협조 사항 및 절차 등에 필요한 사항은 대통령령으로 정한다.

**제12조(학교폭력대책자치위원회의 설치 · 기능)** ① 학교폭력의 예방 및 대책에 관련된 사항을 심의하기 위하여 학교에 학교폭력대책자치위원회(이하 '자치위원회' 라 한다)를 둔다. 다만, 자치위원회 구성에 있어 대통령령으로 정하는 사유가 있는 경우에는 교육감의 보고를 거쳐 둘 이상의 학교가 공동으로 자치위원회를 구성할 수 있다.

② 자치위원회는 학교폭력의 예방 및 대책 등을 위하여 다음 각 호의 사항을 심의한다.

1. 학교폭력의 예방 및 대책수립을 위한 학교 체제 구축
2. 피해학생의 보호
3. 가해학생에 대한 선도 및 징계
4. 피해학생과 가해학생 간의 분쟁조정
5. 그 밖에 대통령령으로 정하는 사항

③ 자치위원회는 해당 지역에서 발생한 학교폭력에 대하여 학교의 장 및 관할 경찰서장에게 관련 자료를 요청할 수 있다.

④ 자치위원회의 설치 · 운영 등에 필요한 사항은 지역 및 학교의 규모 등을 고려하여 대통령령으로 정한다.

**제13조(자치위원회의 구성 · 운영)** ① 자치위원회는 위원장 1인을 포함하여 5인 이상 10인 이하의 위원으로 구성하되, 대통령령으로 정하는 바에 따라 전체 위원의 과반수를 학부모 전체회의에서 직접 선출된 학부모 대표로 위촉하여야 한다. 다만, 학부모 전체회의에서 학부모 대표를 선출하기 곤란한 사유가 있는 경우에는 학급별 대표로 구성된 학부모 대표회의에서 선출된

학부모 대표로 위촉할 수 있다.

② 자치위원회는 분기별 1회 이상 회의를 개최하고, 자치위원회의 위원장은 다음 각 호의 어느 하나에 해당하는 경우에 회의를 소집하여야 한다.

1. 자치위원회 재적위원 4분의 1 이상이 요청하는 경우
2. 학교의 장이 요청하는 경우
3. 피해학생 또는 그 보호자가 요청하는 경우
4. 학교폭력이 발생한 사실을 신고받거나 보고받은 경우
5. 가해학생이 협박 또는 보복한 사실을 신고받거나 보고받은 경우
6. 그 밖에 위원장이 필요하다고 인정하는 경우

③ 자치위원회는 회의의 일시, 장소, 출석 위원, 토의 내용 및 의결 사항 등이 기록된 회의록을 작성 · 보존하여야 한다.

④ 그 밖에 자치위원회의 구성 · 운영에 필요한 사항은 대통령령으로 정한다.

**제14조(전문상담교사 배치 및 전담기구 구성)** ① 학교의 장은 학교에 대통령령으로 정하는 바에 따라 상담실을 설치하고, 「초 · 중등교육법」 제19조의2에 따라 전문상담교사를 둔다.

② 전문상담교사는 학교의 장 및 자치위원회의 요구가 있는 때에는 학교폭력에 관련된 피해학생 및 가해학생과의 상담 결과를 보고하여야 한다.

③ 학교의 장은 교감, 전문상담교사, 보건교사 및 책임교사(학교폭력문제를 담당하는 교사를 말한다) 등으로 학교폭력문제를 담당하는 전담기구(이하 '전담기구' 라 한다)를 구성하며, 학교폭력 사태를 인지한 경우 지체 없이 전담기구 또는 소속 교원으로 하여금 가해 및 피해 사실 여부를 확인하도

록 한다.

④ 전담기구는 학교폭력에 대한 실태조사(이하 '실태조사' 라 한다)와 학교폭력 예방 프로그램을 구성 · 실시하며, 학교의 장 및 자치위원회의 요구가 있는 때에는 학교폭력에 관련된 실태조사 결과 등 활동 결과를 보고하여야 한다.

⑤ 피해학생 또는 피해학생의 보호자는 피해사실 확인을 위하여 전담기구에 실태조사를 요구할 수 있다.

⑥ 국가 및 지방자치단체는 실태조사에 관한 예산을 지원하고, 관계 행정기관은 실태조사에 협조하여야 하며, 학교의 장은 전담기구에 행정적 · 재정적 지원을 할 수 있다.

⑦ 전담기구는 성폭력 등 특수한 학교폭력사건에 대한 실태조사의 전문성을 확보하기 위하여 필요한 경우 전문기관에 그 실태조사를 의뢰할 수 있다. 이 경우 그 의뢰는 자치위원회 위원장의 심의를 거쳐 학교의 장 명의로 하여야 한다.

⑧ 그 밖에 전담기구 운영 등에 필요한 사항은 대통령령으로 정한다.

**제15조(학교폭력 예방교육 등)** ① 학교의 장은 학생의 육체적 · 정신적 보호와 학교폭력의 예방을 위한 학생들에 대한 교육(학교폭력의 개념 · 실태 및 대처방안 등을 포함하여야 한다)을 학기별로 1회 이상 실시하여야 한다.

② 학교의 장은 학교폭력의 예방 및 대책 등을 위한 교직원 및 학부모에 대한 교육을 학기별로 1회 이상 실시하여야 한다.

③ 학교의 장은 제1항에 따른 학교폭력 예방교육 프로그램의 구성 및 그 운용 등을 전담기구와 협의하여 전문단체 또는 전문가에게 위탁할 수 있다.

④ 교육장은 제1항부터 제3항까지의 규정에 따른 학교폭력 예방교육 프로그램의 구성과 운용계획을 학부모가 쉽게 확인할 수 있도록 인터넷 홈페이지에 게시하고, 그 밖에 다양한 방법으로 학부모에게 알릴 수 있도록 노력하여야 한다.

⑤ 그 밖에 학교폭력 예방교육의 실시와 관련한 사항은 대통령령으로 정한다.

**제16조(피해학생의 보호)** ① 자치위원회는 피해학생의 보호를 위하여 필요하다고 인정하는 때에는 피해학생에 대하여 다음 각 호의 어느 하나에 해당하는 조치(수 개의 조치를 병과하는 경우를 포함한다)를 할 것을 학교의 장에게 요청할 수 있다. 다만, 학교의 장은 피해학생의 보호를 위하여 긴급하다고 인정하거나 피해학생이 긴급보호의 요청을 하는 경우에는 자치위원회의 요청 전에 제1호, 제2호 및 제6호의 조치를 할 수 있다. 이 경우 자치위원회에 즉시 보고하여야 한다.

1. 심리상담 및 조언
2. 일시보호
3. 치료 및 치료를 위한 요양
4. 학급교체
5. 삭제 〈2012. 3. 21.〉
6. 그 밖에 피해학생의 보호를 위하여 필요한 조치

② 자치위원회는 제1항에 따른 조치를 요청하기 전에 피해학생 및 그 보호자에게 의견진술의 기회를 부여하는 등 적정한 절차를 거쳐야 한다.

③ 제1항에 따른 요청이 있는 때에는 학교의 장은 피해학생의 보호자의 동의를

받아 7일 이내에 해당 조치를 하여야 하고 이를 자치위원회에 보고하여야 한다.

④ 제1항의 조치 등 보호가 필요한 학생에 대하여 학교의 장이 인정하는 경우 그 조치에 필요한 결석을 출석일수에 산입할 수 있다.

⑤ 학교의 장은 성적 등을 평가함에 있어서 제3항에 따른 조치로 인하여 학생에게 불이익을 주지 아니하도록 노력하여야 한다.

⑥ 피해학생이 전문단체나 전문가로부터 제1항 제1호부터 제3호까지의 규정에 따른 상담 등을 받는 데에 사용되는 비용은 가해학생의 보호자가 부담하여야 한다. 다만, 피해학생의 신속한 치료를 위하여 학교의 장 또는 피해학생의 보호자가 원하는 경우에는 「학교안전사고 예방 및 보상에 관한 법률」 제15조에 따른 학교안전공제회 또는 시 · 도 교육청이 부담하고 이에 대한 구상권을 행사할 수 있다.

1. 삭제 〈2012. 3. 21.〉
2. 삭제 〈2012. 3. 21.〉

⑦ 학교의 장 또는 피해학생의 보호자는 필요한 경우 「학교안전사고 예방 및 보상에 관한 법률」 제34조의 공제급여를 학교안전공제회에 직접 청구할 수 있다.

⑧ 피해학생의 보호 및 제6항에 따른 지원범위, 구상범위, 지급절차 등에 필요한 사항은 대통령령으로 정한다.

**제16조의2(장애학생의 보호)** ① 누구든지 장애 등을 이유로 장애학생에게 학교폭력을 행사하여서는 아니 된다.

② 자치위원회는 학교폭력으로 피해를 입은 장애학생의 보호를 위하여 장애인 전문상담가의 상담 또는 장애인 전문치료기관의 요양 조치를 학교의 장에게 요청할 수 있다.

③ 제2항에 따른 요청이 있는 때에는 학교의 장은 해당 조치를 하여야 한다. 이 경우 제16조 제6항을 준용한다.

**제17조(가해학생에 대한 조치)** ① 자치위원회는 피해학생의 보호와 가해학생의 선도 · 교육을 위하여 가해학생에 대하여 다음 각 호의 어느 하나에 해당하는 조치(수 개의 조치를 병과하는 경우를 포함한다)를 할 것을 학교의 장에게 요청하여야 하며, 각 조치별 적용 기준은 대통령령으로 정한다. 다만, 퇴학 처분은 의무교육과정에 있는 가해학생에 대하여는 적용하지 아니한다.

1. 피해학생에 대한 서면 사과
2. 피해학생 및 신고 · 고발 학생에 대한 접촉, 협박 및 보복행위의 금지
3. 학교에서의 봉사
4. 사회봉사
5. 학내외 전문가에 의한 특별 교육이수 또는 심리치료
6. 출석 정지
7. 학급 교체
8. 전학
9. 퇴학 처분

② 제1항에 따라 자치위원회가 학교의 장에게 가해학생에 대한 조치를 요청할 때 그 이유가 피해학생이나 신고 · 고발 학생에 대한 협박 또는 보복행위일

경우에는 같은 항 각 호의 조치를 병과하거나 조치 내용을 가중할 수 있다.

③ 제1항 제2호부터 제4호까지 및 제6호부터 제8호까지의 처분을 받은 가해학생은 교육감이 정한 기관에서 특별교육을 이수하거나 심리치료를 받아야 하며, 그 기간은 자치위원회에서 정한다.

④ 학교의 장은 가해학생에 대한 선도가 긴급하다고 인정할 경우 우선 제1항 제1호부터 제3호까지, 제5호 및 제6호의 조치를 할 수 있으며, 제5호와 제6호는 병과조치할 수 있다. 이 경우 자치위원회에 즉시 보고하여 추인을 받아야 한다.

⑤ 자치위원회는 제1항 또는 제2항에 따른 조치를 요청하기 전에 가해학생 및 보호자에게 의견진술의 기회를 부여하는 등 적정한 절차를 거쳐야 한다.

⑥ 제1항에 따른 요청이 있는 때에는 학교의 장은 14일 이내에 해당 조치를 하여야 한다.

⑦ 학교의 장이 제4항에 따른 조치를 한 때에는 가해학생과 그 보호자에게 이를 통지하여야 하며, 가해학생이 이를 거부하거나 회피하는 때에는 「초·중등교육법」 제18조에 따라 징계하여야 한다.

⑧ 가해학생이 제1항 제3호부터 제5호까지의 규정에 따른 조치를 받은 경우 이와 관련된 결석은 학교의 장이 인정하는 때에는 이를 출석일수에 산입할 수 있다.

⑨ 자치위원회는 가해학생이 특별교육을 이수할 경우 해당 학생의 보호자도 함께 교육을 받게 하여야 한다.

⑩ 가해학생이 다른 학교로 전학을 간 이후에는 전학 전의 피해학생 소속 학교로 다시 전학 올 수 없도록 하여야 한다.

⑪ 제1항 제2호부터 제9호까지의 처분을 받은 학생이 해당 조치를 거부하거나 기피하는 경우 자치위원회는 제7항에도 불구하고 대통령령으로 정하는 바에 따라 추가로 다른 조치를 할 것을 학교의 장에게 요청할 수 있다.

⑫ 가해학생에 대한 조치 및 제11조 제6항에 따른 재입학 등에 관하여 필요한 사항은 대통령령으로 정한다.

**제17조의2(재심청구)** ① 자치위원회 또는 학교의 장이 제16조 제1항 및 제17조 제1항에 따라 내린 조치에 대하여 이의가 있는 피해학생 또는 그 보호자는 그 조치를 받은 날부터 15일 이내, 그 조치가 있음을 안 날부터 10일 이내에 지역위원회에 재심을 청구할 수 있다.

② 자치위원회가 제17조 제1항 제8호와 제9호에 따라 내린 조치에 대하여 이의가 있는 학생 또는 그 보호자는 그 조치를 받은 날부터 15일 이내, 그 조치가 있음을 안 날로부터 10일 이내에 「초 · 중등교육법」 제18조의3에 따른 시 · 도 학생징계조정위원회에 재심을 청구할 수 있다.

③ 지역위원회가 제1항에 따른 재심청구를 받은 때에는 30일 이내에 이를 심사 · 결정하여 청구인에게 통보하여야 한다.

④ 제3항의 결정에 이의가 있는 청구인은 그 통보를 받은 날부터 60일 이내에 행정심판을 제기할 수 있다.

⑤ 제1항에 따른 재심청구, 제3항에 따른 심사절차 및 결정통보 등에 필요한 사항은 대통령령으로 정한다.

⑥ 제2항에 따른 재심청구, 심사절차, 결정통보 등은 「초 · 중등교육법」 제18조의2 제2항부터 제4항까지의 규정을 준용한다.

**제18조(분쟁조정)** ① 자치위원회는 학교폭력과 관련하여 분쟁이 있는 경우에는 그 분쟁을 조정할 수 있다.

② 제1항에 따른 분쟁의 조정기간은 1개월을 넘지 못한다.

③ 학교폭력과 관련한 분쟁조정에는 다음 각 호의 사항을 포함한다.

1. 피해학생과 가해학생 간 또는 그 보호자 간의 손해배상에 관련된 합의조정
2. 그 밖에 자치위원회가 필요하다고 인정하는 사항

④ 자치위원회는 분쟁조정을 위하여 필요하다고 인정하는 때에는 관계 기관의 협조를 얻어 학교폭력과 관련한 사항을 조사할 수 있다.

⑤ 자치위원회가 분쟁조정을 하고자 할 때에는 이를 피해학생 · 가해학생 및 그 보호자에게 통보하여야 한다.

⑥ 시 · 도 교육청 관할 구역 안의 소속 학교가 다른 학생 간에 분쟁이 있는 경우에는 교육감이 해당 학교의 자치위원회 위원장과의 협의를 거쳐 직접 분쟁을 조정한다. 이 경우 제2항부터 제5항까지의 규정을 준용한다.

⑦ 관할 구역을 달리하는 시 · 도 교육청 소속 학교의 학생 간에 분쟁이 있는 경우에는 피해학생을 감독하는 교육감이 가해학생을 감독하는 교육감 및 관련 해당 학교의 자치위원회 위원장과의 협의를 거쳐 직접 분쟁을 조정한다. 이 경우 제2항부터 제5항까지의 규정을 준용한다.

**제19조(학교의 장의 의무)** 학교의 장은 교육감에게 학교폭력이 발생한 사실 및 제16조, 제16조의2, 제17조, 제17조의2 및 제18조에 따른 조치 및 그 결과를 보고하고, 관계 기관과 협력하여 교내 학교폭력 단체의 결성예방 및 해체에 노력하여야 한다.

**제20조(학교폭력의 신고의무)** ① 학교폭력 현장을 보거나 그 사실을 알게 된 자는 학교 등 관계 기관에 이를 즉시 신고하여야 한다.

② 제1항에 따라 신고를 받은 기관은 이를 가해학생 및 피해학생의 보호자와 소속 학교의 장에게 통보하여야 한다.

③ 제2항에 따라 통보받은 소속 학교의 장은 이를 자치위원회에 지체 없이 통보하여야 한다.

④ 누구라도 학교폭력의 예비 · 음모 등을 알게 된 자는 이를 학교의 장 또는 자치위원회에 고발할 수 있다. 다만, 교원이 이를 알게 되었을 경우에는 학교의 장에게 보고하고 해당 학부모에게 알려야 한다.

⑤ 누구든지 제1항부터 제4항까지에 따라 학교폭력을 신고한 사람에게 그 신고행위를 이유로 불이익을 주어서는 아니 된다.

**제20조의2(긴급전화의 설치 등)** ① 국가 및 지방자치단체는 학교폭력을 수시로 신고받고 이에 대한 상담에 응할 수 있도록 긴급전화를 설치하여야 한다.

② 국가와 지방자치단체는 제1항에 따른 긴급전화의 설치 · 운영을 대통령령으로 정하는 기관 또는 단체에 위탁할 수 있다.

③ 제1항과 제2항에 따른 긴급전화의 설치 · 운영 · 위탁에 필요한 사항은 대통령령으로 정한다.

**제20조의3(정보통신망에 의한 학교폭력 등)** 제2조 제1호에 따른 정보통신망을 이용한 음란 · 폭력 정보 등에 의한 신체상 · 정신상 피해에 관하여 필요한 사항은 따로 법률로 정한다.

**제20조의4(정보통신망의 이용 등)** ① 국가 · 지방자치단체 또는 교육감은 학교폭력 예방 업무 등을 효과적으로 수행하기 위하여 필요한 경우 정보통신망을 이용할 수 있다.

② 국가 · 지방자치단체 또는 교육감은 제1항에 따라 정보통신망을 이용하여 학교 또는 학생(학부모를 포함한다)이 학교폭력 예방 업무 등을 수행하는 경우 다음 각 호의 어느 하나에 해당하는 비용의 전부 또는 일부를 지원할 수 있다.

1. 학교 또는 학생(학부모를 포함한다)이 전기통신설비를 구입하거나 이용하는 데 소요되는 비용
2. 학교 또는 학생(학부모를 포함한다)에게 부과되는 전기통신역무 요금

③ 그 밖에 정보통신망의 이용 등에 관하여 필요한 사항은 대통령령으로 정한다.

**제20조의5(학생보호인력의 배치 등)** ① 국가 · 지방자치단체 또는 학교의 장은 학교폭력을 예방하기 위하여 학교 내에 학생보호인력을 배치하여 활용할 수 있다.

② 국가 · 지방자치단체 또는 학교의 장은 제1항에 따른 학생보호인력의 배치 및 활용 업무를 관련 전문기관 또는 단체에 위탁할 수 있다.

③ 제2항에 따라 학생보호인력의 배치 및 활용 업무를 위탁받은 관련 전문기관 또는 단체는 그 업무를 함에 있어 학교의 장과 충분히 협의하여야 한다.

**제20조의6(영상정보처리기기의 통합 관제)** ① 국가 및 지방자치단체는 학교폭력 예방 업무를 효과적으로 수행하기 위하여 교육감과 협의하여 학교 내외에

설치된 영상정보처리기기(「개인정보 보호법」 제2조 제7호에 따른 영상정보처리기기를 말한다. 이하 이 조에서 같다)를 통합하여 관제할 수 있다. 이 경우 국가 및 지방자치단체는 통합 관제 목적에 필요한 범위에서 최소한의 개인정보만을 처리하여야 하며, 그 목적 외의 용도로 활용하여서는 아니 된다.

② 제1항에 따라 영상정보처리기기를 통합 관제하려는 국가 및 지방자치단체는 공청회 · 설명회의 개최 등 대통령령으로 정하는 절차를 거쳐 관계 전문가 및 이해관계인의 의견을 수렴하여야 한다.

③ 제1항에 따라 학교 내외에 설치된 영상정보처리기기가 통합 관제되는 경우 해당 학교의 영상정보처리기기운영자는 「개인정보 보호법」 제25조 제4항에 따른 조치를 통하여 그 사실을 정보 주체에게 알려야 한다.

④ 통합 관제에 관하여 이 법에서 규정한 것을 제외하고는 「개인정보 보호법」의 규정을 적용한다.

⑤ 그 밖에 영상정보처리기기의 통합 관제에 필요한 사항은 대통령령으로 정한다.

**제21조(비밀누설금지 등)** ① 이 법에 따라 학교폭력의 예방 및 대책과 관련된 업무를 수행하거나 수행하였던 자는 그 직무로 인하여 알게 된 비밀 또는 가해학생 · 피해학생 및 제20조에 따른 신고자 · 고발자와 관련된 자료를 누설하여서는 아니 된다.

② 제1항에 따른 비밀의 구체적인 범위는 대통령령으로 정한다.

③ 제16조, 제16조의2, 제17조, 제17조의2, 제18조의까지의 규정에 따른 자치

위원회의 회의는 공개하지 아니한다. 다만, 피해학생 · 가해학생 또는 그 보호자가 회의록의 열람 · 복사 등 회의록 공개를 신청한 때에는 학생과 그 가족의 성명, 주민등록번호 및 주소, 위원의 성명 등 개인정보에 관한 사항을 제외하고 공개하여야 한다.

**제22조(벌칙)** ① 제21조 제1항을 위반한 자는 300만원 이하의 벌금에 처한다.

② 제17조 제9항에 따른 자치위원회의 교육 이수 조치를 따르지 아니한 보호자에게는 300만원 이하의 과태료를 부과한다.

## 부 칙

**제1조(시행일)** 이 법은 2012년 5월 1일부터 시행한다. 다만, 제4조, 제4조 제4항, 제13조 제2항, 제15조 제2항, 제16조, 제16조의2, 제17조, 제20조 제5항, 제20조의3의 개정규정 및 법률 제11223호 「학교폭력예방 및 대책에 관한 법률」 일부개정법률 부칙 제1조의 개정규정은 2012년 4월 1일부터 시행한다.

**제2조(경과규정)** 제16조 제6항의 개정규정은 학교폭력으로 피해를 받아 이법 시행 당시 치료 등을 받고 있는 사람부터 적용한다.

# 저자 소개

**조정실**

현재 (사)학교폭력피해자가족협의회 회장, 국무총리소속 학교폭력대책위원회 위원, 교육과학기술부 정책자문위원회 위원, 경찰청 여성청소년 정책자문위원으로 활동하고 있다. 교육과학기술부, 여성가족부 등의 주관하에 학교폭력 피해가족 치유프로그램 및 학교폭력예방교육을 실시하고 있으며, 피해자종합지원센터 건립을 위해 노력하고 있다.

**차명호**

George Washington 대학교에서 상담학 박사학위를 취득하였으며, 현재 평택대학교 상담대학원 교수로 재직 중이다. 한국군상담학 회장이며, 상담수련감독자다. 『학습동기를 높여 주는 공부원리』의 저자이며, '평화로운 학교 만들기' 프로젝트를 진행 중에 있다.

폭력 없는 평화로운 학교 만들기

교사와 학부모를 위한

# 학교폭력상담

2012년 5월 25일 1판 1쇄 발행
2015년 4월 20일 1판 4쇄 발행

지은이 • 조정실 · 차명호

펴낸이 • 김진환

펴낸곳 • (주) 학지사

121-838 서울특별시 마포구 양화로 15길 20 마인드월드빌딩

대표전화 • 02) 330-5114 팩스 • 02) 324-2345

등록번호 • 제313-2006-000265호

홈페이지 • http://www.hakjisa.co.kr

커뮤니티 • http://cafe.naver.com/hakjisa

ISBN 978-89-6330-954-5 04370
978-89-6330-950-7 (set)

정가 13,000원